UNITED STATES LISTING
AND FINANCING TIPS

登峰造極之

美國上市與融資

必勝秘笈

曹國揚博士／著

推薦序

　　受曹博士之託，為其新著作序，萬分榮幸，又多些惶恐。能將這一傾力之作推薦給更多有訴求之士，為更多企業資產證券化引航啟道，是我的榮幸；能為金融行業的彪炳之作代序，誠惶誠恐，唯怕資信難及，有負曹博士及眾人之厚望。

　　認識曹博士雖則時間不長，但對曹博士有很深刻的瞭解。其已完成十五本有關於上市融資的著作，受邀於國內各大高校和組織，擔任多個投資銀行中國代表，率領的百勝客精英在中國企業赴美上市領域創造了驕人的業績。我也非常榮幸的邀請到曹博士擔任國際綠色和平產業聯盟副主席一職，專注的為我們的綠色企業服務。

　　我本人擔任國際綠色和平產業聯盟主席以來，接觸眾多民營企業，實感欣慰又有焦慮。欣慰的是諸多民營企業已從過去的挖資源、拉關係、仿技術、冒品牌、高能耗、微利潤轉變為現在的以技術為核心、靠服務取勝、形成民族品牌的高盈利性經濟體；焦慮的是隨著民營企業的逐步發展與壯大，中國的金融環境已無法滿足眾多企業資產證券化的訴求。

　　中國政府鼓勵企業「走出去」，企業也有志於借「外力」發展，但是如何借「外力」以及對借「外力」後結果的不可預知，造成了很多企業的恐懼和畏縮不前。曹博士的新著——《美國上市與融資必勝秘笈》適時而出、撥雲見日，為企業指明了如何借「外力」發展自己「走出去」的最佳道路。

　　本書，總共「九章」，從美國的金融改革法案到中國政府對境外上市的法律規定、從上市前的「三符五評」盡職調查到上市後的後市維護，多角度、全方位告知企業如何在美國上市融資。

　　本書，涉及盡職調查、財務審計、法律結構、內部控制、上市融資、後市維護等諸多方面，是適合法律、財會、金融行業人士的教輔書籍，適合其他相關行業的指導書籍。

本書，宏觀性最強的是第一至二章——新金融、新秩序。該篇從歐巴馬總統十年的金融改革法案談起，介紹了美國兩大證券交易集團 IPO 上市的門檻與條件，使讀者對美國證券市場有初步的瞭解。

本書，指導性最強的是第三章——中國企業上市法令與操作模式。該篇講述了企業赴美上市的各種法律規定，講述了 IPO 與 SPO 上市融資的條件及程序，全面分析了中國企業赴美上市的成果資料，從上市法規到上市程序再到成功案例分析，指導企業順利的走好每一步。

本書，操作性最強的是第四章——上市與融資實務及操作。該篇以案例分享的形式，告知企業如何準備及通過上市前的「三符五評」盡職調查，如何配合輔導過程中的財務審計、內控建制和法律結構調整工作，如何完成法人說明會、融資及股票承銷等工作。該篇的每一節都能解決企業在美國上市過程中存在的問題和疑惑，每一節都是曹博士率領的百勝客精英多年客戶經驗積累的真誠分享。

本書，參考性最強的是第七至九章——上市後企業責任與後市維護。該篇介紹了企業上市後的權益與責任以及上市後如何維護、維護費用標準、如何變更交易市場等內容，值得每一個已在美國上市或未上市的企業參考。

本書，每章都有可汲取之精華、每節都有可操作之精髓。

初讀本書，似醍醐灌頂，便對企業在美國上市有詳盡之瞭解，使得我頭腦中模糊的框架更加明朗。

再讀本書，油然欣慰，只覺自己已身臨其境般輔導一家公司上市融資。結合自己瞭解到每家企業的不同現狀，每多讀一次，便覺又多輔導一家公司上市，成就和欣慰之感油然而生，只希望能儘快的將此書中所學的知識分享給計畫上市的企業，將自己所學付諸於實踐。

細品本書，不禁幡然，「必勝」是因為專業、因為經驗積累、更是因為對客戶的負責，所以輔導每一個客戶上市都會取得勝利；「秘笈」不僅因為他有理論指導，更是一本工具書，對企業上市不解或困惑之處皆可通過本書得到答案。

此書，堪為中國及台資企業赴美上市融資之「必勝秘笈」！

聯合國世界和平基金會　執行主席　王滿堂先生

推薦序

和曹博士相識純屬偶然但冥冥之中也有些必然因素！

偶然是因為早聞曹博士之名，也有拜訪之意，苦無機緣，沒想此次相識來的這麼巧然，絕非刻意安排、也非悉心準備，一切似水到渠成般自然；必然則是緣於我們所從事的相近的行業，曹博士是輔導企業在美國上市的行業佼佼者，我所代表的巾幗英雄——花木蘭（北京）投資基金管理公司（下稱「花木蘭」），是基金投資行業的後起之秀，基金投資為上市錦上添花，上市則成就了基金投資的完美，所以我們從相識到合作是必然。初次認識曹博士，則有相見如故的感覺，其人，談吐風趣又不失文雅，巧妙的語言總能寓教於談笑之中，把酒之間，欣聞其新書《美國上市與融資必勝秘笈》即將出版，便要求先睹為快，曹博士也爽然應答，將其新書手稿慨然贈閱。

手稿讀了數次有餘，每讀一次都能將我帶入一個全新的境界，掩卷遐思，不禁奮然，即有為該書作序，希望將自己的理解和認知分享給企業和同業的衝動，遂將此意告知曹博士，沒想竟和曹博士之願不謀而合。

藉此，將此書精華分享給大家，期望對企業和同業能在短時間內獲取更多的知識有所幫助。

花木蘭作為投資基金管理團隊，在注重收益的同時，還著重投資前風險的考核、投資過程中風險的規避和控制，更在乎投資後有效的退出機制。曹博士的新書通觀全局從開篇到結尾不僅解決了企業上市方面的實際問題，更為類似花木蘭的基金投資者和希望引進戰略投資的企業指明了實操方向。

該書開篇從美國金融法案改革談起，富有建設性的提出次貸危機所導致的全球金融海嘯，在歐巴馬總統的金融法案改革後將迎來新的歷史契機，全球範圍內將產生新的金融秩序。這一理論的提出為我們投資基金管理者指明了投資的大環境和戰略方針，從方向上為我們指引道路。第二章

分享了美國主板上市的條件，為我們投資某些同類企業時提供了參考，使得我們能更精準的預測企業投資後的未來走向。

該書第三章綜述了中國企業美國上市的法令及其演變歷史，通過演變歷史的分析，讓我們更好的領略中國政府，在關於企業上市及投資方面的主導方針和深層用意，推敲未來市場政策的變化及走向，為所有的投資者做出政策預警。投資者在關注現狀的同時更是以小搏大，投資於未來，投資成敗的關鍵在於未來政策的走向，所以政策預警是每個投資者所切實關注的。

該書第四章全面闡述了上市前的「三符五評」盡職調查、法律結構、財務審計和企業內部控制四個方面，這四個方面同時對應投資環節的盡職調查、法律關係梳理、財務監督和風險控制。

真實、客觀、全面的盡職調查可以有效規避和控制投資後的表面風險和潛在風險，所謂「十投九敗」，主要源自於盡職調查對企業產品、市場、團隊、財務等諸多風險因素的不完全掌握，盲目投資，導致惡果。該篇的「三符五評」部分針對性的介紹了企業如何應對「三符五評」盡職調查和投資決策者如何做企業盡職調查的評審，有利於投資者和企業的相互信任、理解和合作。概念的灌輸從源頭上減少投資決策的風險。

本書中的法律、財務審計、內部控制同樣可作為投資過程中的風險預警和規避，從法律、財務和團隊管理等幾個方面監督資金使用的安全性和有效性，保證投資者的利益。本篇最後的融資方式及流程介紹，以普教的形式省卻了投資者和企業的前期溝通。

本書以經驗分享的形式告誡投資者和企業需要注意的各個方面，用心良苦、娓娓道來。用自己的實踐和經驗告訴企業，面對投資者時應抱有平等、客觀、積極的心態，切忌包病隱垢，真實客觀的將自己的現狀展現給投資者，不要一味的因為需要資金而刻意逢迎，投資者的投資在幫助企業的同時也是為自己所代表的資金尋找更好的贏利點，投資者、企業雙方是互惠平等的利益共同體。

該書尾章介紹了企業上市的後市維護、權益以及義務，簡明的告訴企業上市如何做後市維護以及維護成本，對投資從業者亦有借鑒之利。衡量基金投資成敗的指標不僅包括收益性的高低，還要看能否在預計的時間內安全退出，高收益無退出保證的投資項目，投資者是不會介入的。投資者在投資企業時都希望企業進入證券市場，企業資產證券化，這樣投資者就

可以從證券市場遊刃有餘的適時退出，既能把握獲得高收益的契機，又有
完全的退出機制，是每個投資者都樂意看到的。

　　縱觀全書，觀點新穎、立意明確、章章實用、節節明理。所謂要想看
的更遠，就得站得更高，曹博士正是以這種甘為人梯的精神，站在國際的
高度，將自己的實踐和經驗無私的分享給眾人，讓企業站在自己的肩膀上
眺望的更遠。

　　惟願，更多的企業和投資者能有幸參讀此書；

　　謹祝，讀者能從此書中汲取有用之精華！

花木蘭（北京）投資基金管理有限公司

董事長　韓冬梅女士

自　序

　　中共中央於日前公佈了十二五金融規劃，其中關於上市公司的總家數作了重要的宣示：至 2030 年，中國資本市場上市的總家數以 5,000 家為目標，亦即在現階段已有 2,300 家上市企業的基礎上，在未來 20 年內，平均每年將僅限 100 家左右的公司在中國資本市場上市與融資，此意謂著目前已發審通過或正在過會或輔導中的 10,000 多家企業尚有一絲機會外，其他的企業則需自求多福。

　　最近，中國證監會將於明年開放國際板的傳聞甚囂塵上，竊想，如果企業能夠先到美國主板上市，再依循國際板的中國存託憑證（CDR）條件，以另類綠色通道的方式，回到國內上市與融資，一樣能達到在國內上市與融資的目的，同時，還能遂行國際化的戰略佈局，遠比坐以待斃不做為強的多，所以，熟知美國上市與融資的相關資訊是提高企業競爭力的基礎，熟讀美國上市與融資必勝秘笈，讓企業做強做大，更是中國台資企業不可不讀的必勝寶典。

　　又者，過去台灣兩岸政策高度受限，在海陸空運輸、資金匯出、赴大陸投資及大陸赴台投資等均有不同程度限制，延緩了兩岸三地的貿易成長及人民交往。現今，過去若干限制諸如資金匯出、大陸投資上限等業已鬆綁。為使台灣資本市場更具國際競爭力，業將台商聚集之香港交易所納入主管機關核准之第二上市證券市場，使可來臺上市證券市場更臻完整，幾乎囊括國際主要交易所。未來持續開展更多限制鬆綁。

　　目前，台灣政府對外國及陸資企業在台灣發行存託憑證（TDR）的掛牌方式，持樂觀與積極鼓勵的態度，只要是曾經在台灣證券交易所核定之國外證券交易所掛牌的公司，無任何附加條件，就可以依其註冊的文檔平行輸入，正常的審查時間為三個月，也就是說，外國及大陸企業（含陸資及台資企業），只要在台灣證券交易所核定之十六個交易所（包括五個美國主板市場）掛牌之日起九十天之內，就可實現以普通股在美國主板市場掛牌後，同時實現用存託憑證的方式在台灣證券市場掛牌交易。

　　中國政府從 2011 年 1 月 1 日開始取消了招商引資的優惠政策，也就是說外商投資企業所有的優惠政策全部失效，台資企業在大陸的競爭優勢頓失，如何在既有的技術、資金及管理的優勢上保有昔日的競爭優勢，是每一個台級幹部現階段首要的任務。

　　2011 年 5 月 1 日勞動節當天，台灣的東森電視新聞頻道晚間新聞熱點 TOP 8 報導：日本專家指出「台商傳統優勢正在縮小」，翌日在晨間新聞中，該新聞熱點已經躍升為 TOP 2 了，可見台灣企業的內心也是十分認同。

　　地球是圓的，就像政策是公平的一樣，陸資企業的機會，也同樣的降臨在台資企業身上；早期，大陸對基層領導的考核標準主要是以 GDP 的高低（招商引資）為考評的依據，自 2011 年開始，大陸實施全方位的宏觀調控政策，升遷的標準已從 GDP 的高低調整到上市企業的多寡，從省級開始一直到地級市、縣級市，各級政府為了能多讓該管的企業上市，紛紛加大力度要企業積極的利用境內、外資本平臺去上市、去融資、去發行股份，還以紅頭檔的方式出錢、出力、給土地、給政策，不論是內資或外資，只要想上市、能上市一切都好談，所以台資企業應該積極爭取此次各地政府金融辦公室或是上市辦公室的上市獎勵政策，去上市、去融資、去要政策，再一次取得競爭優勢。

　　特別是已經在台灣上市的 1,200 家在大陸的子公司，更應該利用自身在台灣上市的優勢到美國去上市、去融資，除了能夠提高在大陸同業的競爭力與知名度外，至少還有以下四個理由：其一、IPO 資金讓企業營收、利潤倍增，市場佔有率提高，台灣母公司股價屢創新高；其二、美國市場高估值、高股價，讓母公司全體股東直接受惠，股票水漲船高；其三、存託憑證的持續發行，讓企業遂行全球戰略佈局，減少關稅、運費及降低原物料成本，提高效益，讓企業輕易的達到國際化目標；其四、適用中、美雙邊貿易及投資保護法，提高各項權益指標，保障人身、財產安全，在大陸已經「雙規」的內資企業中，幾乎看不到有美國上市公司的身影，縱然行銷方式與新的政策相互抵觸，也會不教而殺為之孽，天津的天獅集團就是一個明顯的列子。

　　自筆者 2004 年伴隨中國政府頒佈國九條，鼓勵企業積極利用境外資本平臺去上市、去融資的開放政策當兒，即來到國內開始為民營企業到美國上市與融資做全方位的諮詢與輔導工作，創建沙漏型金融伺服器，將美國一流的各領域保薦團隊包括美國律師事務所、會計事務所、投資銀行與

財務顧問公司，整合在北京成立聯合辦公室，為中國民營企業提供一個融資規劃和美國上市輔導平臺，包括：上市可行性評估、三符五評盡職調查，中美法律診斷、重組規劃，中美財務審計、稅務諮詢，併購方案設計、融資計畫撰擬，COSO 內控評價、內控建置，育成基金投資、催割基金引薦，公募與私募法人說明會安排、轉板流程設計與執行，並透過標準化的作業流程，將美國專業的輔導程式，就近的在北京為有意想到美國上市與融資的企業服務，並利用輔導上市的過程，篩選優質的投資標的，藉助上市與融資的機會，實現投資利益最大化的目標。

近十年來，筆者已經在兩岸三地發行各類美國上市與融資相關的財金專業達 15 本，本以為可以就此金盆洗手，奈何因為金融危機，美國參議院在 2010 年 7 月 15 日通過了金融革新法案，使得美國的金融監管機制與交易規則有了翻天覆地的變化，為了將美國最新的金融監管制度及證券交易規則分享讀者，筆者彙整各方面的資料與搜集網路的各家評價，重作馮婦以饗讀者。

今年三月份以來，中國企業因為買殼的問題導致作假帳的風波此起彼落，讓中國企業幾十年創造出來傲人的的中國概念口碑，一夕之間邦崩瓦解，其實，此事件一如美國的金融危機一樣，是絕對可以避免的；筆者在2004 年中期之後，利用各地演講的邀約，就曾多次甘冒同業群起圍剿的大不韙，大聲疾呼買殼會對企業及市場造成極大的負面影響，希望大家造殼（特殊目的公司）上市，包括中國政府也曾分別在 1993 年、1997 年出臺69 號及 21 號文，嚴格禁止中國企業用境外買殼的方式在境外上市，只是言者諄諄、聽者藐藐，以致讓全國企業付出了高昂的代價。

不過，危機就是轉機，金融危機對中國企業的好處有二：其一、紐約泛歐證券集團與納斯達克證券集團紛紛降低上市門檻，致使互聯網上市熱潮再現，首次公開發行上市家數屢破新高；其二、全球投資者眼球聚焦中國企業，使得美國上市企業的法律結構明確清晰，造就兩頭在外的新浪模式，被美國政府、中國政府與全球投資人認同；所謂兩頭在外就是指融資上市都在海外，新浪結構則是指基金要投的公司為主體公司，基金不改動主體公司的股權結構，和主體公司的創始人另行成立一個離岸公司，基金向離岸公司增資，離岸公司注資給主體公司，主體公司的股東把股權質押給離岸公司，然後，再簽訂一系列可變更利益主體的協定，以確保離岸公司對主體公司的控制權。

　　本書的內容框架及編輯順序，係依筆者二十餘年教學與實踐總結最有效率的上市與融資作業程式，並按一家上市公司從上市前的準備工作開始，如揭櫫美國前二十大會計師事務所、美國前二十大投資銀行，一直到三符五評的盡職調查、上市中的輔導作業、上市後的後市維持、轉板、退市及非美國公民如何買賣美國股票等，讓企業和學習者在閱讀本書時，有如親自參與一家企業的上市作業程式，在學習與實踐上有著看一遍有概念、看二遍累經驗、看三遍可實踐的事半功倍效果。

　　本書能夠順利出版，除了要感謝洪平安先生及蕭裔芬女士，為了本書的出版和發行的管道多所著墨，還要感謝本集團各部門主管費心的將三符五評中常見的各類問題彙集成冊，讓本書更加生動、實用；更要感謝分佈在全國各地本集團具美國上市與融資諮詢人員從業資格的各委任同仁與策略合作團隊的好朋友們，因為你們平常的努力，讓各界引頸企盼本書的付梓，讓本書籍更具價值。

　　最後，特別感謝臺北的秀威資訊科技股份有限公司的編審們，因為他們的獨具慧眼，才使更多關心台資企業赴美上市與融資的法律、財會、金融行業人士，以及具有國際資本運作意識與眼光的台資企業家、職業經理人和各級政府經濟、金融管理部門官員，得到這一套百勝客精英團隊洞察中外資本市場二十餘年、成功輔導四十多家中國企業，實現赴美上市與融資夢想兼具最新理論性和可靠實戰性的鴻篇巨著。

目 次

第一章

金融革新法案

第一章　金融革新法案

　　讀歷史可以知春秋，知春秋則可反思歷史的功與過，可以記取前車之鑒，不會重蹈覆轍，若美國政府能夠汲取 1929 年的經濟大蕭條、股市大崩盤的教訓，遵從 1933 年格拉斯·斯蒂格爾法案（銀行法）禁止商業銀行經營投資銀行業務的規定，國會不在 1999 年 10 月 22 日通過《金融效勞現代化法案》恢復商業銀行可以經營投資銀行業務，則美國的次貸危機將可以避免，也就是說，沒有次貸危機就不會有全球性的金融災難，也就不會有 2010 年 7 月 15 日的多德·法蘭克法案（華爾街改革與消費者保護法案）的核心重點——重申及嚴格禁止商業銀行經營投資銀行業務的規定；筆者願就此章節，帶領大家回顧近百年以來美國金融界發生的大事紀，也提醒大家，因人類貪婪所造成的歷史性災難，是絕對可以避免的。

　　1970 年以來，美國金融界一直希望「去規範化」，八十到九十年代尤劇，直至引發全球金融海嘯為止。為防止危機重演，從 2009 年起，美國進行了上個世紀三十年代「大蕭條」與七十年代「滯漲危機」後最大規模的金融修法活動。在不到一年的時間內，經歷了政府提案、眾院立法、參院立法、參眾兩院協調等四個階段，本世紀美國第一個重要的金融監管立法，終於塵埃落定。

　　美國金融革新法案又稱《多德—弗蘭克（Dodd-Frank）華爾街改革和消費者保護法》。這部新的美國金融監管法律涵蓋了消費者保護、金融機構、金融市場、公司高管薪酬改革等諸多內容，將對美國乃至全球金融監管秩序帶來深遠影響。

　　法案概括了立法的三個目的，即：通過改善問責制和提高透明度來促進金融穩定；結束「太大而不能倒」的局面以保護納稅人利益；保護消費者免受不當金融服務的誤導。圍繞這三個方向，這項由 16 個部分、1000 餘條款構成，長達 2800 多頁的歷史性法案，包括對貨幣當局、監管當局、銀行、證券、保險、對沖基金、信貸評級機構、交易商、投資諮詢機構、

會計制度、交易機制、上市公司等等在內的金融體系運行的規則和監管架構進行了全面改革與修訂。

第一節　金融法案歷史演變

1929 年發生經濟大蕭條，15,000 家銀行相繼倒閉。

1933 年國會通過《格拉斯·斯蒂格爾法案》（又稱銀行法）禁止商業銀行經營投資銀行業務。

1970 年以來，美國金融界一直希望「去規範化」，八十到九十年代尤劇。

1999 年 10 月 22 日國會通過《金融效勞現代化法案》恢復商業銀行可以經營投資銀行業務。

2001 年底至 2002 年初相繼發生上市公司會計醜聞案。

2002 年 7 月 30 日國會通過《薩班斯·奧克斯利法案》（又稱企業革新法案）。

2007 年 2 月 13 日抵押貸款風險開始浮出水面（次貸危機）。

2008 年 3 月 31 日財政部正式提出《現代化金融監管架構藍皮書》。

2008 年 9 月 15 日第四大投資銀行雷曼兄弟公司宣佈破產。

2009 年 1 月 1 日全球金融風暴愈演愈烈。一發不可收拾。

2009 年 3 月 15 日參議院銀行委員會主席麻州參議員多德先生及康州參議員法蘭克先生起草並對外宣告立法草案的細節。

2009 年 6 月 17 日，歐巴馬政府正式公佈全面金融革新法案，從金融機構監管、金融市場監管、消費者權益保護、危機處理和國際合作等方面構築安全防線，期望以此恢復民眾對美國金融體系的信心。

2009 年 12 月 11 日，眾議院以 223 票贊成、202 票反對的結果通過了金融監管改革法案。根據該法案，美國金融監管體系將全面重塑，美聯儲將成為「超級監管者」，全面加強對大型金融機構的監管。同時，新設消費者金融保護局，賦予其超越目前監管機構的權力。2010 年 5 月 20 日，參議院以 59 票贊成、39 票反對的結果通過了金融監管改革法案。與眾議院版本相比，參議院版本法案在監管措施方面更為嚴厲。兩院需協商出統一文本後各自重新進行投票表決。2010 年 6 月 30 日，眾議院以 237 票贊

成、129 票反對的結果通過了兩院統一版本的金融監管改革法案。2010 年 7 月 15 日，參議院通過《金融革新法案》採行「沃爾克規則」，限制銀行及其隸屬機構、控股公司設立對沖基金、私人股權基金和自營業務。

第二節　金融改革法案

2010 年 7 月 20 日，歐巴馬總統正式公佈了金融監管體系改革「藍皮書」，內容涉及銀行業幾乎所有領域。歐巴馬稱，改革目的是要全面修復美國現有的金融監管體系，避免類似當前金融危機的再度發生。

「藍皮書」包括五大內容。一、授權美聯儲對大型金融公司實行強有力和持續性的監管。二、首次要求國會授權拆分那些陷入困境的大型金融公司的權力，避免個體垮臺將危及整體經濟。三、將聯邦監管範圍擴大到金融市場監管的灰色地帶，複雜衍生性金融產品交易以及抵押貸款擔保證券的交易都將置於監管之內。四、創設一個新的機構，保護抵押貸款、信用卡和其他金融產品消費者的利益。五、推動全球金融監管的協調工作。輿論認為，「藍皮書」內容首次將金融業作為一個整體來考慮，是自上世紀 1929 年以來美國最大規模的一次金融監管改革。

引進制衡機制

美國的金融監管體系定型於上世紀三十年代，已不適應現代金融業的發展。美國目前有 8 大聯邦級金融監管機構。在現行體制下，金融公司可以在四個監管機構之中選擇，一些監管機構還從金融公司得到資助，這種類似球員兼裁判的安排，使得監管機構間形成競爭關係，其結果是放鬆監管、形成監管漏洞。為了改變這種局面，「藍皮書」明顯加強了美聯儲的權力，賦予其監管所有大型金融機構包括 AIG 等保險公司的權力，以及時阻止和化解可能危及整個系統的風險問題。

同時，許多國會議員擔心美聯儲權力過於膨脹。為了形成制衡，政府將設立一個「監管者委員會」，其成員包括財政部長以及其他監管機構負責人。該委員會的主要功能是鑑定哪些金融機構的規模和全球業務的複雜程度已經「大到不能倒」的規模，並建議監管機構對其實行更嚴格的監管。然而，該委員會無權反對美聯儲做出的決定。

加強證券監管

建立在房市泡沫基礎上的抵押貸款擔保證券的價值崩潰，是引發這場金融危機的核心原因。經濟繁榮時期，資產擔保證券對銀行、投資者都極具吸引力。然而，當借貸人開始不履約時，這些證券的價值立馬崩潰，與之相關的所有金融衍生性產品都搖搖欲墜。

為了加強對證券業的監管，法案規定，資產擔保證券的發行人必須遵守更為嚴格的披露準則、必須承擔所出售證券 5%的信貸風險、必須將資訊與投資者和評級機構共用。貸款承銷商的報酬將分次發放，與借貸人的履約情況掛鈎。一旦出現借貸人違約，他們的收入將減少。儘管細節存在爭議，但由於法案的目的不是限制證券市場，而是恢復自去年以來就陷入停滯的證券市場。

保護消費者利益

根據法案規定，政府將建立消費者金融產品保護署，保護消費者利益。這一新的機構將擁有更大的權力，如要求所有放貸人必須向借貸人提供標準、簡單的貸款合同，應用簡潔的語言讓消費者明白其金融決定的所有風險，而不是面對一大堆不知所云的樣板文字，從此之後，這些複雜的貸款條款將受到該署嚴格的審查。為了擔負起這些使命，該署將擁有與負責監管銀行健康的監管機構同樣的權力，包括規則制定、從事檢查、實施罰款等懲戒措施。對這一擬議中擁有廣泛權力的新機構，現有監管機構和金融業持保留態度，擔心其過度設限將影響到消費者獲得貸款和其他金融服務的能力。

速度至關重要

改革計畫與最初設想相比，有很大縮水。如歐巴馬政府最初打算整合監管機構，成立單一機構監管銀行業，但最終選擇了在現有結構內加強美聯儲權力的做法。改革計畫不包括在聯邦層面上對保險業實施監管，維護保險業由各州監管的現狀。有所變化的是，政府計畫在財政部設立一個辦公室負責對保險業的管理，但一些業務複雜的大型保險公司將因其系統性風險而置於美聯儲的監管之下。政府原打算將監管金融市場的兩大機構證券交易委員會和商品期貨交易委員會合併，但由於前者由眾院金融服務委員會和參院銀行

委員會監管，而後者則由參眾兩院的農業委員會監管。二者合併將在國會引發管理權之爭，兩大委員會仍單獨存在，使美國成為全球為數不多的沒有統一的金融市場監管機構的國家。

歐巴馬總統強調，速度至關重要。美國布魯金斯學會專家道格拉斯・艾略特對此的解讀是，歐巴馬政府目前有足夠的政治資本來進行金融監管改革，但隨著金融危機減輕，改革金融監管的動力將減弱，這使歐巴馬政府不得不放棄將現有的監管體系重新洗牌的預期目標，而將改革重心放在制定新規則上，這樣做可以避免陷入政治拉鋸戰，從而貽誤改革時機。

以下是二十世紀三十年代以來美國金融監管史上最為矚目的金融改革法案具體內容：

一、新監管職權。賦予聯邦監管機構一項新權利，使其能夠對未接受納稅人資金救助但陷入困境的大型金融公司進行接管和分拆，以防止此類公司的倒閉引發整個金融體系的動盪。將設立一個由美國聯邦存款保險公司（Federal Deposit Insurance Corp.，簡稱 FDIC）運作的流動性程序。美國財政部將預先支付有關接管倒閉金融公司的前期成本，但美國政府則必須制訂出一項資金償付方案。接管後期中，監管機構將接管資產超過 500 億美元金融機構過程中發生的任何損失。

二、設立金融穩定委員會。將建立一個由十名成員組成的金融穩定監管委員會，該委員會成員由負責監控和管理美國金融系統性風險的現有監管者組成。該委員會的職責中包括：如果經評估後某家大型綜合性金融機構對金融體系穩定構成威脅，則該委員會將建議美聯儲在資本金、槓桿以及其他規定方面對該金融機構實施更加嚴格的要求。在極端情況下，該委員會有權對金融機構進行分拆。

三、沃爾克規則（VOLCKER RULE）。將限制大型金融機構的自營交易業務，但這些銀行可以小規模地投資於對沖基金和私募股權基金，這類投資規模在第一級資本中所占比例最高不得超過 3%。銀行不得對其所投資的基金進行救助。

四、金融衍生品市場。將對場外衍生品交易市場實施全面監管，其中包括針對衍生品交易和出售衍生品的公司的監管。將要求日常衍生品交易在交易所或類似電子交易系統中進行，並通過清算所進行清算。定制的過期產品交易將仍可以在場外市場進行，但相關交易必須上報至中央儲存庫，以便使監管機構能夠對整體市場形勢有更加全面的掌握。

將在資本金、保證金、報告、紀錄保存以及業務活動方面對從事衍生品交易的公司實施新的規定。

五、過期產品的剝離。要求銀行剝離風險最高的衍生品交易業務並轉至關聯公司。這是根據民主黨參議員 Blanche Lincoln 提出的更廣泛監管提議而最新達成的一項折衷方案。銀行可以保留利率過期、外匯過期、黃金和白銀等過期交易業務。法案要求公司把農產品、未明確大宗商品、能源及多數金屬的過期交易業務轉給關聯公司。

六、建立消費者機構。將在 Fed 內部建立一個新的消費者金融保護局（Consumer Financial Protection Bureau）。該機構將負責向提供信用卡或抵押貸款等消費者金融產品及服務的銀行和非銀行機構頒佈和實施規定。這個新監管機構研究和實施的規定適用於所有抵押貸款相關業務、資產超過 100 億美元的銀行和信貸機構、發薪日貸款方、支票兌換機構以及其他某些非銀行金融機構。汽車經銷商不在該機構監管範圍之內。

七、優先購買權問題。允許各州自行頒佈的更嚴格消費者保護法適用於全國性銀行。全國性銀行將可依情況和所在州的不同而尋求享受州級法律豁免權。如果州級法律妨礙或嚴重干擾了銀行的業務經營能力，那麼銀行則可以申請法律豁免權。州級首席檢察官有權執行新消費者金融保護局頒佈的部分規定。

八、美聯儲監管職責問題。批准針對金融危機期間 Fed 實施的所有應急借款計畫進行一次性審計。Fed 披露通過貼現視窗和公開市場操作向銀行放貸的相關細節。取消銀行成員推選 Fed 12 家地區聯邦儲備銀行行長的職責。限制 Fed 的應急借款權，即不允許 Fed 向私人公司發放緊急貸款，所有貸款計畫均需要獲得美國財政部長批准方可實施，並禁止破產公司參與緊急貸款計畫。

第三節　新制度與新交易市場

一、建立金融穩定監督委員會。該委員會委員包括財政部長、美聯儲主席及七家金融監管機構的高級官員，主要職責是找出威脅金融體系穩定的因素和監管上的漏洞，向各監管機構提出調整建議。比如，當委員

會認為一些金融企業太大或太複雜而有可能威脅金融穩定時，就會向美聯儲提出建議，對這些企業實施更嚴屬的監管；經委員會同意後，美聯儲可要求貸款機構提高資本金，限制金融企業的合併和收購等擴張活動，並有權拆分那些被視為對金融市場穩定存在威脅的企業。

二、實施「沃爾克規則」。總體來說「沃爾克規則」是對混業、分業經營的一種糾正。其最主要的內容就是將商業銀行和投資銀行的業務重新進行分離，同時要求銀行對私募基金和對沖基金的投資額不能超過基金總資產的 3% 以及銀行自身核心資本的 3%，以此限制銀行利用自有資本進行自營交易；同時對銀行規模也進行了限制，要求銀行進行重組併購時，收購後的關聯負債不得超過所有金融機構負債的 10%。「沃爾克規則」目的是為了有效隔離銀行與自營交易中的風險。

三、對金融衍生產品監管進行改革。要求銀行剝離農產品、股票、能源、金屬以及未清算的 CDS 交易，但可從事利率、外匯以及黃金和白銀的期貨交易；且絕大多數場外衍生品將通過第三方交易所和清算中心進行，以便市場和監管機構更容易跟蹤這些交易；此外監管機構還將提高對擁有大額期貨頭寸的公司的資本要求，並有權對單一交易者所擁有的合約數量加以限制。其中，衍生產品要求集中交易、統一清算的規定，完全顛覆了理論界尤其是哈佛學派的觀點，對於衍生產品而言，場外交易就是它們的生命力，根據 BIS 的統計，2009 年末全球衍生品合約面值有 636.4 萬億，僅 3.4% 是在交易所交易的。

四、確立信用證券化產品的風險留存要求。信用證券化產品發行人需持有他們打包或出售的債務中至少 5% 的份額，即被迫保留一定的信用風險。目的是將發行人的利益和投資者的利益捆綁在一起。這對投資者保護也是一種啟示。

五、提高銀行資本標準。要求銀行和具有系統重要性的非銀行金融機構在法案通過後 18 個月內實施新的對資本充足率和槓桿比例的最低要求；對有系統重要性的銀行將實施更高標準的資本充足率和槓桿比率要求；對銀行控股公司提出了與商業銀行同樣的資本充足率要求，禁止大型銀行控股公司將信託優先證券作為一級資本。

六、建立金融機構清算與破產機制。將美國聯邦存款保險公司（下稱 FDIC）的清算職能擴大到大型非銀行金融機構，給予 FDIC「清算授權」，要求其建立起安全有序的破產清算機制；在大型金融機構的倒閉會嚴重

損害美國經濟的情況下，FDIC 將利用這一機制接管、拆分或清算該機構；但不成立專門的問題機構處置基金，財政部可為金融機構破產清算提供前期費用，FDIC 可對總資產超過 500 億美元的大型金融機構收費彌補破產損失。這一條款的很多思路來自於過去兩年學術界的研究，對於傳統監管理念有較大的革新。

七、消費者和投資者保護。消費和投資者保護這一理念貫穿於此次金融監管改革法案之中。法案規定在美聯儲內設立獨立的金融消費者保護局，以保護金融消費者利益免受不公平的、欺詐性的金融交易損害，主要負責監管銀行和金融服務業為消費者提供的信用卡、按揭貸款等個人金融產品；在美國證監會內部設立投資者顧問委員會和投資者保護辦公室；對信用評級機構，要求更完全的資訊披露，包括評級公司的內部運作、評級方法、歷史表現等，要求監管機構建立新的信用評估標準，降低監管者和投資者對評級公司的依賴。我們應充分認識到在金融行業中消費者處於資訊劣勢，而金融機構具有天然的欺詐傾向，導致不少金融機構的利潤並非來源於公允的市場競爭價格，而是來源於資訊不對等和對客戶的隱含的欺詐收益。

八、加強股東在公司治理和確定高管薪酬方面的作用。法案規定美國證監會有權賦予股東「代理參與」（Proxy access）許可權，方便股東向董事會提名董事候選人；上市公司股東對公司高管薪酬和「黃金降落傘」等事宜擁有無約束力投票權；董事會下屬薪酬委員會完全由獨立董事組成；允許監管機構強行中止金融機構不恰當、不謹慎的薪酬方案，要求金融機構披露薪酬結構中所有的激勵要素；對上市公司基於錯誤財務資訊發放的高管薪酬，美國證監會擁有追索權。

九、限制高管薪酬。在此之前，證券市場和金融機構一直認為管理者的薪酬是其勞動所得，應由市場決定，不應納入監管內容，如果對管理者薪酬進行管制，有違經濟學上的人力資本理論。但是現在不僅美國金融監管法案對此提出了明確限制，英國也正在籌畫一項大方案，要對年薪逾 50 萬英鎊的高管薪酬全部限制。

十、完善金融監管體制。重組銀行監管機構，將儲蓄機構監理署合併到貨幣監理署中，其部分職能轉移到美聯儲和聯邦存款保險公司；由美聯儲負責監管銀行控股公司和部分州註冊銀行，貨幣監理署監管聯邦註冊銀行，而聯邦存款保險公司負責監管州註冊銀行。這是一項很重要

的改革。在此之前都是美聯儲和美國貨幣監理署負責監管聯邦註冊銀行的，現在則減少了它們對各州註冊銀行的監管權。中國監管當局比較關心的一點應該是美聯儲負責監管銀行控股公司，因為對於金融控股公司歸誰監管的問題，中國的銀監會、保監會、央行一直存有爭議。

十一、對美聯儲監管許可權進行規定，在擴大美聯儲監管範圍的同時也要求其增加透明度。國會審計辦公室要對美聯儲自金融危機以來發放的緊急救援貸款和其他行動進行一次性審計。同時，國會審計辦公室還擁有將來對美聯儲的緊急貸款、貼現視窗放款和公開市場操作進行審計的權力，對美聯儲發放緊急貸款的權力加以限制，要求緊急貸款的發放必須是出於系統性考慮，禁止利用緊急貸款對個別企業提供救助。

十二、保險行業的監管。在財政部設立聯邦保險辦公室來統一監管保險行業、協調國際保險事務以及與各州保險監管機構協商國家層面的保險問題。

十三、私募基金和對沖基金的監管。要求大型對沖基金和私募基金在美國證監會登記，接受強制性的聯邦監管；對沖基金和私募基金將會被要求向美國證監會報告交易和頭寸資訊，以評估它們可能產生的系統性風險。

第四節　金融改革法案對中國概念股美國上市的影響

2010 年 7 月 21 日，美國總統歐巴馬簽署金融監管改革法案，使之成為法律，標誌著歷時近兩年的美國金融監管改革立法完成，華爾街正式掀開新金融時代序幕。被稱為美國金融史上自「大蕭條」以來最嚴廣的金融監管改革法案二十一日正式生效。在經歷了幾輪討價還價之後，華爾街對於新法反應平靜。然而在表面平靜的背後，華爾街正在悄然改變。

作為監管改革的對象之一，由於反向併購的上市模式導致假帳風波甚囂塵上，赴美上市的中國概念股首當其衝，除了面臨更高的監管標準、更嚴酷的市場考驗外，甚至被強行摘牌或停牌的處份。

在美國股票市場，一場針對中國概念股的做空風潮正在不斷發酵。2011 年 3 月以來，中國概念股二十四家在美上市公司的審計師提出辭職或

曝光審計對象的財務問題，十九家中國在美國上市的公司遭到停牌或摘牌。這些被做空的公司開始於市值較小的公司，市值在 5,000 萬美元至 2.5 億美元之間，但隨著美國券商盈透公司，禁止客戶用信用的額度，採取融資及融券的方式購買一百三十二家中國公司的股票開始，導致幾乎全部中國公司的股票都遭到拋售，市值較大的中國公司同樣跌幅巨大，這些公司在幾個交易日市值就減少了 30% 左右。

如果將該現象貼上政治操作的標籤，認為是美國投資者對中國公司的一場陰謀，那就大錯特錯。事實上，最近幾年，中國公司在美國股票市場整體表現十分搶眼，2010 年 4 月至 2011 年 4 月的一年裏，中國概念股的股價平均漲幅為 48%，遠遠超過美國股市 20% 的平均漲幅。

筆者認為，中國概念股在美國上市遭到美國政府及投資者嚴加看管和關注，至少有以下三個方面需要我們高度關切：

一、買殼上市作法氾濫

一直以來，中國部分企業以為美國資本市場的上市門檻不高，因此總想通過到美國上市，能圈到美國人的錢。為了顯示自己來自全球經濟的火車頭，這些涉嫌造假的企業在大洋彼岸常自冠威名——中國汽車、中國高速傳媒、中國教育集團、中國綠色農業、中國閥門、中國清潔能源……這些企業因此被稱為「中國概念股」。

根據美國證券交易委員會的統計，2007 年至 2011 年 3 月底止，全球共有 600 家左右的企業採用買殼的方式在美國上市，其中中國企業包辦了 25%，約為 159 家，但統計中國企業整體買殼的家數遠超過 350 家。

在中國概念股醜聞中，幾乎所有事發企業都被發現其國內工商資料和納稅記錄上的利稅、資產、收入資料，與它們遞交給美國證券交易委員會的財報數據相差十倍、百倍，甚至無限倍——比如在美國名叫中國清潔能源公司的一家中國生物公司，當地稅務機關後來開具的記錄表明，該公司從 2008 年至 2010 年的納稅記錄為 0。

在越來越多中國公司到美國上市的環境中，美國最近開始針對中國公司「借殼上市」採取「嚴打」之勢展開調查，這可能並非什麼好兆頭。美國國際戰略與投資公司就表示，美國證券交易委員會的這一舉動對投資人

來說是一個強烈的信號，也就是對於中國概念股上市，今後要採取更為審慎的態度。

二、財務造假行為猖獗

已經有二十四家中國公司，因為財務造假而遭到停牌，這是我們必須面對的危險信號。為了防止公司的財務造假等行為出現，股市從制度設計上做了調整：第一：制度調整是上市公司必須有完善的公司治理結構，希望通過公司內部的利益制衡來確保資訊披露的準確性；第二：制度調整是通過外部審計等大型及有名聲的仲介機構介入，希望通過獨立的、專業的世界前七大審計機構的審計來防止財務欺詐事件的發生。

綜合分析財務造假具體的方式有三：1.誇大營業收入和利潤，上報美國證券交易委員會的資料和中國工商、稅務當局的報表不一致；2.銷售合同造假，永遠無法實現財務預測的目標；3.銀行對帳單和公司現金流量表的資料嚴重不符。

三、美國作空機構操弄

這次揭露中國公司財務造假的一個機構是一家中文名稱叫「渾水」的機構，該機構專以揭露上市公司財務造假的手段來獲取高額收益，一旦發現目標公司，它們自己首先在市場做空，然後通過華爾街分析師公開造假的證據及分析報告，當該公司股價大幅度下跌時，即可獲得高額收益。同時，專業的律師事務所會利用這些證據或資料來代理投資者索賠，它們可以獲取索賠金額的一定比例的報酬。

這次在美國被做空的股票，大多數屬於借殼上市的企業，這並非偶然。筆者認為，到美國借殼上市的企業，希望借助美國市場做強做大者寡，而炒作股票者眾，美國投資者目前已經發現來自中國的借殼者不良的動機和傾向，為了降低損失，斷然採取了應變的措施。

總的來說，後金融改革時期，到美國上市與融資的中國企業應回歸到美國資本市場和中國政府對企業境外上市的基本要求，那就是誠信和造殼上市。

　　對於中國企業因借殼上市造成美國政府和資本市場的傷害，在短時間內絕對還會餘波蕩漾、不會停歇，但美國政府已經著手出臺新的方案，要從買殼的根本原因下手，企圖用防微杜漸的方法，讓被要求退市的公司，在三個月內，只要向美國政府遞交 S-1，F-1 或 F-20 文件，就可以重新掛牌交易，保障所有股東及投資人的權益；此種新出路安排的價值，遠高於把公司賣給別人變成殼公司的價值，因此，這種釜底抽薪的政策，勢必讓未來想買殼走捷徑的中國企業無殼可買，直接達到杜絕買殼及作假帳的目的。

　　新的政策及新的市場就是在 2011 年 5 月 9 日，美國證券交易委員會批准了納斯達克的申請，准予設立類似中國的中小板的美國國家級交易所，名稱叫做「BX 風險股票交易所」，適合於已在美國國家交易所上市，但被退市者及未在美國國家交易所上市，但其條件高於創業板卻低於主板的新上市公司，以下就是該交易所上市與首次公開發行的條件與要求：

上市與首次公開發行條件	已在美國國家交易所上市但被退市者適用	未在美國國家交易所上市但其條件高於創業板低於主板的新上市公司適用
公眾持股量	200,000	200,000
公眾股東	總計 200 人，首次發行 100 人	總計 200 人，首次公開發行 100 人
首次公開發行股票市場價值	$200 萬	$200 萬
做市商	2	2
掛牌最低股價	$0.25	$1.00
資產負債要求		淨資產 $100 萬或總資產 $500 百萬
經營歷史		1 年
至少 12 個月以保持充分的營運資金		是
審計師資質	PCAOB	PCAOB
公司治理	是	是
註冊文文件	S-1，F-1 或 F-20	S-1，F-1 或者 F-20

＊自 2010 年 1 月 1 日起，從任何一個國家交易所退市的任何公司，在 2011 年 9 月 30 日之前，可以適用該標準。啟動之後，任何退市的公司可以在三個月之內在 BX 掛牌上市。

第五節　透視赴美上市的中國概念股

本節作者為 Karl Brenza 先生[1]，承蒙其授權將此一深具創見之文章收入此書，在此謹表謝意。

中國概念股現狀

在過去的五年裡，中國企業赴美上市經歷了如火如荼的上升期，也呈現了進來新股數量銳減股價表現欠佳的低潮期。自 2005 年，在活躍的反向併購和首次公開募股（IPO）的熱潮下，超過 500 家中國企業在美成功上市。然而，自一年前開始的由部分中國上市公司財務負面消息引起的市場波動，尤其是最近 6 個月問題的升溫，令整個中概股市場大幅放緩。

迄今為止，已有超過 40 家在美上市中國公司公佈了涉及的財務問題或違規操作。投資界對可能發生的連帶後果憂心忡忡。有人認為這場風波在負面消息逐漸減少的情況下已大部分得到平息，然而仍有相當一部分投資者認為這只是問題的開始，將來會有更多的醜聞浮現。而大多數的投資者則介於這兩個極端之間。

受到這場誠信危機的影響，許多企業已陸續轉向其他的交易所，例如香港或新加波，作為替代美國包括紐約交易所（NYSE 或 NYSE-AMEX）和納斯達克交易所（NASDAQ）的選擇。這些公司認為這些其他的交易所可能會提供更多活躍的投資者，更高的股票估值和一個比較寬鬆的監管審查。當然，這些看法還有待短期或長期的觀察，但普遍的憂慮仍有

---

[1]　Karl Brenza 先生，任職美國邁盛集團投資銀行部高級董事總經理，在投資銀行和金融諮詢顧問領域擁有 18 年經驗而且經常穿梭於中美兩地。在 Brenza 先生的職業生涯中，他完成過超過 100 宗交易，其中包括大量通過反向併購、IPO、登記直接發行、私募融資和金融整合諮詢等一大批中國赴美上市企業。Brenza 先生在投資銀行曾擔任的職位包括在 Broadband Capital Management 擔任董事總經理以及投行部總經理主管和在 BlueStone Capital Partners 擔任董事總經理以及行業整合負責人。Brenza 先生也曾擔任一家上市公司的 CFO 和工程師。Brenza 先生獲得了哥倫比亞大學 MBA 榮譽學位以及美國賓夕法呢亞大學電子工程學士學位，並曾在紐約大學斯特恩商學院作客座講師。

可能埋伏在許多企業的財務報表中，使美國市場對此仍然保持著擔憂和不確定。

中國機會

投資中國仍然是極具吸引力的。在超過 14 億人口的推動下，中國經濟保持著空前的發展速度，這是在世界其他任何地方所看不到的。與中國人口同樣令人驚奇的的是其經濟增長速度。中國在過去十年成功實現約 10% 的年均複合增長，未來五年中國經濟仍有潛力維持平均 8% 增長率。

因此在中國，利潤高、發展快、潛力好的優質公司數不勝數，不論對世界其他地區或美國的投資者來說，這都代表著強大的投資吸引力。從總體來說，赴美上市的中國企業都能得到合理的估值，而且相比美國公司其增長率和利潤率明顯優勝。再者，許多投資者針對其增長規模以及對全球經濟的重要性想在中國尋求更多的機會。所以，美國投資界對在中國的投資興趣是必然會在今後較長的時間內持續下去。

改善之處

要想讓美國投資人對中國企業的熱情恢復到風波之前的蜜月期，投資者首先必須認可這些公司財務報表的準確性。其中，一個有效的措施是責成有信譽的會計師事務所執行更全面徹底的審計程式。此外，中國企業需聘請規模大的會計師事務所，當然，這會增加上市所需的費用和時間。以下是一些關鍵的審計程式需要加強的部分：

中國監管機構的檔備案，包括所有稅務申報（地稅，國稅）以及工商管理局的檔監管申報。

銀行帳單和現金存款餘額。

客戶和應收賬款。

重要的固定資產和應計資產。

銀行及其他債務。

重大的應付賬款以應計債務。

其他在公司資產負債表上顯著的資產／債務。

　　執行更嚴謹全面的審計程序以及雇用經美國會計監管委員會（「PCAOB」）審查的規模較大的會計師事務所，是為投資者提高公司財務信心強有力的保證。

　　包括美國證券交易委員會（「SEC」），紐約證券交易所（「NYSE」）以及納斯達克交易所（「NASDAQ」）在內的監管機構加強審查監管對於公司上市也是頗有裨益的。這些程式包括一份合格的會計師事務所名單，和為取得 SEC 清關以及主板上市申請所需的更完整的財務和業務審批。由律師、投資銀行和投資者對盡職調查持續徹底的審閱也頗有價值。

　　最後，且非常重要的改變是需要管理層意識到他們將為財務造假和違規操作所承擔的嚴重後果。作為一名美國上市公司的前 CFO，我可以證實美國公司對確保其財務報表的正確性是有著強烈的意識的。如果 美國的 CEO 和 CFO 在財務報表上作假和欺詐隱瞞，他們將共同面臨民事和刑事上的雙重責任。這些規則在薩班斯－奧克斯利法案實施後更顯嚴厲。與此同時，SEC 還要求 CEO 和 CFO 呈交財務報表時另需提交一份證明以擔保所提交報表是準確無誤的。

　　對於中國企業和其管理者來說，這種意識是普遍缺乏的，一個重要的原因在於 SEC 在外國沒有司法權力，所以中國的 CEO 和 CFO 即使明知故犯也不會受到和美國公司同樣的罰款和刑事上的處罰。SEC 在這方面的監管缺失，也是造成這次中國概念股普遍的造假問題的重大原因。其實，解決方法是直截了當的，只要中美兩國的監控機構加強共同合作，並採取嚴格的金融監管措施以確保中國的企業家對財務違規、造假問題與美國公司承受同樣的法律制裁，這樣的問題就可以避免。而這樣的合作對於兩國財務申報的統一性，和維護美國市場的完整性都將帶來很大的效益。

　　總的來說，適應的思維也是必需的。在不久前對中國訪問期間，我聽到了中國企業家對於中國赴美上市企業受到監管機構過於嚴厲的監控提出的各種問題。許多財務準確真實的中國公司的被殃及池魚，所以我對他們的這類反應也頗能理解。無奈，中概股所出現的審計問題遠遠超過任何地區，包括其他新興市場。監管機構也只好針對中概股採取特殊的行動。不幸的是資質良好的中國企業也因這場「集體誠信危機」被歸於此類。但我相信，當中國公司認識到不能重走急於上市的老路時，通過提高財務數字的準確性，赴美上市的中國企業必將達到監管機構的要求。

未來展望

在美國，目前正在實施新的政策和監管程式。一旦這些程式的修改得以通過，我相信中概股將在美國資本市場恢復到比從前更受歡迎的水準。我認為市場應把赴美上市的中國企業分為兩個類別：前者是在醜聞爆發前的上市公司，後者則是在嚴厲政策和程式監控下的上市公司。顯而易見，中國企業要成功在美上市沒有了任何捷徑，而需經過更深入的審查和盡職調查，那麼好消息將是美國市場會很快再次成為中國企業海外上市的首選。美國仍是世界上具有最高的成交量、流動性和清楚明確的上市程式的資本市場，對中國企業還是最有吸引力和最適合的金融市場。基於申請時間、監管和流動性的考量，長遠而言我不認為其他市場能替代美國市場。我和本公司對中國市場持續堅定的信心，讓我們堅信在不久的將來中概股市場將再現優異的表現。

第二章

美國各級市場
首發上市門檻與條件

第二章　美國各級市場首發上市門檻與條件

　　紐約泛歐證券集團（NYSE Euronext），在全球共有 6 個交易所，為了一年可以節省 4 億歐元的支出，紐約泛歐證券集團在 2011 年 2 月 9 日以純股票交易的方式與總部位於法蘭克福的德國證交所公司簽署合併意向書，未來將組成全球最大的金融交易所運營公司，涵蓋上市公司的市值將超過 15 萬億美元，相當於全球股市的 28%。

　　目前在美國有 2 個交易所，該交易所分別為：

1. 紐約證券交易所（NYSE）
2. 全美證券交易所（AMEX）

　　紐交所於 2007 年上市後，囿於每年業績必須保持持續增長，在全球金融危機時，率先於 2008 年 10 月 1 日併購美國股票交易所，並於 2009 年 4 月化被動為主動，推出全球化四大刺激方案，期待能在原有的世界最大證券交易市場的基礎上，登峰造極、再創輝煌。

一、降低掛牌資格和標準

1. 公眾股東人數：紐交所 2000 人 -5000 人變為 400 人。
2. 最低掛牌價格：紐交所 5 美元變為 4 美元；美交所 3 美元變為 2 美元。
3. 掛牌標準：單一標準變為 4 大標準，如：收入標準、現金流價值、純價值、資產與股本，更具彈性。

二、調整掛牌費用

1. 轉板無須費用。
2. 降低延續掛牌費用：紐交所根據發行在外總股數每百萬股 930 美元，最少 3.8 萬美元最多 50 萬美元；美交所最少 2.75 萬美元最多 4 萬美元。

3. 經具權威第三方分析證明，紐交所與美交所掛牌費用比納斯達克低 17%-34%。

三、改良交易技術

1. 快速、自動和不具名的領先交易技術，在不到 10 毫秒內完成交易。
2. 單日擁有處理 100 億股交易能力。
3. 利用高科技交易系統與人性監督並存技術，避免納斯達克純自動交易系統帶來的交易盲點。
4. 指定做市商參與交易過程，避免錯誤的交易結果。
5. 美國聯合航空公司（代碼：UAUA）2008 年 8 月 8 日在納斯達克交易市場，由於錯誤的商業報導，13 分鐘股價下跌 76%──在紐約證券交易所則永不會發生；2008 年 8 月 19 日，納斯達克不得不取消 11000 個交易並且禁止賣空金融類股──紐約證券交易所取消交易為零次。

四、簡化轉板步驟

1. 公司董事會同意轉板到紐交所。
2. 向紐交所遞交 10K／20F（或中期財報）文件，進行活絡證券核准。
3. 取得紐交所的轉板批准，向紐交所提交掛牌申請。
4. 取得紐交所的掛牌批准，向納斯達克遞交 F-25 文件，通知摘牌轉板。
5. 發表新聞稿，公告周知紐交所首次掛牌交易日期。
6. 向 SEC 遞交 F-8A 文件，報備轉板至紐交所。
7. 開始在紐交所交易。

第一節　紐約泛歐證券集團歷史背景和現狀

位於紐約曼哈頓的紐約證交所是美國最老、最大也是最有名氣的證券市場，成立於 1792 年，至今已有 219 年的歷史，上市股票超過 3,243 支。

　　1792 年，由 24 家傑出的經紀商在華爾街訂立交易協定，使紐約證券交易所初具雛形。經過一再的努力，終於在 1863 年正式成立及定名為紐約證券交易所，即 NYSE。

　　她之所以有名，其中一點就是她雖貴為金融行業，但交易場所卻跟傳統菜市場一樣，喧囂沸騰，熱鬧得很。通常您在電視新聞裏所看到的比手畫腳，人聲鼎沸的美股交易熱鬧場面，就是取景於紐約證交所。紐約證交所的交易方式也跟傳統菜市場一樣，是採取議價方式，不同於臺灣股票的電腦自動撮合，股票經紀人會依客戶所開出的買賣條件在交易大廳內公開尋找買主或賣主，經討價還價後做成交易。

　　紐約證交所因為歷史較為悠久，因此市場較為成熟，上市條件也較嚴格，歷史悠久的財富 500 大企業，大多選擇在紐約證交所掛牌，像：強生（Johnson & Johnson）、奇異（General Electric）、沃爾瑪（Wal-Mart）、花旗集團（City-Group）、輝瑞製藥（Pfizer）、做快遞服務的 FedEx 等大公司，都是在紐約證交所交易。而美國最大網路服務公司美國在線（America Online）也是紐約證交所交易客戶。

　　紐約證券交易所約有 3,243 家上市公司，總市值曾高達 15 萬億美元，這 3,243 家上市企業中，有 450 家來自 54 個不同國家，市值亦曾高達 5 萬億美元。由此可知，美國市場擁有十分強大的集資能力，而紐約證券交易所仍執全球交易所的牛耳。

▲紐約泛歐交易所集團（紐約泛歐）經營著世界最領先且流動性最高的證券交易集團。紐約泛歐旗下證券交易所分佈於六個國家。

▲無論是以上市公司數量還是以總市值計算，紐約泛歐交易所集團均是世界最大證券交易所。

▲紐約泛歐交易所集團掛牌的上市公司超過 3,243 多家，旗下各交易所總市值達 21.2 萬億美元，是其他證券交易集團的四倍。

▲紐約泛歐交易所集團的日均交易額在 1,592 億美元左右，占世界交易額總量的 40%。

▲財富 500 企業中 84% 在紐交所掛牌；標準‧普爾 500 指數所覆蓋的各行業 86% 在紐交所掛牌；標準‧普爾 100 指數所覆蓋的上市公司 100% 在紐交所掛牌。

▲截至 2010 年 12 月 31 日，中國企業在紐交所上市的公司總計為 89 家（美交所 17 家），市值超過 1.1 萬億美元。

▲截至目前為止，共有 165 家公司從納斯達克轉板到紐交所。

全美自營商協會（NASD OMX），該交易所分別為：

1. 納斯達克全球精選市場（NASD-GSM）
2. 納斯達克全球市場（NASD-GM）
3. 納斯達克資本市場（NASD-CM）
4. BX 風險股票交易所（NASD-BX）

納斯達克有著全球最高的上市標準，納斯達克是流動性最強、交易量最大的交易所，納斯達克股票市場一直是，並將繼續是美國現今股票交易最大的、專一的股票交易平臺。

截至 2010 年 12 月 31 日止美國主板市場擁有 6667 家掛牌交易公司，其中納斯達克上市公司擁有 2,874 家上市公司，其中納斯達克全球精選市場有 1,594 家上市公司、全球市場有 795 家上市公司、資本市場有 496 家上市公司。

▲財富雜誌評選出的增長速度最快的 100 家公司多數是納斯達克上市公司。

▲財富雜誌評選出的增長最快的 100 家公司中，前 10 名有 7 家是在納斯達克上市。

▲財富雜誌評選出的增長最快的 100 家公司中，60%是在納斯達克上市。

▲財富雜誌評選出的增長最快的 100 家公司中，納斯達克上市公司 2009 年收入增長平均達 65%。

▲財富雜誌評選出的增長最快的 100 家公司中，納斯達克上市公司 2009 年利潤增長平均達 45%。

第二節　紐約泛歐證券集團首發上市及轉板條件

紐約證券交易所

紐約證券交易所是資本社會的大殿堂，企業成長的研究所。儘管讓人一夜致富的微軟，英特爾都在納斯達克交易，紐約證交所仍是最大、最老、最有人氣的市場。電影中股市內人聲喧騰，比手畫腳的鏡頭，是在使用電

腦和電話交易的納斯達克所看不到。要感受那種金錢遊戲的熱烈，只有來華爾街 11 號的紐約證交所。

　　紐約證交所有 219 年的歷史，目前約有 3,243 支股票，包括大部份歷史悠久的「財富五百大企業」，股價總值達 6 萬億美元。相較之下，納斯達克只有四十歲，雖有 2,874 支股票，但多半是中、小型的新興公司。兩家交易所最大的不同在於股票買賣方式。在紐約證交所，經紀人在場內走動叫喊來尋找最佳買賣主。在納斯達克，買賣則是在電話或電腦上溝通。

　　在紐約證交所，經紀人依客戶所開的條件在場內公開尋找買賣主，本身無法左右價格，買方與賣方，實際上是在直接交易。在納斯達克，買方或賣方跟交易員打交道，交易員隨意開價，買賣雙方無從得知他的成本。

　　紐約證交所的場內共有十七個馬蹄形的「交易站」，每支股票固定在某個交易站買賣。場內人員分「專家」和「經紀人」兩批。專家守在交易站不動，只買賣自己分配到的六支股票。他們主持競標、執行買賣、紀錄和傳送價格資訊。經紀人代表證券商，他們遊走各交易站，可買賣任何股票。電影中的股市鏡頭，多是一群經紀人在交易站前競標。專家就像拍賣會主持人，他必須從面前眾多經紀人的叫聲中選出最好的價碼，在交易所裏不准有任何秘密交易。

　　場內另一陣營是牆邊的「會員」攤位。紐約證交所共有四百八十名會員，多是證券商。會員攤位接到公司買賣的指令，立刻用行動電話告訴遊走的經紀人，經紀人再到交易站尋找買賣主。近年來，為增加效率，單純的指令已由證券商用電腦網路直接送到交易站，經紀人只處理大宗或複雜的指令。

　　紐約證交所電視廣告的口號是：「我們不僅是一個場地，更代表一種做生意的方式。」不管科技怎樣進步，面對面的交易永遠讓人覺得誠信與踏實，這就是紐約證交所獨特的魅力。公司股票想要到紐約證券交易所去掛牌必需具備以下幾個條件：

紐約證券交易所掛牌條件

NYSE 上市要求	標準 1	標準 2	標準 3	標準 4
稅前利潤	過去三年總和為 1000 萬美金且單年均大於等於 0，而近兩年每年超過 200 萬美元或者過去三年總和為 1200	無	無	無

	萬，最近一年為 500 萬，未來一年是 200 萬美金			
收入	無	當期財年收入 7500 萬美金	無	無
市值	無	7.5 億美金	5 億美金	1.5 億美金
公眾持股量	110 萬股	110 萬股	110 萬股	110 萬股
公眾持股量的市場價值	1 億美金（其中 IPOs 為 4000 萬美金）	1 億美金（其中 IPOs 為 4000 萬美金）	1 億美金（其中 IPOs 為 4000 萬美金）	1 億美金（其中 IPOs 為 4000 萬美金）
總資產	無	無	無	7500 萬美金
經營歷史	無	無	1 年	無
股東數	400 人	400 人	400 人	400 人
股東權益	無	無	無	5000 萬美金
最低股價	$4	$4	$4	$4

美國股票交易所

1860 至 1920 年間，以會員制建立交易方式，這就是現在美國股票交易所的起源。美國在 1920 至 1940 年期間，面臨最大的經濟考驗，而美國股票交易所仍繼續用心改善其交易的制度。在 1940 至 1950 年間，美國傾力改進美國經濟，並以經濟復蘇為第一要務。

1950 年，交易所正式命名為 American Stock Exchange（又稱 AMEX）。AMEX 在當時吸引各行業新成立的公司，例如衛星市場、民生必須品、貨幣工具、自動化交易系統等，在 1975 年間 AMEX 積極著手進行股票買賣權，並介紹股票購買選擇權的交易，而股票出售權的交易則在兩年後開始。

1998 年，在納斯達克董事長兼執行長法蘭克·薩博先生主導下，納斯達克與 AMEX 合併，在那次合併業務中，納斯達克是母公司，而 AMEX 則成為納斯達克家族公司旗下獨立的個體。因此，自 1998 年起，在 AMEX 上市就是在納斯達克證券市場上市。

2008 年因受全球金融危機影響，在美交所掛牌的上市公司大幅滑落，嚴重的影響美交所的營業收入，美交所於是在當年的 10 月 1 日被全球金

融巨鱷——美國紐約證券交易所併購，並於二個月後即 12 月 1 日正式搬至華爾街 11 號與紐交所和屬辦公。

嚴格區分，目前 AMEX 仍是美國第四大證券交易市場，超過 550 支股票在此上市，其交易場所和交易方式大致和紐約證交所相同，只不過在這裏上市的公司多為中、小型企業。

AMEX 希望繼續成為創新者，並且能創新商業紀錄。將交易版圖拓展到全球，在新加坡與新加坡證交所合作，開始進行美國證交所上市交易。除此的外，AMEX 也與歐洲和東京證交所簽署備忘錄（Memorandum of Understanding，又稱 MOU）以便跨洲上市及交易。世界知名公司如 General Motor 通用汽車、Exxon 艾克森石油公司都在 AMEX 上市。

美國股票交易所大致上的營業操作都和紐約證券交易所一樣，只不過是一個中、小型企業股票上市的場所。一般在美國股票交易所的股票價格較為偏低，所以投資者之股票買賣會高於 100 股。公司股票想要到美國股票交易所掛牌需具備以下幾點條件：

AMEX 上市要求	標準 1	標準 2	標準 3	標準 4	標準 5
稅前利潤	75 萬美金	無	無	無	無
收入	無	無	無	無	7500 萬美金
市值	無	無	5000 萬美金	7500 萬美金	無
公眾持股量的 市場價值	300 萬美金	1500 萬美金	1500 萬美金	2000 萬美金	2000 萬美金
最低股價	$3	$3	$2	$3	$3
經營歷史	無	2 年	無	無	無
總資產	無	無	無	無	7500 萬美金
股東權益	400 萬美金	400 萬美金	400 萬美金	無	無
公眾股東／ 公眾持股量 （股）	選擇 1：800／500,000 選擇 2：400／1,000,000 選擇 3：400／500,000				

附注 1：　稅前利潤是指最近一個財政年度，或最近三個財政年度裏面兩年達到這個要求。

附注 2：　公眾股東不包括：公司董事，公司經理，控股股東，大於 10% 的持股股東，相關聯方和其家人。

附注 3：　要求最近的 6 個月每日交易量達到 2000 股。

為了吸引 OTCQB 掛牌交易或是在粉單市場上市的公司，能直接轉板到美交所掛牌交易，美交所於 2009 年初，正式推出了轉板的四大途徑與條件：

美國股票交易所轉板四大途徑（AMEX）

美交所上市要求	標準 1	標準 2	標準 3	標準 4
稅前利潤（附注 1）	75 萬美金	無	無	無
市值	無	無	5000 萬美金	7500 萬美金或最少 7500 萬美金總資產和 7500 萬美金收入
公眾持股量的市場價值	300 萬美金	1500 萬美金	1500 萬美金	2000 萬美金
最低股價	$3	$3	$2	$3
經營歷史	無	2 年	無	無
股東權益	400 萬美金	400 萬美金	400 萬美金	無
公眾股東／公眾持股量（股）（附注 2）	選擇 1：800／500,000 選擇 2：400／1,000,000 選擇 3：400／500,000（附注 3）			

附注 1： 稅前利潤是指最近一個財政年度，或最近三個財政年度裏面兩年達到這個要求。

附注 2： 公眾股東不包括：公司董事，公司經理，控股股東，大於 10%的持股股東，相關聯方和其家人。

附注 3： 要求最近的 6 個月每日交易量達到 2000 股。

第三節　納斯達克證券集團歷史背景和現狀

談到引領人類走向二十一世紀的高科技類股，不能不提到高科技類股雲集的美國納斯達克證券交易市場；這個既時髦又超炫的名字，雖然在亞洲地區真正被投資人廣泛討論及重視不過是最近幾年的時間，但「她」的國際金融地位，一如「她」的名字「那是大哥」一般，在 2000 年 3 月已經取代了當年有 213 年歷史的紐約證券交易所，成為全世界最大的電子股票交易市場。

美國有七大證券市場與一個店頭市場，這個店頭市場就是名聞遐邇的納斯達克證券市場；納斯達克證券市場成立於 1971 年 2 月 7 日，在交易實務上可區分為三個主板交易市場，每股最低的交易單位為 1 美元（U. S. Dollar）。

　　自 1990 年至 2000 年間，全世界股市漲聲最驚人的就是納斯達克，尤其甚者，納斯達克 100 綜合指數從 1997 年 10 月亞洲金融風暴與俄羅斯金融危機結束後的 1419.12 點起漲，到 2000 年 3 月最高點的 5132 點，納斯達克 100 綜合指數漲幅超過 256%。光是在 1999 年，納斯達克新股上市平均漲幅就高達 194%，其中 B2B 軟體公司第一商務（Commerce One）高達 1000%，網景公司（Netscape）上市第一天就飆漲的盛況，成為日後納斯達克新股上市股價漲幅公式化的家常便飯。1999 年 12 月 9 日，號稱「微軟第二」的 VA Linux 上市的第一天，股價由 30 美元一股暴漲到 239.25 美元坐收，漲幅更高達 698%；2000 年 2 月 18 日，臺灣企業「和信超媒體」在納斯達克上市的第一天，股價由 27 美元一股暴漲到 88 美元坐收，漲幅亦高達 326%。因此，十年來納斯達克不僅因為成為微軟、英特爾、亞馬遜和雅虎等公司資金的搖籃而名噪一時，高科技類股也因為「她」不限國別、不限行業別、不限成立年限、不限獲利、不限所有權制的寬鬆特性，更因網路股在 1999 年平均每家在納斯達克證券市場募得 1.1 億美元的激勵，在他們有更大資金需求的時候，第一個想到的就是納斯達克，而納斯達克又經常對高成長性的中小企業給予最熱情的擁抱。

　　納斯達克是全世界創業者募集資金的天堂，有最低掛牌股價的規定，上市門檻寬鬆，因為「她」採用諮詢式的上市審查方式，因此擬上市公司只要符合美國證券交易委員會、納斯達克（NASD）及州證券委員會的各項規定，不論上市或美國存託憑證（ADR）的規劃，必能達到企業期望之目的。

　　納斯達克證券交易市場，在 2000 年初已經成為全世界最大的電子股票交易市場。當年就擁有 5,500 多家上市公司，每天的成交股數超過 20 億股，全市場的總市值已經超過了 5.2 萬億美元，監督 5,600 家證券公司、63,000 家分公司和 550,000 名以上登錄的證券專家。

　　納斯達克證券交易市場，與紐約證券交易所和美國證券交易所不同的是，該市場不是一個有形的交易市場，沒有一個公開的交易大廳，全部的買賣都是透過電腦自動報價交易系統進行。

　　納斯達克的魅力在於為具有發展潛力的公司提供一個便捷的募資管道，讓有夢想的創業家在寬裕的資金挹注下，逐一實現他們的夢想；不僅樹立了企業募資的新模式，亦改變了二十一世紀全人類的生活習慣。在未來的數十年間，要改變人類演繹歷史與生活習慣，非納斯達克上市的公司莫屬，納斯達克的魅力確實無法可擋。

第四節　納斯達克證券集團首發上市及轉板條件

　　美國證券市場中高科技類股的發展形成是與美國經濟的發達緊密相連，兩者相互激勵、相輔相成。近年來，在新科技、夢想與激情三個酵素帶動下，促使美國走上世界經濟大舞臺的核心。

　　創立於 1971 年 2 月 7 日的納斯達克證券交易市場，與紐約證券交易所和美國證券交易所不同的是，該市場不是一個有形交易市場，沒有一個公開的交易大廳，全部的買賣都是通過電腦自動報價交易系統進行，雖然「她」是美國最年輕的股市，截至 2010 年 12 月 31 日，在納斯達克上市的公司有 2,874 家公司。

　　納斯達克到底魅力何在？竟然能在當年短短的 30 年不到的時間，不但攫獲全世界創業者的目光，更輕易的以「全世界資金搖籃」的身份，取代了紐約證券交易所，「她」有何能耐？我們將逐一的揭開納斯達克神秘的面紗！

　　西元 1961 年，美國的未上市市場一如國內各地現在的一級半市場一樣，法令不彰，資訊封閉；因此，未上市股票的交易糾紛時有所聞，造成社會經濟極大的負面影響。有鑒於此，美國國會為了讓未上市公司能夠安全又快速的在店頭市場取得資金，因此，特別通過決議，責由美國證券管理委員會（SEC）在如何提高店頭市場交易效率及秩序的立法精神下，研議一套法令規章讓大家共同來遵循。SEC 經過 7 年的時間研究、測試，認為只有成立「美國自營商協會」（National Association of Securities Dealer Inc）才能徹底解決未上市股票交易的亂象，因為在 NASD 的組織中，訂有最低的入會門檻，只要符合這些條件就可以在這組織中自由買賣。

　　雖然 NASD 順利的達到資訊公開的目的，但是對於提高未上市股票交易的效率還是力猶未逮，因此，經過 NASD 廣納建言及測試交易模式之後，終於在 1971 年 2 月 7 日決定引進自動報價交易系統（Automatic Quotation）。自此，美國店頭市場的交易效率及秩序才大幅提升；現在人稱納斯達克就是 National Association of Securities Dealer Automatic Quotation 的簡稱。

　　從 1990 年至 2000 年間，全世界股市漲聲最驚人的便是納斯達克，10 年來不僅因成為微軟、英特爾、亞馬遜和雅虎的資金搖籃而名噪一時，高

科技類股更因為「她」不限國別、不限行業別、不限成立年限、不限獲利、不限所有權制的寬鬆特性，在有更大資金需求的時候，第一個想到的就是納斯達克，而納斯達克又經常對高成長性的中小企業給予最熱情的擁抱。

美國前任聯邦儲備會主席格林斯潘認為：「高科技的廣泛運用及高科技帶來的關聯效應，才使得美國經濟有了今天的繁榮」。高科技類股的龍頭老大微軟公司的董事長比爾‧蓋茲他說：「高科技領域的一場革命使得曾經呆滯的美國經濟走向蒸蒸日上的道路」。納斯達克的魅力在於為高科技類股提供一個便捷的募資管道，讓有夢想的創業家在寬裕的資金挹注下，逐一實現他們的理想，進而改變了二十一世紀全人類的生活習慣和基因工程。在未來的數十年間，要改變人類演繹歷史、改變人類生活習慣、改變人類基因工程非納斯達克上市的公司莫屬，納斯達克的魅力確實令人無法可擋。

全球精選市場上市要求	標準 1	標準 2	標準 3	標準 4
稅前利潤	過去三年總和為 1100 萬美金且單年均大於等於 0，而近兩年每年超過 220 萬美金	無	無	無
收入	無	過去一年至少 1.1 億美金	過去一年至少 9000 萬美金	無
總現金流	無	過去三年總和為 2750 萬美金且單年均大於等於 0	無	無
市值	無	過去一年平均 5.5 億美金	過去一年平均 8.5 億美金	1.6 億美金
公眾持股量	125 萬股	125 萬股	125 萬股	125 萬股
公眾持股量的市場價值	1.1 億美金（其中 IPOs 為 4500 萬美金）	1.1 億美金（其中 IPOs 為 4500 萬美金）	1.1 億美金（其中 IPOs 為 4500 萬美金）	1.1 億美金（其中 IPOs 為 4500 萬美金）
總資產	無	無	無	最近財政年為 8000 萬美金
股東權益	無	無	無	5500 萬美金
最低股價	$4	$4	$4	$4
做市商	3 或 4	3 或 4	3 或 4	3 或 4

全球市場上市要求	標準 1	標準 2	標準 3	標準 4
稅前利潤	最近的財政年或近三年財政年中的任兩年分別為 100 萬美金	無	無	無
收入	無	無	無	最近的財政年或近三年財政年中的任兩年分別為 7500 萬美金
上市證券市值			7500 萬美金	
公眾持股量	110 萬股	110 萬股	110 萬股	110 萬股
公眾持股量的市場價值	800 萬美金	1800 萬美金	2000 萬美金	2000 萬美金
總資產	無	無	無	最近的財政年或近三年財政年中的任兩年分別為 7500 萬美金
經營歷史	無	2 年	無	無
股東數	400 人	400 人	400 人	400 人
股東權益	1500 萬美金	3000 萬美金	無	無
最低股價	$4	$4	$4	$4
做市商	3	3	4	4

資本市場上市要求	標準 1	標準 2	標準 3
稅前利潤	無	無	最近的財政年或近三年財政年中的任兩年分別為 75 萬美金
上市證券市值	無	5000 萬美金	無
公眾持股量	100 萬股	100 萬股	100 萬股
公眾持股量的市場價值	1500 萬美金	1500 萬美金	500 萬美金
經營歷史	2 年	無	無
股東數	300	300	300
股東權益	500 萬美金	400 萬美金	400 萬美金
最低股價	$4	$4	$4
做市商（個）	3	3	3

納斯達克資本市場轉板三大途徑（NCM）

納斯達克資本市場上市要求	標準 1	標準 2	標準 3
稅前利潤（附注 1）	無	無	75 萬美金
市值	無	5000 萬美金	無
公眾持股量的市場價值	1500 萬美金	1500 萬美金	500 萬美金
最低股價	$4	$4	$4
經營歷史	2 年	無	無
股東權益	500 萬美金	400 萬美金	400 萬美金
公眾股東（附注 2）	300	300	300
公眾持股量（股）	100 萬	100 萬	100 萬
做市商	3 個	3 個	3 個

附注 1：稅前利潤是指最近一個財政年度，或最近三個財政年度裏面兩年達到這個要求。

附注 2：公眾股東不包括：公司董事，公司經理，控股股東，大於 10%的持股股東，相關聯方和其家人。

第五節　BX 風險股票交易所

2011 年 5 月 9 日納斯達克的 OMX 集團公司被 SEC 批准啟動一個國家級交易所，這個交易所，是針對那些沒有資格申請任何美國其他主板市場的「小型和新興」公司，一個全新的交易市場。

根據 5 月 6 號的一份官方聲明，SEC 批准納斯達克成立 BX 風險股票交易所，BX 風險股票交易所專為那些從主板交易所退市或者無法達到主板交易所要求的公司所設立的。SEC 聲稱，這樣的上市要求，把這樣的公司跟那些在納斯達克股票交易所上市的優質企業隔離開來。

SEC 認為 BX 風險股票交易所能夠給予這些公司「在一家股票交易所上市的機會，給他們一個能夠增加流動資產，透明度和監管力度都更強的平臺」。SEC 認為：此種二級交易所，可以提高估值和監管欺詐以及操縱交易的行為。

隨著 BX 風險股票交易所成立，美國亞利桑那州新科議員 David Schweikert 日前提出證券法規則 A 修正案（又稱小型企業資本形成法案），根據眾議院 1070 號決議，小型企業未註冊股票公開發行最高融資額將從

目前的 500 萬美元提高到 5,000 萬美元；若該法案順利通過，將使反向併購日漸式微，最終走入歷史。

小股本的進入

華盛頓大學的金融教授詹姆斯，安吉說：「我們需要嘗試，我們已經改變了市場的結構，所以市場應該改變對那些不歡迎小股本的態度，而接受小股本企業。我們已經嘗試了很多的不同方法，那就看看什麼辦法有效。」

安吉說，經銷商已經沒有像十年前那樣通過交易小股本掙錢了。這部分利潤，基於一定程度通過一個範圍更廣的出價——詢價差價，或者不同於做市商買賣股票的價格，幫助發行人得出分析和研究的公佈，在投資人中產生更多的交易利潤。由於利潤的縮小，他們的動機是讓許多公司的股票流通量增加。

對於在納斯達克掛牌的股票來說，差價由投資人付款，稱為有效的出價——詢價差價，從 2001 年達到 5 美分以上下降到 2009 年 9 月的 3 美分以下，根據由安吉：前 SEC 經濟學者勞倫斯哈瑞和崔斯特，施派特 2010 年 2 月份撰擬的一份報告顯示，有效的差價是兩倍於交易價和中間值（全國性交易所的最高即時出價——詢價的中間價格）的差價。

高頻率交易者

安吉說，現行的交易規則有助於較大的資本化和更多的日交易量，這些是吸引那些買賣很快的高頻率交易者。

納斯達克的 OMX 的執行官羅伯特在 2011 年 4 月 20 日召開的電話會議上發言說，BX 風險股票交易所是納斯達克的 OMX BX 部門在 2009 年 8 月正式提出來的，已經運行了 2 年。SEC 聲稱，將會有審查上市資格條件部門的 30 多名成員，包括分析師和一個調查組來監管。

自衛

對於納斯達克，「這是一次大規模的自衛行動」，大衛先生，他是 Grant Thornton（均富公司——目前是全球第六大審計所，芝加哥的一家審計、稅務顧問公司）資本市場部的經理，他說：在新的交易所上市的門檻，是在於要求公司沒有在其他州或主要的交易所註冊，他們的股票和交易以上市為前提。如果公司勉強那樣做，「將沒有實際性幫助」，他說，納斯達克將不會自動流失客戶，而是退市到 OTC 市場上，而到了 OTC 系統中，就

可以由 OTC 市場集團公司或者到 OTC 自動報價板來運營；OTC 市場允許經紀人為最低 10,000 股報價，由於 SEC 當局正在出售 OTCBB，OTCBB 可以接受 3,300 股以上。大衛說，BX 風險股票交易所的成立，使得納斯達克找到一個彌補他們割讓給 OTCBB 企業家數的途徑。

便士股票

麻塞諸塞州股票分部和其他管轄機構已經看到了「市場便士股部分存在著明顯的問題，包括經紀人通過市場做手的鍋爐式銷售和市場操控（包括發佈假消息）等，這給存在的股票製造了很大障礙」蓋文寫到。「被授權建立另一個新市場來交易便士股，特別需要注意」。R. Cromwell Coulson 紐約 OTC 公司首席執行官說，BX 風險股票交易所在跟 OTC 市場的部分股票競爭，包括在 OTC 市場上，那些還沒有完成財務要求和正在審核程序中有資格在 OTCQX 板塊交易的公司。

一般程序

Coulson 說，「我們為 OTCQX 認定手續，綁定到一個投資銀行和一個證券律師的團體，他們會針對公司給予很多意見」。2007 年，大約 200 家公司符合上 OTCQX 的資格，他說，「多年前，納斯達克有很大一群做市商，但是現在上市是一個一般程序，給予小型公司很少的幫助，他們會直接聯絡投資人。」

OTC 市場告訴投資人，如果在其網站上交易代碼旁有類似停止標誌和骷髏頭警告，這樣的股票有風險。

自從紐約的美交所經營信貸公司市場（1992-1995），因為其中一些掛牌的公司參與到金融醜聞中而被關閉後，美國沒有一個經 SEC 批准的高級市場給小型公司交易。美交所在 2006 年引入一個高等級市場—TAP（類似於倫敦證券交易集團的 AIM 市場和在多倫多的 TMX 集團公司的 TSX 風險交易所），但後因美交所在 2008 年 10 月 1 日被紐約泛歐證券集團以 26,000 萬美金收購，並改名為 NYSE Amex，該計畫旋即告終。

年會

BX 風險股票交易所公司，像在其他交易所掛牌的公司一樣，必須要跟 SEC 登記並需定期更新註冊資料。他們必須符合「硬性要求」比如擁

有一個獨立的審計委員會，每年都要召開股東大會，類似於把公司託管給納斯達克或其他交易所。這樣會定義 BX 風險股票交易所較低的等級，「硬性要求」會適用於他們，包括更少的財務要求。

根據 SEC 的要求，BX 風險股票交易所上市公司要求有 20 萬股公眾持有股份，200 名股東和市值最少 200 萬美元的首次公開發行資金。納斯達克的最低等級要求上市公司有 100 萬股公眾持股量，300 名股東和 1500 萬美元的市場價值。BX 交易所上市的首次公開發行每股股價在 $1 美元以上，若曾在其他國家級股票交易市場交易並退市者，其首次公開發行每股股價則要求在 $0.25 以上。

上市費用

BX 的首次公開發行費用是 $7,500，每年 $15,000。OTC 的 OTCQX$5,000 每年 $15,000。納斯達克的最低首次公開發行價格等級是 $50,000 和每年 $27,500，類似於美交所的費用。

從國家級交易所退市的發行人，從 2011 年起可以選擇到 BX 市場，在 2011 年 9 月 30 日之後，退市的公司只有在他們退市的前三個月中才能申請 BX 市場。

Weild 說，退市公司可以通過加入 BX 市場受益。他說「當公司退市到 OTC 市場，是令人害怕並且是有害的，投資人拋棄了他們，交易下降並且很難翻身。也許，公司到 BX 市場，還是納斯達克的一部分，能使公司遭受到比較少的批判和困難。」

SEC 申報公司要求

SEC 批准了由納斯達克 OMX 集團的申請，為那些無法達到其他國家級股票交易所要求的企業，增設了一家新的國際級股票交易所，進行股票交易。並為那些在 OTC 電子報價板和 OTC 市場中的小型企業創造了新的機遇。

BX 風險股票交易所是為了那些無法達到紐交所、納斯達克國家級股票交易所非常嚴格的上市要求而設計的。BX 風險股票市場公司，同其他在別的交易所上市的公司一樣，必須跟 SEC 註冊並且需要及時更新 SEC 規定的定期披露文件。

這是關鍵，不同於 OTCQX 或者是 OTCBB：

　　他們必須要符合「硬性要求」如擁有一個獨立的審計師委員會，必須要每年召開股東大會，類似於為公司託管在納斯達克和其他交易所上。這些將會定義 BX 風險股票交易所的公司申請的「定性要求」要低，包括更少的財務要求。

　　根據 SEC 的要求，BX 風險的公司要求擁有 20 萬股公眾持股量，200 名股東和公司首次公開發行最少要 200 萬美元以上。

　　納斯達克的最低等級市場要求公司擁有 100 萬股公眾持股量，300 名股東和 1,500 萬美元的首次公開發行價值。BX 交易所上市的首次公開發行每股股價在 1 美元以上，若曾在其他國家級股票交易市場交易並退市者，其首次公開發行每股股價則要求在 0.25 美元以上。

　　納斯達克 OMX 將執行和要求 BX 風險股票交易所通過金融業監管及納斯達克股票市場的授權制定合同。

　　「我們期待 BX 風險股票交易所將提供給小規模的企業股票一個可以交易的平臺，提供一個更加透明、流動性更強和監管更嚴格的機遇，這樣可以使這些公司受到更多潛在投資人的關注」，SEC 的主席瑪麗，夏皮羅在 SEC 內務委員會召開監督管理改革會議之前所作的發言。

　　「經驗少的發行人，必須要更加謹慎來確保檢查並實施監管，這樣投資人們會瞭解，這些股票和傳統的股票交易所股票之間的差別，在交易所的預期交易可以幫助小型公司提高融資的能力，並且投資於他們業務的開展」。

　　在 BX 風險股票交易所上市，公司需要按交易法註冊，並定期的向 SEC 披露。公司必須擁有獨立審計委員會和獨立董事為執行委員會做決策確認。

　　公司將被禁止採取任何無效的、限制性的或不相干的行為來減少股東們的每股表決權。其他要求還包括公司的審計師要跟上市公司會計監管委員會註冊，公司每年召開一次股東大會，公司需要召集代表出席每次會議。是他們頒佈了很多很高的上市條件，很多公司將達不到這些條件。如果他們可以達到，他們很可能直接去納斯達克的資本市場交易了。

　　下面是 BX 風險股票交易所上市的要求：

硬性規定：

a) 公司註冊必須遵循法案 16 的 12(b)部分並且定期跟委員會註冊，結果遵循 2002 年薩班斯奧克斯利法案（建議 5210(a)條和 5210(e)）。

b) 公司必須擁有一個完全獨立性的審計委員會，至少有 3 人組成並依據 SEC10A-3 條要求，在法案 18 條下發佈（建議 5605(c)）。

c) 公司必須擁有獨立董事給執行官做補償決定（建議 5605(d)）。

d) 公司將會被禁止採取任何無效，限制或者不相干的減少股東每股投票權的行為。公司的普通股依照法典 12 部分鎖股。（建議 5640 條）

e) 公司的審計師將被要求跟上司公司會計監管委員會註冊（建議 5210(b) 和 5250(c)(3)）。

f) 公司將被要求每年召開股東大會和在每次股東大會召集代理人（5620 條）。

g) 公司被要求取得股東的同意下，使用權益報酬（建議 5635 條）。

h) 公司被要求採取一套行為準則，適用於所有董事，官員和雇員（建議 5610 條）。

i) 公司被要求執行適宜的審查和監管所有相關的交易單方，解決潛在的利益衝突。（建議 5630 條）

j) 公司被要求披露資訊，按照公平資訊披露原則適用方法（或者組合方法）（建議 5250(b) 和 IM-5250-1）。

k) 上市的證券必須由一家清算代理商根據法案 17A 部分進行直接註冊程序（建議 5210(c) 和 5255）。

l) 公開的「殼」，不准許上市（建議 5103(b)）。

m) 交易所會進行一次公司公眾利益和相關重要人員審核（建議 5205(c)、5104 和 IM-5104-1）。一家公司如果它的執行官，董事，發起人，或者控制人在前 5 年中發生規則 S-K 中 401(f)(2)–(8) 的情況，公司將不具上市資格。（建議 5103(a)）

硬性要求：

a) 公眾股東持股量 20 萬股以上。

b) 200 名公眾股東，至少其中 100 名參與首次發行，和 200 名參加接下來的發行。

c) 首次發行的股票市場價值至少在 200 萬美元和 100 萬美元接續發行。

d) 2 名做市商。

e) 對於此前在一家國家級股票交易所交易過的，首次發行價最低每股 $0.25，對於此前沒有在國家級股票交易所交易過的，每股$1.00。對於

接續發行，股價要最低保持在每股$0.25 的買入價格。另外，關於公司此前沒有在國家級股票交易所掛牌過的企業，BX 風險股票交易所也會要求企業既要滿足 100 萬美元的股東權益，又要符合總資產 500 萬美元的要求，一年的經營歷史，還有一個在首次公開發行的第一天起，最少12 個月的保持充足運營資金的方案。

第六節　中國創業板與美國創業板上市條件比較

　　翻開美國證券市場上市公司芳名錄，美國主要的二大證券集團聚集了54 個國家的企業在那裏上市交易，已儼然成為冷戰時期的另一個「聯合國」，芬蘭的 Nonie、法國的 Lacteal、加拿大的 Nortel、中國的中國聯通（第二大行動電話服務商）、英國的 Vodafone（世界最大行動通訊公司）、臺灣的和信超媒體、瑞典的易利信、日本的 NTTDo Como……，透過 Internet，它們隨時知道自己的股價、進行供應鏈管理、也查詢各種原物料行情、匯出匯入資金、執行跨國併購與投資等業務；這就是納斯達克全球服務的承諾，造福在納斯達克上市的公司，不但帶來長遠的發展機會，更急驟增加投資者進入納斯達克股票交易的管道。

　　為什麼納斯達克能在世界各大證券市場中脫穎而出，成為各大企業首選的目標？又為什麼能在短短四十年內取代有兩百一十九年歷史的紐約證交所，成為全世界最大的證券交易市場？為什麼能成為各高科技類股募集資金的天堂，能輕易一圓創業者的夢想？最主要的是上市後「她」提供一系列的服務，包括具有更多附加價值的權益及特別的計畫，以協助他們進行上市過程的各個階段和上市後的一切事宜。

　　納斯達克為了協助上市公司建立可信度，讓全世界的投資人能在最短時間內用最快速的方法瞭解上市公司最詳盡的資料，運用廣告、有獎徵答網站、媒體報導以及納斯達克市場基地（MarketSite），將上市公司之簡介置於全世界投資人之面前。

nasdaq.com.　平均每天可流覽九百萬網頁的 nasdaq.com.是網路上主要的財經資訊來源之一，提供高品質資訊給潛在的投資者和現有的股東。網站涵蓋的重要資訊包括各大分析師股票分析報告，公司 SEC 文件文件案以及所有公開交易公司基本的股票訊息。

nasdaq.co.uk. 美國投資者人數急驟增加的同時，國際市場也有成長。1998 年成立 nasdaq.co.uk.提供英國的投資者最新、最即時的股市訊息，提升他們對納斯達克上市公司的瞭解。nasdaq.co.uk.增加了美國股市在國際上的可見度與需求。

Broadcast. 納斯達克在網路電視上的廣告提高了投資者的興趣，建立大眾對於納斯達克及其上市公司的注意與興趣。電視廣告指導潛在的投資者上到 nasdaq.com.此熱線直接連結到納斯達克上市公司的網站。

MarketSite. 位於紐約時報廣場的納斯達克 MarketSite.是世界上最先進、最令人振奮的媒體基地，提供財經資訊是納斯達克承諾提供上市公司最大、最有效的作法之一；位於紐約交通高度擁擠的時報廣場，MarketSite.有 12000 平方英呎的廣告電視看板——八層樓高——提供財經新聞和全球市場訊息。MarketSite.包括互動式的展示中心以及室內的電視牆，具有 96 高解析度多媒體電視影幕，展示最新即時交易資訊、市場新聞、快報與資料。

象徵納斯達克獨特的 LogoTicker（股票行情指示器），MarketSite 也提供全面服務的媒體廣播設施，由 Cannon、Bloomberg、CNBC 和其他財經新聞媒體提供市場實況轉播。

納斯達克－日本 以納斯達克股市為榜樣的納斯達克－日本，提供日本投資者投資世界領先高科技、高成長股票的機會。此外，這個新市場也將提供首次公開發行市場，讓日本公司可以急遽成長，並增加日本對於納斯達克上市股票的可見度與投資興趣。最新的資料公佈在 nasal-japan.com.上。

納斯達克－歐洲 和美國納斯達克及日本納斯達克連結，這個網路市場將提供歐洲投資者交易美國、歐洲及亞洲等世界級公司股票的同等機會，同時也是泛歐洲傑出的股市，適合首次公開發行上市。最新的資訊公佈在納斯達克-euromarket.com

CREST／DTC 股票安置公約 鏈結英國 Cresco 和美國 DTC（儲蓄信託公司）所公佈的股票安置體系之公約，可讓英國與愛爾蘭投資者以更容易、更便宜的方式交易在納斯達克上市的股票。詳細資訊，請上 crestco.co.uk，decor，或 nscc.com 查詢。

香港證券交易所 成功成立共同的網站後，porttracker.納斯達克-sehk.com，納斯達克和香港證券交易所（SHEK）已簽訂管理協定，交換運用各類有利的管理資訊，讓納斯達克上市公司可以在香港證券交易所交易。

新投資世界的代名詞，非納斯達克莫屬！

條件	美國創業板	中國創業板
主體資格	以營利為目經營之合法法人，不限成立時間	依法設立且持續經營三年以上的股份有限公司。
盈利要求	不限獲利	（一）最近兩年連續盈利，最近兩年淨利潤累計不少於 1000 萬元，且持續增長；（二）或最近一年盈利，且淨利潤不少於 500 萬元，最近一年營業收入不少於 5000 萬元，（三）最近兩年營業收入增長率不低於 30%（淨利潤以扣除非經常性損益前後較低者為計算依據）。
資產要求	不限規模	最近一期末淨資產不少於 2000 萬元。
股本要求	不限規模	企業發行後的股本總額不少於 3000 萬元。
主營業務要求	不限行業別	發行人應當主營業務突出，同時，要求募集資金只能用於發展主營業務。
董事及管理層	儘量避免，但無相關規定，要求變更之日起 4 日內要遞交 8K 報表披露	近二年內沒有發生重大變化。
實際控制人	儘量避免，但無相關規定，要求變更之日起 4 日內要遞交 8K 報表披露	近二年內實際控制人未發生變化。
同業競爭	嚴格禁止	發行人的業務與控股股東、實際控制人及其控制的其他企業間不存在同業競爭。
發審委	由保薦團隊負責	設創業板發行審核委員會，加大行業專家委員的比例，委員與主板發審委員不互相兼任。
退市規則	不得違反定期披露原則，否則將處以變更交易市場至垃圾股票市場（Caveat Emptor）掛牌交易	第一步：最近一個會計年度的財務會計報告顯示當年經審計淨資產為負，該公司股票就會被實施「退市風險警示處理」。 第二步：淨資產連續 2 年為負，則該股就會被「暫停上市」。 第三步：對淨資產為負的，暫停上市後根據中期報告而不是年度報告的情況來決定是否退市。也就是說，只要創業板公司淨資產連續兩年半為負，就必須退市，而且是直接退市。

第七節　中國概念股美國上市成果分析

　　美國上市的審批制度與中國的審批制度在本質上有很大的不同，美國是程序審查，只要走完他們要求的法定程序，天打雷劈都不能動搖一個企業在美國上市的進度和掛牌的結果，具有中國概念股的企業想到納斯達克上市，必先瞭解上市的法定申請流程：

第一週　公司提交上市申請，審核部門人員在 ISS 追蹤系統裏建立審查記錄，開始監管審核。

第二週　審核部門人員開始進行深入的定量和定性的審核，來確定公司是否符合上市標準。

第三週及第四週　審核部門人員就一些明顯的制度或監管方面的問題，向公司發表意見信。

第五週　審核部門人員完成他們的審核；更高級的審核部門人員完成第二輪對審核記錄的審核。

第六週　公司獲得批准上市

　　納斯達克證券集團處理 IPO 業務一般來說大約需要 4-6 週時間，處理已上市公司的轉板或升板的申請業務，通常需要 2-3 週時間，這個時間限制是可以改變的，如果公司沒有監管方面的問題，並能快速回復納斯達克審核部問題，這個時間則可被大幅縮短。

　　由下表一得知，中國企業截至到 2010 年 12 月 31 日止，共有 266 家企業在主板上市，但因部分企業在各該年度有企業上主板，也有企業因違反定期披露規定或是股價無法堅持 1 美元以上，而被美國證券交易委員會強制變更交易市場或下市，所以，下表二則是剔除從主板下市或變更交易市場後的真實在主板掛牌的家數，共為 211 家。

表一 歷年首次公開發行（IPO）與轉板（Up Listing）企業家數分析表

	首次公開發行	轉板	總計
2010 年	42	35	77
2009 年	13	37	50
2008 年	7	14	21
2007 年	14	17	31
2006 年以前	18	69	87
總計	94	172	266

表二 歷年首次公開發行（IPO）與轉板（Up Listing）企業尚存分析表

	首次公開發行	轉板	總計
2010 年	42	25	67
2009 年	9	36	45
2008 年	7	14	21
2007 年	14	17	31
2006 年以前	22	25	47
總計	94	117	211

第三章

首次公開發行與再融資上市
及融資程序

第三章　首次公開發行與再融資上市及融資程序

　　具有中國概念股的企業想到納斯達克 IPO 掛牌上市，事前的準備工作有以下五個步驟，缺一不可且不得前後顛倒：

第一步：預定交易代碼

　　在納斯達克預定的交易代碼會被保留 6 個月，代碼的預定用納斯達克的線上預定系統很容易完成。www.nasdaq.com/about/FAQsSymbol Reservations.stm

第二步：向納斯達克提交申請

　　提交上市申請登記表，申請通常需要 4 到 6 週的時間評估。www.nasdaq.com/about/listing_information.stm#forms

第三步：納斯達克企業服務網路（NCSN）

　　作為一個納斯達克的上市公司，通過納斯達克企業服務網路，將有機會獲得強大的投資者關係和企業管理的工具。

第四步：開發和實施投資者關係計畫

　　Shareholder.com 作為納斯達克的夥伴，將為公司開發一個廣泛的投資者關係計畫來幫助企業處理溝通方面的需求。

第五步：規劃上市當日

　　與納斯達克市場部連路人一起合作，在紐約時代廣場的市場部舉辦一次大型的敲鐘掛牌活動，最大限度的提高公司的知名度。

第一節　造殼與境外特殊目的公司

　　中國政府在鄧小平南巡講話之後，隨即在 1993 年 4 月 9 日頒佈了（國）18 號文，揭櫫中國企業到境外上市的直接上市與間接上市的方向；1999 年 7 月 14 日，在國 83 號文中，闡明了中國企業赴海外直接上市先決條件為：資產淨值不少於 4 億元人民幣、過去一年稅後利潤不少於 6000 萬人民幣，並有增長潛力、按合理預期市盈率計算，籌資額不少於 5000 萬美元；一直到 2004 年 1 月 31 日，國務院為了「貫徹與落實黨的十六大和十六屆三中全會精神」，國務院頒佈國九條為止，都沒有告訴企業到境外間接上市的條件和方法，因此，在坊間莫衷一是的情況下，全國充斥著買殼與借殼的權宜作法。

　　2005 年國務院為鼓勵、支持和引導非公有制經濟發展，進一步完善創業投資政策支援體系，規範境內居民通過境外特殊目的公司從事投融資活動所涉及的跨境資本交易，根據《中華人民共和國外匯管理條例》、《境外投資外匯管理辦法》、《外國投資者併購境內企業暫行規定》，就境內居民通過境外特殊目的公司開展股權融資及返程投資涉及外匯管理的有關問題頒佈了 75 號文，並說明「特殊目的公司」，是指境內居民法人或境內居民自然人以其持有的境內企業資產或權益在境外進行股權融資（包括可轉換債融資）為目的而直接設立或間接控制的境外企業；並又分別於 2007 年頒佈 106 號文《國家外匯管理局關於境內居民通過境外特殊目的公司融資及返程投資外匯管理有關問題的通知》及 11 年 19 號文《國家外匯管理局關於境內居民通過境外特殊目的公司融資及返程投資外匯管理操作規程》，至此，企業才明白政府鼓勵大家到境外上市希望採取造殼的方式去上市，這個殼公司通稱特殊目的公司，簡稱 S.P.V 公司。

特殊目的公司與美國上市和融資的法律結構及相關申請表件

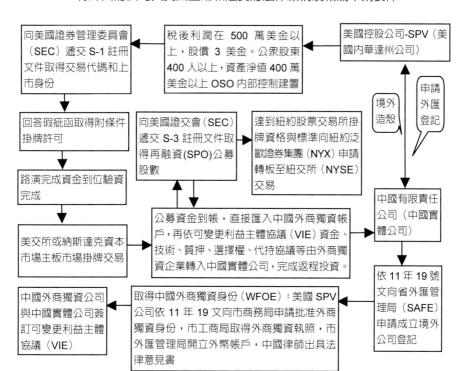

第二節　外商獨資公司與可變更利益主體協議

特殊目的公司經過國內的外匯管理局的外匯登記，並在境外完成公司的設立後，需先將特殊目的公司所有的成立文件，向註冊地的中國外交大使館申請認證，之後，再具以向中國實體公司國內所在地之商務局申請成立外商獨資公司，當特殊目的公司上市融資成功時，資金將在第一時間匯入境內的外商獨資公司外幣帳戶中，但獨資公司又如何能將資金轉匯到真正融資計畫的實體公司呢？普遍的作法就是採取兩頭在外的新浪結構，所謂兩頭在外是指融資在境外、上市在境外，也就是獨資公司和實體公司簽訂一系列可變更利益主體的協定（Variable Interest Entities，簡稱 VIE），包括獨家技術服務與業務諮詢協定、股權代理協定、股權選擇權協定、股權質押協定和借款合同等五個協議，如此一來，特殊目的公司可以完全的控

制實體公司，而實體公司的資產營業收入、股權及專利技術都將屬於上市公司，達到上市與融資的目的。

以下即為可變更利益主體的五大協定具體合同內容提共給讀者分享：

一、獨家技術服務與業務諮詢協定

本獨家技術服務與業務諮詢協定（簡稱協定）由以下各方於 xxxx 年 xx 月 xx 日達成：

(1) （甲方）公司名稱：

  地址：

(2) （乙方）公司名稱：

  地址：

前言

甲方是註冊於中國的有限責任公司，其主營業務範圍是：

乙方是一個註冊于中國的外商獨資企業，其主營業務範圍是：

甲方要求乙方提供與乙方業務（見下文的定義）有關的技術服務和技術諮詢，乙方同意提供上述服務。經過友好協商，雙方達成協定的如下條款：

第一章　定義

1.1 除非協定另有規定，以下表達方式有如下意思：

  甲方業務指由甲方運營和開發的所有業務

  服務指由乙方獨家向甲方提供的與甲方業務有關的服務，包括但不限於：

(1) 與甲方業務有關的技術支持

(2) 與甲方的業務活動有關的業務諮詢

(3) 與公司管理有關的業務諮詢服務

(4) 其他根據甲方的要求提供的不定期的技術服務和諮詢服務

  年度業務計畫是在乙方的幫助下，由甲方在下年的 11 月 30 日前制定的甲方的預算報告和下年度業務發展計畫。

  服務費是指由甲方支付給乙方的根據協定的第 3 章提供的服務的所有費用。

  設備是指為了向甲方提供服務不定期由乙方購買的任意或所有設備與業務有關的技術是指根據本協定為了服務而開發並與甲方的業務有關的單個或所有技術客戶名單與本協定 6.1 節的規定相同。

  保密協定與本協定的 6.2 節的規定相同。

  違約方與本協議 11.1 節的規定相同。

  違約與本協議 11.1 節的規定相同。

該方權利指與本協議 13.5 節規定相同。

1.2 本協定中援引法律法規指的是：

    (1) 援引經過增加，調整，補充和修訂的法律內容，不論其是否在協議締結之前或之後生效；

    (2) 援引其他根據法律制定或生效的決議，通知，規則

1.3 除非協議上下文中有其他規定，所有的章節條款都與協定的相應內容對應。

第二章　服務

2.1 乙方應自協定訂立日起在協定的 8.1 節規定的期限內持續向乙方提供服務。

2.2 乙方應當配備各種合理的設備，並為了向甲方提供滿意服務而購買、租賃或取得新的設備。

2.3 為了確保甲方的運營，乙方應當向甲方提供良好的業務諮詢服務（包括但不限於公司管理）。

2.4 乙方應當及時向甲方提供服務，並就業務或客戶相關的資料同乙方溝通。

第三章　服務費

3.1 甲方同意根據合同的第二章，為乙方提供的服務支付費用，包括：相當於甲方年淨利潤的 80%的銷售服務費。

3.2 甲方根據本章的規定將服務費轉賬至乙方指定的銀行帳戶。如果乙方變更銀行帳戶，應當提前在 7 個工作日內通知甲方

第四章　甲方義務

4.1 本協定中乙方提供的服務是獨家的。在合同期限內，甲方不得未經乙方的書面事先許可與任何第三方簽訂協定，聘請第三方提供與乙方相同或類似的服務。

4.2 為了便於乙方制定相關服務計畫和添置必要的設備與技術服務，甲方應該在每年的 11 月 30 日向乙方提供下一年度的業務計畫。如果甲方要求乙方超過上述計畫添置新的設備，甲方應當在達成雙方協定之前的 15 日內同乙方協商。

4.3 為了便利乙方提供服務，甲方應根據乙方的要求及時、可靠地向乙方提供有關材料。

4.4 甲方應根據協定第三章的規定向乙方及時足額的支付服務費

4.5 甲方應保持良好聲譽，積極開拓營業，努力增加盈利。

4.6 為了提升甲方的業務能力，雙方一致同意：甲方根據乙方的要求和授權，研發乙方提供服務必須的技術。甲方應當接受乙方上述的授權。上述的技術成果的所有權和利益應當根據本協定的第五章內容決定。

第五章　知識產權

5.1 乙方在提供服務過程中創造的知識產權歸乙方所有。

5.2 鑒於本協定中甲方的運營依賴於乙方提供的服務，對於乙方在服務過程中開發的業務相關技術，甲方同意做出如下安排：

(1) 如果業務相關技術是由甲方在乙方的委託下通過深入研究開發的，或是由雙方共同開發的，那麼專利的所有權及相關權利屬於乙方。

(2) 如果業務相關技術是由甲方單獨開發的，所有權在如下情況下屬於甲方：

　(A) 甲方應當及時通知乙方相關技術的詳情，並且提供乙方要求的有關材料：

　(B) 如果甲方打算許可或轉讓相關技術，乙方可以在不同中國強行法律衝突的前提下，享有購買相關技術或被許可獨家使用該技術的優先權，或者乙方享有同甲方同等的轉讓或許可他人使用的權利（但是乙方有權決定是否接受轉讓或許可使用的要約的權利）。如果乙方放棄購買相關技術的所有權的優先權和獨家使用相關技術的權利，甲方可以不高於乙方提供的條件轉讓或許可第三方使用相關技術（包括但不限於轉讓價格和許可使用費），甲方必須確保第三方完全遵守和履行本協議下甲方的義務。

　(C) 除了 5.2 節 B 中的例外情況，乙方享有本協議 8.1 節規定的期限內購買相關技術的權利。在指定的時間內，甲方應當在不與中國的強行法規相衝突的前提下，接受乙方上述 1 元人民幣或其他當前法律允許的低價的要約。

5.3 如果乙方得到 5.2 節規定的使用業務相關技術的許可，上述許可應當根據本節的規定實施：

(1) 許可期限不得少於 10 年，從許可協議生效日起算

(2) 許可權利的範圍應盡可能做較寬的界定。

(3) 在許可的期限和範圍內，除了乙方任何人（包括甲方）不得以任何方式使用或許可他人使用相關技術。

(4) 在不違反 5.2 節的前提下，甲方有權自主決定許可第三方使用相關技術。

(5) 許可期限屆滿後，乙方如想重新取得許可，甲方應當同意。在指定的期限內，許可的規定繼續有效，直到乙方確認變更。

5.4 除了 5.3 節的規定，上述的相關技術的專利申請應當根據以下條款實施：

(1) 如果甲方打算申請上述相關專利技術，應當事先取得乙方的書面許可。

(2) 如果乙方放棄上述權利，甲方可以獨立申請與業務有關的技術的專利，或轉讓該權利給第三方。在甲方轉讓上述權利給三方前，甲方應保證第三方完全遵守和履行本協議中甲方的權利和義務。同時，甲方提供給第三方的條件不得優於甲方給乙方的條件（包括但不限於轉讓價格）。

(3) 在本協議的期限內，乙方可以隨時要求甲方申請前述的業務有關技術，自主決定是否購買上述專利申請權。只要乙方做出此類要求，甲方應當在不同中國強行法規抵觸的前提下，以 1 元人民幣或當前法律許可的更低的價格轉讓上述專利申請權給乙方。在甲方向乙方轉讓上述業務相關技術的專利申請權、實際應用權和專利授權權之後，乙方將合法擁有上述專利權。

5.5 根據乙方的書面申請，甲方應當在不同中國強行法的相衝突的前提下，以當前法律允許的 1 元人民幣或更低的價格轉讓所有甲方已經佔有或將來可能擁有的業務相關的商標權，網路功能變數名稱，專利權以及核心技術。

5.6 合同雙方都同意賠償所有因侵犯第三人知識產權引起的經濟損失。（包括但不限於出版權，商標權，專利權和核心技術）。

第六章　保密

6.1 在本協定期間，所有客戶資訊和同甲方業務有關的其他相關資料（客戶名單）及乙方提供的服務的資料屬於甲乙雙方。

6.2 協議雙方應當嚴格保守各方的商業秘密，專有資訊，客戶名單和雙方共同所有的有關材料以及各自的未公開信息（統稱保密資訊）。除了事前經另一方的書面同意或是來自法律或 IPO 的披露要求，接受方不應向第三方洩露保密資訊或保密資訊的任何部分。接收方不得直接或間接利用保密資訊或保密資訊的任何部分，除非符合協定履行的目的。

6.3 此類限制不適用於：

(1) 任何接收事前經書面材料許可而得知的資訊

(2) 任何非因接受方的過錯被公開，或是因其他原因被公眾知悉的資訊。

(3) 接收方之後通過法律管道獲取的任何資訊。

6.4 接收方可以將保密資訊透露給雇員、代理和所聘請的專家，並保證上述人員遵守本協定，保守保密資訊，只為了履行本協定使用保密資訊

第七章　保證與承諾

甲方承諾並保證：甲方當前或將來不因其他協議、合同、約定或權利義務安排而不能履行本協定的所有或部分義務。

第八章　合同期限

8.1 雙方同意在雙方正式簽字後執行本協議，並且其效力不受時間限制，除非雙方事先以書面協定終止本協定。

8.2 本協議終止後第 6 章和第 11 章仍然有效。

第九章　救濟

　　對於乙方已經產生或因乙方提供服務的行為可能引起的損失，甲方應當完全賠償，包括但不限於因法律訴訟、重整、仲裁、索賠，因乙方故意行為失當或明顯失誤造成的損失除外。

第十章　通知

10.1　合同雙方的任何往來都應當根據本協定以書面方式送達，包括通知，條件，要約或其他信函。

10.2　如果用傳真發送，應當被視為在發出時送達。如果面對面交付，應被視為在交付時送達。從投遞起，所有通知或以掛號郵件發出的信函都被視為已經在 5 個工作日內送達

第十一章　違約責任

11.1　合同雙方一致同意，如果任何一方（違約方）實質違約或履行不能，將構成違約行為。另一方（守約方）可以在合理期間內尋求補濟措施。如果違約方在合理期間內不按守約方的要求或是在違約方書面通知的 10 日後採取任何補救措施，守約方可以選擇如下救濟方式：1.如果甲方違約，乙方可以終止本合同，要求違約方的全額賠償，或是要求甲方強制履行本合同義務並承擔完全賠償責任。2.如果乙方為違約方，甲方既可要求乙方強制履行合同義務也可以要求乙方承擔完全賠償責任。

11.2　雙方一致同意甲方在任何條件下以任何理由都不得終止本合同

11.3　本合同指定的權利和救濟是累積適用的，並且不排除其他法律法規規定的權利或救濟適用。

11.4　在合同終止或中止後，不論其他條款的是否有效，第 11 章都仍然有效，

第十二章　不可抗力

　　本合同項下的不可抗力指地震、颱風、洪水、火災、水災、電腦病毒、應用軟體設計洩露、駭客攻擊網路、法律政策及其它情況不可預見、不可避免、不可克服的變化。因直接受不可抗力而無法及時或完全履行合同的一方應當及時通過傳真通知另一方，並在三十日內向另一方提供不可抗力的詳細情況以及證明本合同無法履行或履行需要遲延的相關證明文件。上述證明文件應當由位於不可抗力發生所在地的公證機關簽發。雙方以不可抗力對合同施加影響力的程度為基礎，協商是否合同義務部分免除或延期履行。雙方免除因不可抗力引起的經濟損失賠償義務。

第十三章　雜項

13.1　本協議中文正本一式兩份，雙方各持一份。

13.2　本協議的締結、執行、效力、解釋、履行、修改和終止均根據中國法律。

13.3　雙方應當友好協商，解決糾紛、矛盾、或因合同履行或解釋產生的賠償要求（包括有關成立、生效、終止的所有爭議）。如果在一方請求處理的三十天內無法解決，雙方可以根據本條規定，將問題提交中國國際經濟貿易仲裁委員會（簡稱CIETAC）解決。仲裁裁決應是終局的，對雙方都有拘束力的。

13.4　合同授予一方的任何權利（力）或救濟不應妨礙另一方的法定或約定權利（力）或救濟。一方行使其權利（力）不應當妨礙另一方行使權利（力）或救濟。

13.5　遲延的、瑕疵的行使所有法定或約定的權利或救濟不會削弱這些權利、救濟的效力，也不會被理解為對其的放棄或變更，在後續時間不會排除其行使。這些權利或救濟的單獨或部分行使，不會妨礙以其他方式行使或進一步行使這些或其他權利或救濟。

13.6　標題是為了便利，標題不會影響合同條款的解釋。

13.7　本合同是可分的。如果本合同的條款根據中國法律被判定無效或無法執行，這些條款只能依法在其適用的部分被視為無效，不會影響其他章節的條款。

13.8　雙方可以以書面合同補充和修改本合同。雙方合理的修改和增補將作為本合同的一部分並與本合同有同等效力。

13.9　未經乙方的書面許可，另一方不得轉讓、質押或讓與本合同的任何權利、利益或義務。

13.10　本合同對雙方及其各自的合法繼承人或受讓人都有拘束力，

在合同各方指定的代表人在指定期限內在保定簽字後，本合約即日起效。

簽字各方如下：

甲方：

蓋章

簽字：

姓名：

法律代表人／指定代表人

乙方：

簽章

簽字：

姓名：

法定代表人／指定代表人

二、股權代理協定

本代理協定（下稱協定）於 xxxx 年 xx 月 xx 日由下列各方在 xx 市簽訂。

1. 甲公司（外商獨資企業 WOFE）

   註冊地址：

2. 乙公司（中國實體公司）

   註冊地址：

3. 丙

   身份證：

   住址：

4. 丁

   身份證：

   地址：

   （丙和丁在此統稱為股東）

鑒於：

1. 丙和丁設立乙公司和擁有乙公司的股權。

2. 乙公司同意全權委託由甲公司指定的人員在乙公司的股東大會上行使股東投票權。

   在此，各方同意如下：

第一條　代理投票權

1.1 股東在此同意將其所有的投票權以及其他股東依據法律和公司章程規定可以代表該股東在乙公司的股東大會上進行投票的權利（以下簡稱「被代理的權利」），委託給甲公司所指定的人員，該授權是不可撤銷的：

   (1)　股東代表必須參加乙公司的股東大會；

   (2)　股東代表必須在股東大會上行使股東投票權；

   (3)　召集臨時股東大會；

   (4)　根據乙公司公司章程行使其他投票權（包括更新後的公司章程中的投票權）

1.2 每個股東必須承擔由於甲公司行使代理權所引起的任何法律後果。

1.3 股東在此同意甲公司未經股東許可就能行使上述被代理權利。但是，甲公司必須在決議達成後立即通知所有股東。

第二條　資訊

為了實現代理權，甲公司有權瞭解任何關於乙公司的運作，業務，客戶，財務以及雇員的資訊並查閱相關材料。乙公司必須盡全力配合。

第三條　行使代理權

3.1 在必要情況下，甲公司可以委派其公司內一個或多個人員接受甲公司授權的委託，該人員將依據本協議行使股東投票權。

3.2 股東必須向甲公司提供幫助，協助其行使代理權，包括簽署股東決議以及其他有關乙公司且由甲公司決定的相關法律文件，例如關於達到政府要求以獲得批准和登記的文件。

3.3 如果在本協定期限內，代理權由於除股東和乙公司違約的原因之外的其他原因無法實現，各方都應推進類似的替代方案，簽署補充協議以修正或調整本合同的條款，以保證本協定目的的實現。

第四條　義務和補救措施

4.1 各方在此同意根據本協定條款，甲公司不承擔任何補救措施或義務。

4.2 股東以及乙公司同意就甲公司在本協議項下發生的損失提供救濟，並使甲公司免受損失，包括但不限於訴訟，仲裁，訴求，政府行政調查，處罰，除非該損失是由於聖德紙業故意行為或重大過失引起的。

第五條　保證

5.1 股東共同作出下述保證：

　5.1.1 各股東擁有合法權利簽署並執行本協定，執行本協定的結果是有效的且是依據本協議的應盡的義務。

　5.1.2 各股東已經獲得全權授權簽署並執行本協議。本協定是由各股東簽署且已送達本人。本協議規定了各股東的具有法律約束力的義務，並可依據本協議條款予以執行。

　5.1.3 簽署本協議之時，各股東均為乙公司的合法股東。除了本協議中授予的權利，任何第三方都無法要求該代理權。依據本協議，甲公司可以依據有效的乙公司的公司章程完全行使代理權。

5.2 甲公司和乙公司共同作出如下保證：

　5.2.1 雙方擁有法律權利簽署並執行本協定，執行本協定的結果是有效的且是依據本協議的應盡的義務。

　5.2.2 雙方擁有全權授權簽署並執行本協定。

5.3 各股東在此做出如下保證：

　5.3.1 簽署本協議之時，各股東均為乙公司的合法股東。除了本協議中授予的權利，任何第三方都無法要求該代理權。依據本協議，甲公司可以依據有效的乙公司的公司章程完全行使代理權。

第六條　合同期限

6.1 本協議由合同方的授權代表按時執行。合同各方特此承認，如任何一方持有東方造紙的股東權益，另一方應無限期繼續履行本協議。

6.2 任何股東以其甲公司的優先權，轉讓其在東方造紙的股東權益，將終止其在本協議的當事人地位，但其他股東的義務和履行不受任何負面影響。

第七條　注意事項

7.1 本協定的通訊方式，包括通知，請求和申請，應以書面形式送達。

7.2 使用傳真方式的，傳送後應被視為送達；當面交付的，交付時即應被視為送達；所有公告或通訊用掛號信方式寄出後 5 個工作日被視為送達。

第八條　違約

8.1 合同各方一致同意並確認任何一方（「違約方」）實際違反本協議任何條款或不能履行協議項下的任何義務，將構成「違約」行為。其他的合同方（「守約方」）在合理的期限內可以請求救濟措施。如果違約方在守約方要求合理時間內或守約方書面通知後 10 日內，不採取任何救濟措施，那麼(1)如果各股東或東方造紙為違約方，甲公司可以終止本協議並請求賠償；(2)如果甲公司為違約方，守約方可以要求賠償，但不得終止本協議。

8.2 本協議所指的權利和救濟可累計計算，並且不排除法律、法規規定的其他權利或救濟。

8.3 協議被中止或終止後，不影響第八條獨立存在的效力。

第九條　其他

仲裁裁決是終局性的及結論性的，並對合同各方均有約束力。

9.1 本協議中文原件共伍（5）份，各方各持一份，同具法律效力。

9.2 本協議的執行、效力、解釋、履行、修訂、終止、以及爭議的解決均遵守中華人民共和國法律。

9.3 合同方應通過友好協商的方式盡力解決任何因本協議的解釋或履行而產生的爭端、衝突，或賠償請求（包括任何關於成立，效力和終止等問題）。如在一方請求後 30 天內未達成解決方案，任何一方可按中國國際經濟與貿易仲裁委員會（CIETAC）的規定向其提請仲裁。

9.4 任何一方享有的本協議條款規定的權利、權力或救濟不排除該方享有從其他條款或法律法規所賦予的任何權利、權力或救濟。並且合同一方的權利、權力和救濟的施行，也不排除其施行其他權利、權力和救濟。

9.5 合同任何一方不履行或遲延履行法律或本合同規定的任何權利或救濟，將被作為放棄或變更而損害其權利或救濟或執行或被詮釋，或者妨礙其在隨後的履行。並且任何單獨或部分地履行該權利或救濟，將妨礙其履行或進一步的履行其他權利或救濟。

9.6　標題為方便而設，在任何情況下標題均不能影響對本協議條款的解釋。

9.7　這協定是可分割的。若本協定的任何條款根據中華人民共和國相關法律被判定為無效或不具強制力，該條款應被視為僅在中華人民共和國法域範圍內無效，且不影響其他條款的效力和強制力。

9.8　合同方可以通過書面協議，修改或補充本協議。合同方的修改和補充為合同的一部分，與本協議同具法律效力。

9.9　未得到合同一方的書面同意，另一方不能轉讓、抵押、轉托本協議項下的任何權利、利益或義務。

9.10本協議對合同各方及其合法繼任者和代理人具有拘束力。

合同各方簽章如下：

甲公司：

（蓋章）

簽名：＿＿＿＿＿＿＿＿＿＿＿＿＿

姓名：

法定代表人／授權代表＿＿＿＿＿＿＿＿＿＿＿＿＿

乙公司：

（蓋章）

簽名：＿＿＿＿＿＿＿＿＿＿＿＿＿

姓名：

法定代表人／授權代表＿＿＿＿＿＿＿＿＿＿＿＿＿

簽名：＿＿＿＿＿＿＿＿＿＿＿＿＿

姓名：

簽名：＿＿＿＿＿＿＿＿＿＿＿＿＿

姓名：

簽名：＿＿＿＿＿＿＿＿＿＿＿＿＿

姓名：

三、股權選擇權協議

此選擇權協定（簡稱協定）由以下主體於 xxxx 年 xx 月 xx 日簽訂於中華人民共和國 xx 市。

1.

　　身份證號：

　　地址：

2.

　　身份證號：

　　地址：

3.

　　身份證號：

　　地址：

　　（簡稱「現有股東」或「股東」）

4. 甲公司（中國實體公司），是一家在 xx 註冊的有限責任公司，其註冊地位於中國 xxx

　　於此：

　　(1) 現有股東是甲公司的股東（依照中華人民共和國法律成立的有限責任公司，其
　　　　註冊地位在於中國 xxx。以下簡稱 xxx。）

　　(2) 現有股東計畫分別將股權轉讓給乙公司（外商獨資企業），這樣做並不違反中國
　　　　的法律。乙公司打算接受股權交易。

　　(3) 為了實施股權交易，在中國法律允許的範圍內，現有股東不可撤銷授予乙公司
　　　　購買權。根據選擇權協定，現有股東將會把預購股權（採用下文的定義）轉讓
　　　　至乙公司或其指定的團體或者符合其要求的個人。

　　據此，協定各方達成以下協定：

第一章：定義

　　協議中的條款具體含義如下：

　　「中國法律法規」指現行的生效法律、行政法規、地方法規和其他有約束力的法律文件。

　　「預購股權」：指每位股東在甲公司的註冊資本中享有的股本利益和在甲公司總股本中享有的利益。

　　「甲公司的註冊資本」指截至協議訂立之日，甲公司的註冊資本（人民幣 xxx 萬），包括增資之後的擴充資本。

　　「行使購股權」：指當乙公司行使購買權時，有權利要求股東將持有的甲公司股份全部或者部分轉讓給乙公司或者其指定的團體或是自然人。具體數量將由乙公司根據中國法律和相關業務自行決定。

「預購股權價格」每次使購買權時，乙公司應該向股東支付交易金。乙公司或其指定團體或者自然人的預購股權價格是每股人民幣 1 元。如果交易時中國有任何法律規範最低交易價格，則按照法律調整的最低交易價格為預購股權價格。

「證書」：指甲公司為開展合法有效的經營活動，依照中國法律已審批、許可、登記的證照。包括但不限於經營許可證、稅務登記證以及其他相關證照。

「甲公司的資產」：指在該協議期間，甲公司所有的或經過授權取得的有形或無形資產。包括但不限於商標、版權、專利、技術、功能變數名稱，軟體使用權和其他知識產權。

「主要協議」：指甲公司簽訂的、可對甲公司的業務和資產產生實質影響的協議，包括但不限於獨家技術及商務諮詢服務協定。

「借款協議」：指由股東和乙公司簽訂的借款協定。

第二章　賦予權利

在中國法律允許的範圍內，根據乙公司確定的步驟，股東（出讓人）不可撤銷授予乙公司的購股選擇權或指定任何自然人（指定的人）行使購買權。

第三章　行使購股權

3.1 只要符合中國法律的規定，乙公司可以全權決定行使購股權的時間、數量和次數，不受任何限制。

3.2 行使購股權時，乙公司或指定的自然人可以根據中國法律持有甲公司的全部股權，乙公司可以行使選擇權；如果行使購股權時，乙公司或指定的自然人根據中國法律可以持有甲公司的部分股權，乙公司有權根據法律規定的上限行使選擇權。在後者情形下，乙公司有權根據中國法律進一步行使購股選擇權直至全部權利行使完畢。

3.3 每次行使購股權，乙公司可以自己購買對方的轉讓股權或者指定第三人購買全部或部分的轉讓股權。

3.4 根據中國法律法規的規定，乙公司或其指定的自然人可以通過向出讓方發送書面通知（通知）的方式行使購股權，從而確定需要購買的股權（被購買的股權）和購買方式。（請參閱附錄 II 的格式）。根據該通知，股東應該將全部的或部分股權轉讓給乙公司或其指定的自然人。

3.5 每次行使購股權時：

(1) 出讓方應該邀請甲公司參加股東會會議。會議期間，應該制訂出讓方向乙公司或者指定的自然人轉讓股權的方案；

(2) 根據本條款和協定規定以及購買股權的通知，出讓方應該和乙公司或其指定的自然人達成股權購買協議。（如適用）；

(3) 相關各方應該執行其他必要的合同、協議或者文件，取得必要的批准以及政府的同意，進行必要的活動，不包含任何擔保物權，將可以轉讓的股權轉讓給乙公司或其指定的自然人，從而使得乙公司或其指定的自然人成為該股權的登記所有人。在此條款與本協議中，「擔保物權」指保證、抵押、質押第三方的權利或利益、任何股權購買權、收購權、第一次拒絕權、抵銷權、扣押權或者其他權利。但是不包括任何附屬於股權質押協議的擔保物權。

第四章　聲明與保證

4.1 本協定簽署之日以及每個交易日，全體股東應分別作出如下聲明以及保證：

　4.1.1 根據此協定進行的每一次股權的轉讓，保證有達成協定的權利及能力，並且對於任何股權轉讓協議（簡稱「股權轉讓協議」）都如此。

　4.1.2 根據此協定進行的每一次股權轉讓，保證有提供協議的權利及能力，並且對於任何股權轉讓協議（簡稱「股權轉讓協議」）都如此。

　4.1.3 本協定簽署之日，保證是股權的所有者。除了本協議所設置的權利，保證在股權上沒有設置任何其他擔保物權，包括留置權，質押權，索償權，以及任何其他由第三方設置的權利。

　4.1.4 本協議簽署之日，保證甲公司具有在中國境內開展經營活動必需的全部證書〔生產書寫紙、皺紙、包裝紙；批發、零售紙漿；產品和技術的出口，以及企業生產所需要的生產輔料、機械設備、零配件和技術的進口；不包括國家禁止開展的業務，以及禁止進出口的產品及技術〕。保證公司不涉及任何與甲公司利益和資產相關的訴訟，仲裁以及行政爭議，無論是正在進行中的、即將解決的或是可能發生的。

4.2 乙公司作出如下聲明與保證：

　4.2.1 乙公司是根據中國法律註冊成立的有限公司，具有締結、交付、履行本協議的權利和能力。

　4.2.2 乙公司已經在公司內進行了必要的授權程序，被授權人具有履行與該交易相關的文件的權利及授權。

第五章　甲公司及股東的承諾書

　本協定履行之日以及每個股權交易日，甲公司及其全部股東分別作出如下承諾：

5.1 根據公平信貸準則以及行業標準和傳統，為了維護公司的持續經營，審慎及有效的商業運作以及處理協議期間的其他問題。

5.2 在協議期內，未經乙公司書面同意。

5.2.1　不允許根據此協定出售、轉移、抵押、或以其他方式處置甲公司的資產、合法或實際的收入利益，以及設置任何擔保物權。

5.2.2　不允許以任何形式增加或減少甲公司的註冊資產，或者以任何形式改變公司的註冊資本結構。

5.2.3　不允許處置或督促甲公司的管理方式以及甲公司的資產（除非是管理運作中的正常途徑）

5.2.4　不允許和甲公司達成任何書面協定，除非是普通業務處理過程中的協議。

5.2.5　不允許委任或解雇本應由股東委任或解雇的甲公司的常務董事、董事（如有）、監事以及其他管理人員。

5.2.6　不允許宣稱讓渡或實際讓渡公司的利潤、利息或股息。

5.2.7　保證甲公司不會被終止、清算或解散。

5.2.8　不允許以任何形式補充、修改或更新甲公司的公司章程。

5.3　為了正常開展公司業務從而保持甲公司的資產價值，在協議期間，保證不進行任何實質影響公司運作和資產價值的行為。

第六章　保密義務

6.1　除非按照本協議履行義務，股東不得與其他任何第三方討論以下內容：（1）談判條款以及協議的存在、性質（2）股東所掌握的乙公司在成立以及履行協議期間的商業秘密、專有商業資訊、客戶資訊，以及（3）未經乙公司的書面同意，作為甲公司的股東所掌握的公司的商業秘密、專有商業資訊、客戶資訊（機密資訊）

6.2　股東應在協定終止之日根據乙公司的要求將全部文件、資料或軟體返還給乙公司或者銷毀，並且停止使用任何保密資訊。

6.3　本協議中止或終止之後，第六章仍然有效。

第七章　協議有效期

　　本協定由雙方授權的代表委託簽訂，有效期至根據協定規定將全部股權轉讓給乙公司或其指定的團體或自然人之日。

第八章　注意事項

8.1　協定雙方的任何往來，包括通知、要求等都應該以書面形式送達。

8.2　在發送傳真的情況下，應該視發送為送達；在面對面提供的情況下，應該視交付為送達，所有以通知或掛號郵寄的方式提供的文件均視為在自發出之日起 5 個工作日內送達。

第九章　違約

9.1　協議雙方同意並確認如果任何一方（違約方）實質上違反協議的任何條款或不能履行協議規定的義務，將構成違約。乙公司可以在合理的時間內要求補償。如果違約方不在合理的時間內履行補償措施，那麼（1）如果股東或甲公司是違約方，乙公司有權終止合同並要求賠償；（2）如果乙公司是違約方，守約方有權要求賠償，但不能終止協議。

9.2　協議雙方同意並保證股東不得在任何情況下、以任何理由終止本協議。

9.3　本協議規定的權利以及補償是可累積的，不排除法律法規規定的任何其他權利或補救措施。

9.4　本協議中止或終止之後，第九章仍然有效

第十章　雜項條款

10.1　本協議按照中文形式一式四份，每一方各持一份，且每份原件具有相同的法律效力。

10.2　本協議的執行，效力，解釋，履行，變更，終止以及爭議解決辦法均依照中國法律規定。

10.3　協定雙方應該按照本協定約定以友好方式盡力解決一切由合同解釋或履行引起的爭端、衝突或賠償要求。如果自一方提出要求起 30 天內無法達成解決方案，任何一方可根據相關規則將爭議提交中國國際經濟貿易仲裁委員會解決。仲裁裁決具有終局性、決定性、並且對雙方具有約束力。

10.4　根據本協定其中一項條款賦予協議一方任何權利或救濟手段均不能排除另一方根據其他條款或法律法規取得其他權利或救濟手段。並且，一方行使其權利、權力以及救濟權均不能排除另一方行使其他權利，權力或救濟手段。

10.5　任何一方未能行使或遲延行使法律規定或本協議項下的任何權利或救濟手段，均不得對該項權利或救濟造成損害，不得視為對該項權利或救濟放棄或變更，不得排除其今後對該項權利或救濟的行使。並且，對該項權利或救濟的單獨或部分行使均不得排除其對該項權利或其他救濟手段的進一步行使，亦不得排除其對其他權利或救濟手段的行使。

10.6　標題是為了方便。在任何情況下，標題都不應該影響對協議條款的解釋。

10.7　本協定是可以部分履行的。如果協定中有任何條款根據中國法律被判定為無效或不可強制執行，該條款僅應在中國法律適用範圍內被視為無效，並且不應以任何形式影響其他條款的效力。

10.8　締約方可根據書面協定修改或補充本協定。修改條款與補充條款均視為本協議組成部分，並且與本協議其他條款具有相同的法律效力。

10.9　未經乙公司書面同意，股東不可以根據本協定轉讓，質押或任何權利，利益或義務。乙公司可根據向其他各方發出的通知轉讓，質押或讓渡其權利，利益或義務。

10.10　本協議對所有簽訂人及其合法繼承人和受讓人具有法律約束力。

協議各方簽字：

姓名

簽字＿＿＿＿＿＿＿＿＿＿＿＿＿＿

姓名

簽字＿＿＿＿＿＿＿＿＿＿＿＿＿＿

姓名

簽字＿＿＿＿＿＿＿＿＿＿＿＿＿＿

甲公司

（蓋章）

法定代表人或授權代表

簽字＿＿＿＿＿＿＿＿＿＿＿＿＿＿

四、股權質押協議

本股權質押協定（簡稱「協定」）由以下主體於 xx 年 xx 月 xx 日簽訂於中華人民共和國 xx 市。

甲方（簡稱「質押權人」）：

地址：

乙方（簡稱「質押人」）：

1. 姓名

　身份證號：

　地址：

2.

　身份證號：

　地址：

3.

　身份證號：

　地址：

丙方：

地址：

1. 甲方即質押權人，是根據中華人民共和國法律在***（位址）註冊的外商獨資企業。

2. 丙方是根據中華人民共和國法律法規註冊成立的公司。

3. 質押人是中和人民共和國公民。質押人分別持有丙方 xx%、xx%、xx%的股權。

4. 甲方，乙方，丙方於 xx 年 xx 月 xx 日簽署了「獨家技術及商務諮詢服務協定」（簡稱「獨家技術及商務諮詢服務協定」或「服務協定」），選擇權協定，借款協定，以及代持協定。

5. 為了確保質押人按照服務協定的要求履行義務以及質押權人可以向丙方正常收取技術諮詢服務費，質押人同意將持有的丙方的全部股權質押以作為按照選擇權協議履行義務的保證。

於此，質押人和質押權人通過友好談判基於以下條款達成此協議：

1. 定義

除非本協議另有規定，以下條款的含義規定為：

1.1 「質押」：指本協定第二條的全部内容。

1.2 「股權利益」：指由質押人合法享有的全部股權利益。

1.3 「主要協議」指獨家技術及商業諮詢服務協定、選擇權協定，借款協定以及代持協定。

1.4 「違約事項」：指本協定第七章規定的全部事項。

1.5 「違約通知」：指質押權人根據此協定發出的違約通知。

2. 質押

2.1 質押人同意將持有的丙方全部股權質押給質押權人以作為按照主要協議履行義務的保證。

2.2 本協議規定下的質權範圍包括丙方或質押人應該支付給質押權人的所有費用（包括法律費用），報酬。由於任何原因導致協定全部或部分無效時丙方或質押人根據本協定規定應該向質押權人支付的損失、利息、違約金、補償金以及實現債權的費用。

2.3 本協議規定的質押權指將已質押的股權拍賣或出售時，質押權人享有的優先受償權。

2.4 未經質押權人書面同意，質押權的效力持續至按照主要協定履行全部義務為止。如果丙方或者質押人在協議條款規定之日不能全部或部分履行義務，質押權人依照此協議依然享有質押權，直至所有義務履行完畢。

3. 效力與條款

　3.1 本協議自以上首次提出之日生效。

　3.2 質押期間，質押權人有權根據本協定在質押人不按照借款協定和代持協定支付獨家技術及商務諮詢服務協定規定的技術諮詢服務費的情況下處置質押財產。

4. 實質性文件

　4.1 本協議規定的質押權期間，質押人應該在本協定達成之日起六天內向質押權人提供丙方的股東名冊。

　4.2 如果質押憑證記載的任何資訊發生變化，質押人以及質押權人應該在本協議訂立之日起五天內修改相關資訊。

　4.3 質押權人有權收取股息。

5. 質押人的聲明與保證

　　質押人作出如下聲明與保證，以確保質押權人依照如下聲明與保證簽署、履行協議：

　5.1 質押人是質押股權的合法所有權人。

　5.2 除了質押權人，質押人沒有向任何人質押該股權或設定擔保。

6. 質押人承諾

　6.1 本協議生效期間，為保證質押權人利益，質押人應該作出如下承諾：

　　6.1.1 末經質押權人書面同意，質押人不會進行轉讓或讓渡該股權，設定或許諾設定擔保等對質押權人的權利或利益產生實質影響的行為。

　　6.1.2 遵守與該質押權相關的法律法規：在收到主管部門發出與質押權相關的通知、命令或建議的五日內將該通知、命令或建議交給質押權人：遵守該通知、命令或建議：經質押權人同意或要求反對上述通知、命令或建議。

　　6.1.3 如果質押人收到影響其股權利益或部分權利的通知，或者發生改變質押人根據本協定作出的聲明與陳述的事件、影響質押人根據本協定履行義務的任何事件或接到任何相關通知，要及時通知質押權人。

　6.2 質押人同意質押權人根據此協定獲得的質押權不會由於質押人、質押人繼受人或質押人授權的人及其它人發起的法律程序而中止或無效。

　6.3 質押人向質押權人承諾，為了履行支付借款費用或諮詢服務費的義務，質押人應該按照質押權人要求善意履行義務、保證其他享有利益的各方也履行義務，並且行使依照本協議依法獲得的其他權利及授權。

　6.4 質押人向質押權人承諾，為保證質押權人的利益而遵守並執行所有的保證、協議、聲明及陳述。

7. 違約事項

  7.1 以下事項將被視為違約：

    7.1.1 丙方，其繼受人和指定人沒有按照主要協定要求支付全部費用。

    7.1.2 質押人違反第五章或第六章要求的聲明與保證事項或設定擔保，或者違反第五章或第六章要求的承諾事項。

    7.1.3 質押人違反本條款或協議。

    7.1.4 除非根據 6.1.1 條款，未經質押權人書面同意，質押人不得放棄該質押或者轉讓或讓渡該股權。

  7.2 如果質押人發覺或發現任何 7.1 規定的事項或者可能導致前述產生事項的事件，應該立即向質押權人發出書面通知。

  7.3 除非 7.1 規定的違約事項得到滿意解決，發生違約事件之時或之後，質押權人可以隨時向質押人發出書面通知並要求質押人立即支付全額借款和服務協定規定的諮詢服務費以及其他應付款，或者根據第 8 章要求行使質押權。

8. 質押權的行使。

  8.1 未經質押權人書面同意，在未支付主要協定規定的全部費用之前（以發生日期為准），質押人不得轉讓或讓渡股權。

  8.2 當根據本協定 7.3 的規定行使質押權時，質押權人應該向質押人發出一份違約通知。

  8.3 根據 8.2，當根據 7.3 或其他條款要求發出違約通知時，質押權人可以在任何時候行使質押權

  8.4 質押權人有權從依照法律程序進行的拍賣或出售全部股權所得價款中優先受償，直至服務協定規定的全部服務諮詢費，所有債務以及其他應付費用全部付清為止。

  8.5 質押人不應該妨礙質押權人根據本協定規定行使質押權，並且應該為質押權人實現質押權提供必要的幫助。

9. 轉讓

  9.1 未經質押權人書面同意，質押人不得將其權利義務贈或轉讓給他人。

  9.2 質押權人可以在任何時間根據本協定規定轉讓或讓渡其全部權利或義務與任何其指定的個人。在這種情形下，如果受讓人成為本協議的主體，則受讓人應該與質押權人享有同樣的權利和義務。當質押權人根據服務協定轉讓其權利義務時，只需書面通知質押權人，並且根據質押權人的要求，質押人應該執行與該轉讓或讓渡有關的協議或文件。

  9.3 質押權人轉讓或讓渡權利義務之後，新的質押權主體應該履行新的質押合同。

10. 雜項條款

　　10.1 本協議按照中文形式一式五份，每一方各持一份，且每份原件具有相同的法律效力。

　　10.2 本協議的執行，效力，解釋，履行，變更，終止以及爭議解決辦法均依照中國法律規定。

　　10.3 協定雙方應該按照本協定約定以友好方式盡力解決一切由合同解釋或履行引起的爭端、衝突或賠償要求（包括與協議成立、生效和終止有關的全部事項）。如果自一方提出要求起 30 天內無法達成解決方案，任何一方可根據相關規則將爭議提交中國國際經濟貿易仲裁委員會解決。仲裁裁決具有終局性、決定性、並且對雙方具有約束力。

　　10.4 根據本協定其中一項條款賦予協議一方任何權利或救濟手段均不能排除另一方根據其他條款或法律法規取得其他權利或救濟手段。並且，一方行使其權利、權力以及救濟權均不能排除另一方行使其他權利，權力或救濟手段。

　　10.5 任何一方未能行使或遲延行使法律規定或本協議項下的任何權利或救濟手段，均不得對該項權利或救濟造成損害，不得視為對該項權利或救濟放棄或變更，不得排除其今後對該項權利或救濟的行使。並且，對該項權利或救濟的單獨或部分行使均不得排除其對該項權利或其他救濟手段的進一步行使，亦不得排除其對其他權利或救濟手段的行使。

　　10.6 標題是為了方便。在任何情況下，標題都不應該影響對協議條款的解釋

　　10.7 本協定是可以部分履行的。如果協定中有任何條款根據中國法律被判定為無效或不可強制執行，該條款僅應在中國法律適用範圍內被視為無效，並且不應以任何形式影響其他條款的效力。

　　10.8 締約方可根據書面協定修改或補充本協定。修改條款與補充條款均視為本協議組成部分，並且與本協議其他條款具有相同的法律效力。

　　10.9 未經甲方書面同意，股東不可以根據本協定轉讓，質押或任何權利，利益或義務。甲方可根據向其他各方發出的通知轉讓，質押或讓渡其權利，利益或義務。

　　10.10 本協議對所有簽訂人及其合法繼承人和受讓人具有法律約束力。

協議各方簽字：

甲方：

（蓋章）

法定代表／授權代表簽字＿＿＿＿＿＿＿＿＿＿＿＿＿＿

乙方：

xxx　簽字

xxx　簽字

xxx　簽字

丙方：

（蓋章）

法定代表人或授權代表

簽字＿＿＿＿＿＿＿＿＿＿＿＿＿

五、借款合同

本協議由以下各方於 xxxx 年 xx 月 xx 日在 xx 市簽訂：

甲方：（外商獨資企業）

註冊地址：

乙方：

身份證號：

住址：

丙方：

身份證號：

住址：

丁方：

身份證號：

地址：

乙方、丙方、丁方（統稱借款方）是中華人民共和國的公民。甲乙丙丁統稱合同各方。

鑒於條款：

1. 乙丙丁向甲方借了＊＊＊＊＊萬美元的資金用於 xxx 公司（中國實體公司）的股權利益（以
下簡稱 xxx 公司，根據中國法律法規，設立於 xxx，註冊地為 xxx）。

2. 合同各方一致同意：

第一章　定義

1.1　在本合同中：

借款指甲方於 xxxx 年 xx 月借給借款方的人民幣資金。

貸款指本合同中並未歸還的金錢。

日期指合同簽訂日期

PRC 指的是中華人民共和國，根據本合同目的，不包括香港特別行政區和澳門特別行政區及臺灣。

付款通知與本合同 4.1 章的內容意思相同。

1.2 本合同條款有如下含義：

除非另有說明，條款指的是本合同項下的條款、圖示。

「稅」或「稅收」是指任何及所有可適用的稅或稅捐（包括但不限於任何增值稅、消費稅、所得稅或營業稅、印花稅或其他稅、征費、關稅、收費、費用、扣費、罰款，或承擔、徵收、收集或評估的預提稅）：

本協議中條款指：

借款方和貸款人包括由各方指定的繼承人和受讓人

1.3 本合同的引文和其他協定包括本協定和相關協定，因為本合同可以經常修改，變更或標注。

1.4 標題不影響本協議的構成

1.5 除非另有說明，複數形式的名詞在本合同中與單數形式意義相同。

第二章　借款

2.1 甲方應當在合同成立之日起 90 天內轉共計******萬美元給借款方。本款項將用於繳納 xxx 公司（中國實體公司）的註冊資本。

2.2 各方同意，借款由甲方提供，包括甲方實際支付或由甲方指定的第三方支付。

第三章　利息

各方一致同意本借款是無息的。

第四章　還款

4.1 貸款方絕對有權發出付款通知，要求借款方在借款期間內提前三十天償還部分和全部借款。

4.2 本合同的期限從 xxxx 年 xx 月 xx 日起開始計算，持續 10 年（在此特指借款期限）。在合同期間內，借款方不得未經貸款方書面同意提前還款。貸款方可根據本合同第 4 章在合同到期之前要求償還借款。

4.3 在付款通知指定期限屆滿後，貸款方應當根據公司章程和法律法規，以董事會決定的現金或其他方式償還貸款

第五章　稅費

甲方承擔與本合同相關的稅費。

第六章　救濟

借款方保證，當借款方違反了本合同的義務，貸款方可以要求恢復原狀引起的全部成本和費用，以及所有直接或間接因違約引起的費用，索賠，訴訟成本，損害，必要費用，開支，義務和損失。

第七章　帳戶和債務憑證

各方應當保存借款借貸的帳戶憑證。在合同行為和訴訟期間，這些帳戶憑證將作為證明債務和數額的原始憑證。

第八章　保密

8.1 除了為了履行本合同義務，借款方不得將以下內容透漏給第三方：i.合同的成立、性質或談判及合約的內容，ii.貸款方的交易秘密，專營權，業務資訊，以及借款方在本合約締結和履行期間瞭解的客戶名單，iii.甲方的交易秘密，專營權，業務資訊，以及借款方在沒有貸款方的書面許可的情況瞭解的客戶名單。

8.2 借款方在合同屆滿後經貸款方的要求將所有的文件、材料、軟體歸還貸款方，以其他方式銷毀及停止使用保密資訊。

8.3 第 8 章在合同終止或中止後仍然有效。

第九章　通知

9.1 各方所有的通知或信函應當以書面形式，包括但不限於本合同中的所有要約、文件或通知。

9.2 如果用傳真發送，應當被視為在發出時送達。如果面對面交付，應被視為在交付時送達。從投遞起，所有通知或以掛號郵件發出的信函都被視為已經在 5 個工作日內送達。

第十章　違約

10.1　以下行為構成本合同違約：

(1) 借款方違反借貸雙方及相關人員在 xxxx 年 xx 月 xx 日簽署的代持協定、股份質押協定或選擇權協定。

(2) 借款方違反了 xxxx 年 xx 月 xx 日簽訂的獨家技術和業務諮詢服務協定

10.2　第十章在本合同終止或中止後仍然有效。

第十一章　雜項

11.1　本合同中文原件一式四份，甲乙丙丁各持一份，並有相同法律效力。

11.2　本協議的締結、執行、效力、解釋、履行、修改和終止均根據中國法律。

11.3　各方應當友好協商，解決糾紛、矛盾、或因合同履行或解釋產生的賠償要求（包括有關成立、生效、終止的所有爭議）。如果在一方請求處理的三十天內無法解決，各方可以根據本條規定，將問題提交中國國際經濟貿易仲裁委員會（簡稱 CIETAC）解決。仲裁裁決應是終局的，對各方都有拘束力的。

11.4　合同授予一方的任何權利（力）或救濟不應妨礙其他各方的法定或約定權利（力）或救濟。一方行使其權利（力）不應當妨礙其他各方行使權利（力）或救濟。

11.5　遲延的、瑕疵的行使所有法定或約定的權利或救濟不會削弱這些權利、救濟的效力，也不會被理解為對其的放棄或變更，在後續時間不會排除其行使。這些權利或救濟的單獨或部分行使，不會妨礙以其他方式行使或進一步行使這些或其他權利或救濟。

11.6　標題是為了便利，標題不會影響合同條款的解釋。11.6 標題是為了便利，標題不會影響合同條款的解釋。

11.7　本合同是可分的。如果本合同的條款根據中國法律被判定無效或無法執行，這些條款只能依法在其適用的部分被視為無效，不會影響其他章節的條款。

11.8　各方可以以書面合同補充和修改本合同。各方合理的修改和增補將作為本合同的一部分並與本合同有同等效力。

11.9　未經甲方的書面許可，借款方不得轉讓、質押或讓與本合同的任何權利、利益或義務。甲方在通知其他各方後可以轉讓、質押或讓與本合同的權利、利益或義務。

11.10　本合同對各方及其各自的合法繼承人或受讓人都有拘束力。

簽字頁
甲方：
蓋章

簽字：＿＿＿＿＿＿＿＿＿＿

姓名：

法定代表人／指定代表人

乙方：

簽字：＿＿＿＿＿＿＿＿＿＿

丙方：

簽字：＿＿＿＿＿＿＿＿＿＿

丁方：

簽字：＿＿＿＿＿＿＿＿＿＿

第三節　境外特殊目的併購公司

特殊目的併購公司（SPAC：Special Purpose Acquisition Corporation）又稱 Re-IPO（重新首次公開發行）：是指公司管理人先在英屬維爾京群島（BVI）設立特殊目的公司，向美國證券交易委員會遞交 F-10 表格成為公開報告公司後，並沒有在美國任何交易所掛牌交易，直至找到一家合適的實體公司後，再與實體公司合併，從而達到直接在主板上市與融資的目的。SPAC 集合了直接上市、合併、私募與公募等金融產品的優點，並具有成本低、時間短、風險小及股本稀釋少的優勢。SPAC 已成為具有高發展潛力的中小企業海外上市的新趨勢。

F-10 公司的好處

稅收中性

　　F-10 公司是開曼群島的免稅公司，這代表這些公司只要沒有實際在開曼群島運營是不需繳公司稅。這項免稅條款是可續約的。運營公司可把資金轉移給母公司（F-10 公司），用以支付分紅及其它專案，並無需創建稅項。

「無負債」公司

　　這些公司是專門為了與運營公司執行合併而創建的。與很多曾經運營的殼公司不同，這些公司沒有隱藏任何在合併之後可能會出現的負債。

超過 300 名的現有股東

　　儘管這些公司是專門為完成反向收購而創建，通過境外提升後這些公司還會擁有超過 300 名的現有股東。這有利於公司在美國掛牌，在完成與運營公司合併後，最終在主板例如美國證券交易所或納斯達克上交易。

　　此種上市的模式與傳統的買殼上市方式最大不同的地方在於併購的公司雖然是一個公開公司卻從未在美國集中市場交易過，因此沒有所謂風險與不良紀錄。

Form 10 公司與典型 OTCBB 殼公司對照表

被併公司類型	Form 10 公司	典型 OTCBB 殼公司
資訊披露	交易完成前不批露	幾乎總有披露
未批露債務	無	有潛在可能
股東人數	400 位以上	最少 50 位，通常更多
市場交易	在 S1 登記後生效（反向收購 3 個月以後）	反向收購完成時
流通性	只在主板交易所掛牌	主板交易所掛牌前很少
主板交易所掛牌	通常流程為 3-6 個月	在足夠股東人數情況下，通常流程為 3-6 個月
負面的市場認知	無──從沒在 OTC：BB 交易	OTC：BB 的存在缺點
稅收優勢	有顯著優惠──因註冊地在開曼群島	無
私募定價	殼公司不會產生問題，定價嚴格地取決於公司本身	如果殼公司在所需的發行價下交易，有可能產生定價問題

完成併購後重新首次公開發行上市即轉升主板交易的好處

▲促成升級至國家主板交易所。

▲提高流通性以獲取更高的估值。

▲創造一個清晰的定價機制並作為今後私募及公募的基準。

▲為一系列融資活動提供便利。

▲增加在投資社區的及對賣方分析師的曝光率。

▲進入一個廣闊的潛在投資人（機構和零售）的空間。

▲以相對更高的估值以及比其他融資方式稀釋更少的股權來為企業提供更多成長資本。

▲原始股東在交易完成後保持對公司的控制權。

▲創造一種能夠在未來兼併時使用的貨幣。

▲有助於通過提供股票期權和其他激勵方式吸引及留住頂尖人才。

▲大規模的法人說明會來增加市場對公司的認知度。

重新首次公開發行上市即轉升主板交易的時間及職責表

第 1-3 週	召開組織協調會議	發、承、司律、承律、審
	首次商業盡職調查（ "DD" ）	承、承律
	完成工作組清單	全體
	執行委託協議	全體
	聘請承銷商律師和發行商律師	發、承
	著手起草註冊聲明	發，司律
	接收要求的盡職調查文件及審閱財務報表	承、承律
	獲取承諾委員會及董事會的批准	發、承
	向國家主板交易所提交申請	發、承、司律、承律
	準備及備案註冊聲明	全體
第 4-5 週	著手藍天法案資格及美國券商協會審查程序	承律
	商討形成安慰函	審、
	開始起草承銷協議書	承律
	開始起草禁售書	承律
	開始起草法人說明會演講文稿	承律
	跟進商業／會計法人說明會	發、承
	開始起草法律意見	發、承、司律、承律
		司律、承律
第 6-7 週	審閱和繼續起草招股說明書補充內容	發、司律、承律、承
	準備起草定價消息發佈	發、司律、承律、承
	審閱和繼續起草承銷協議書	司律、承律
	審閱安慰函	發、司律、承律、承、審
	審閱法律文件及意見	發、司律、承律、承、審
	接收和準備美國證監會評論的回饋	發、司律、承律、承、審

第 8-9 週	向美國證監會評論提交回饋	全體
	分發承銷協議書草案	承律
	著手藍天法案資格及美國券商協會審查程序	承律
	完成法人說明會演講	發、承
	法人說明會開始（見銷售程序／定價與完成交易程序）	發、承
第 10 週	與美國證監會完成註冊聲明	發、司律、承
售程序／定價	管理層向承銷商銷售團隊演講	發、承
	7-10 天美國法人說明會	發、承
	交易更新通話	發、承
	完成買賣盤紀錄	發、承
	預定價落實盡職調查通話	發、司律、承律、承、審
	正式定價通話	發、司律、承律、承發、司律、
	執行承銷協議	承律、承審
	發送安慰函執行本	發、司律、承律、承
	發佈消息	
	完成並備案招股說明書補充內容	
完成交易（T+3）	落實盡職調查通話	發、承、承律、司律
	交易完成	發、承、承律、司律
	提交法律意見	承律、司律、
	提交落實的安慰函	審
	提交資金	承

F-10 上市公司併購流程

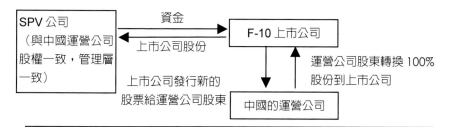

F-10 上市殼公司
在開曼群島註冊成立的公司，多於 460 人的股東，運營公司的資產負債表
在美國進行完整報告，未曾在美國市場進行任何交易，AMEX,NASDAQ 的上市
Y 資格或（潛在）NYSE，做好必要時追加額外資金的準備

第四節　首次公開發行與再融資上市及融資輔導作業程序

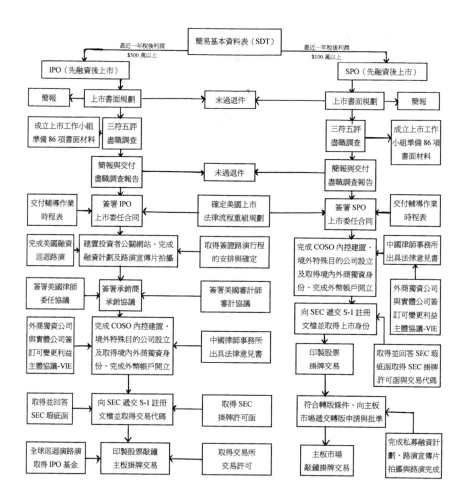

第五節　首次公開發行上市與融資法律重組及結構

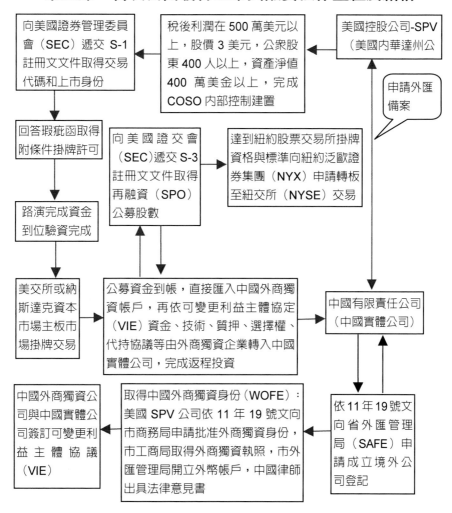

IPO 上市輔導與掛牌程序

1. 拜訪溝通與交流（稅後 500 萬美元以上）

2. 填具簡易基本資料表（SDT）

3. 聽取規劃簡報

4. 三符五評實地調查

5. 交付調查報告與美國上市委任合同
6. 完成商業及融資計畫撰擬與修改
7. 美國法人說明會，取得公募（IPO）承銷合同
8. 簽署審計師審計合同並取得審計財報
9. 簽署律師委任合同
10. 完成外匯登記，外商獨資身份確定及簽署可變更利益主體協定
11. 註冊，取得上市身份與交易代碼
12. 回答瑕疵函問題，取得附條件掛牌許可
13. 全球法人說明會，資金到位，敲鐘，掛牌交易
14. 完成返程投資並啟動後市維護計畫

第六節　再融資上市與融資法律重組及結構

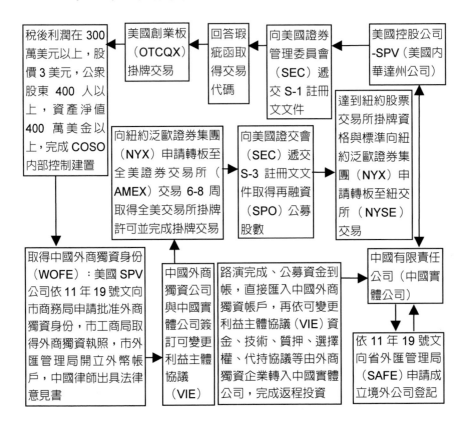

SPO 上市輔導與掛牌程序

1. 拜訪溝通與交流（稅後 150 萬美元以上）
2. 填具簡易基本資料表（SDT）
3. 聽取規劃簡報
4. 三符五評實地調查
5. 交付調查報告
6. 簽署上市委任合同
7. 按上市輔導作業時程規劃進行輔導與調整
8. 完成外匯登記，外商獨資身份確定及簽署可變更利益主體協定
9. 註冊取得上市身份
10. 回答瑕疵函問題，取得掛牌許可
11. 印製股票，開戶，掛牌交易
12. 達到主板掛牌標準，轉板申請，敲鐘，掛牌交易
13. 遞交 S-3 文件，取得再融資許可
14. 法人說明會，資金到位，完成返程投資並啟動後市維護計畫

第四章

三符五評盡職調查

第四章　三符五評盡職調查

筆者自 2004 年回到中國服務，矢志為降低中國企業到美國上市的風險而努力，因此在美國整合了一流各領域的保薦團隊，並在北京成立聯合辦公室，讓保薦團隊的中國代表就近的為中國企業作上市前的診斷、分析與規劃；中國老祖宗說過一句話：凡事豫則立，不豫則廢。豫為古字，即今天的預字，所以謹慎、細緻的事前盡職調查，不但可以縮短企業上市的時間，更能絕對的降低上市的風險。

第一節　前言

一、三符五評盡職調查的概念

盡職調查（Due Diligence）的含義十分豐富，在法律、金融、投資領域得到了廣泛的運用。這裏的三符五評盡職調查，指財務顧問公司簽約接案前對準上市客戶所進行的全面調查或審閱。通過這種調查或審閱，對可能導致在輔導作業中做出判斷的任何事項能給予充分地揭示。其中，「三符」是指企業的賬賬相符、賬表相符和賬實相符；「五評」是從企業上市實質條件，股東、企業股本情況，企業生產經營管理情況，投資與關聯交易情況，訴訟、仲裁及上市題材、內部控制實施現狀等五大項做全面評估。

二、三符五評盡職調查的目的

在輔導企業過程中，陷阱，即所謂風險無處不在。這些陷阱，小的可能造成輔導企業上市的波折，大的則可能導致輔導作業的解除，影響財務

顧問公司的信用乃至摧毀一個企業。陷阱的根本來源是資訊的不對稱。三符五評盡職調查的目的就在於探明這樣的陷阱，彌補財務顧問公司在資訊獲知上的不對稱，通過核實擬上市客戶的各項情況，明確對方存在哪些隱蔽的風險和問題。在此基礎上確定業務的可行性，為後期輔導的最終實施提供參考。

三、三符五評盡職調查流程

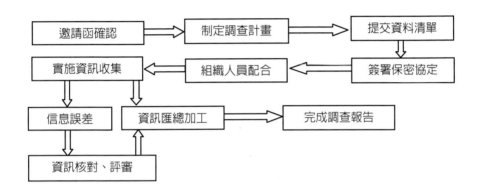

四、三符五評盡職調查管理

（一）三符五評盡職調查的人員管理

　　三符五評盡職調查由承擔業務的項目小組負責具體實施，實行項目經理負責制。以項目小組成員為基礎，組建專門實施三符五評盡職調查的工作小組，即三符五評盡職調查團隊。一個完整的三符五評盡職調查工作小組包括財務、法律、金融、內部控制評估等方面的專業人員參加。涉及一些特殊行業的盡職調查，還會聘請相關專家加盟一起完成。組成三符五評盡職調查小組的人員應結構合理，分工明確，各有專長，各司其職。

　　其中：盡職調查小組經理應知識面廣、直覺敏銳，具有誠實自信、積極熱情、與人為善之品德。財務、法律、評估等方面的專業人員應擁有相應的任職資格，具有一定的從業背景，能揭示相關領域的風險所在。參與

調查的其他人員必須具有某方面的專業知識，能敏銳的觀察和收集到有價值的資訊。

當然，可以根據調查組人員特點，一人可以身兼幾方面的工作。

（二）三符五評盡職調查的資訊管理

1. 資訊的來源

盡職調查中，資訊的來源十分廣泛。調查人員應當充分利用資訊收集的各種途徑，全方位的獲取被調查物件的各種資訊。

（1）從被調查物件內部人獲得資訊

可以要求被調查物件公司直接提供所需材料，也可以通過對被調查物件公司的董事、經理層、雇員等進行訪談，獲得各種正式和非正式資訊。

（2）從專業性仲介機構獲得資訊

從與被調查對象公司有業務聯繫的各類專業仲介機構如會計事務所、律師事務所、擔保公司、商業研究所等獲取資訊。

（3）實地考察獲得資訊

對被調查物件公司的調查事項進行現場直接考察，收集相關資訊。

（4）其他外部資訊來源

資訊來源管道包括相關的主要供應商、關鍵客戶、廣播和媒體、互聯網、司法和監管部門文件案、稅務部門、官方文件、各種徵信系統等。

2. 資訊收集方法

實施盡職調查時，資訊收集方法主要有觀察法、訪談法、調查表法等。

（1）觀察法

指調查人員根據一定的調查目的、調查提綱，用自己的感官和輔助工具去直接觀察被調查物件，從而獲得資料的一種方法。這種方法要求深入實際，現場感受，不需其他中間環節。觀察法能捕捉到正在發生的現象，搜集到一些無法言表的材料。

（2）訪談法

通常有選擇的邀請 5-10 個被調查對方的員工，用一定的時間，由一個有經驗的訪問人組織，討論一些相關話題。

（3）調查表法

調查表法是一種有目的、有計劃、有系統地搜集有關調查物件現實與歷史狀況的材料的方法，是盡職調查中最常用的方法之一。調查表是收集第一手資料的最普遍的調查工具，非常靈活，有許多提問的方法。調查表需要認真仔細地設計，每一個問題都應考慮它對調查目標是否有貢獻。調查表中不應該包含被調查者不能回答、不願回答或不需回答的問題，同時不能遺漏應該回答的問題。表格中應該儘量使用簡單、直接、無偏見的辭彙，回答困難的問題或涉及到私人問題應放在最後。

（三）三符五評盡職調查的保密與文件案管理

1. 保密管理

盡職調查小組組建完成後，參與人員首先必須簽署保密協定。這是盡職調查工作的一個主要環節，參與盡職調查的人員承諾對其獲得的資料和資訊保密，並妥善保管，不洩漏專案決策中的相關機密，使各資料處於受控狀態。

2. 文件案管理

調查小組中的文件案管理人員將小組成員採集的各方面資訊及時歸文件管理。調查人員對資訊匯總整理，交叉檢查，剔除無效資訊，提出是否需要補充採集相關資訊。對重要的資訊源，說明出處，並妥善保留原始憑證。

盡職調查小組中應有專人負責對收集到的資訊進行整理、分類、彙編、保管等工作。根據資訊的重要性，可以將歸文件資訊分為「紅色、黃色、綠色」等級別，並用相應的標識給予明示。

紅色級別：表明不能複製、外借，屬於機密。

黃色級別：表明可由文件案管理人員決定是否複製、外借。

綠色級別：表明可以隨意複製、外借。

按文件案管理要求，文件案管理人員登記造冊，做好相關的資料整理保管工作，並做好資料的借閱、複印的審批登記工作。

（四）盡職調查報告的撰寫

在充分掌握資訊的基礎上，經過調查小組人員的討論，完成三符五評盡職調查報告。盡職調查報告中應就被調查公司的經營管理、財務現狀、法律風險等提出明確意見，並簡要介紹對被調查公司價值判斷有重要意義的事項。盡職調查報告應集中反映盡職調查過程中發現的實質性的隱蔽事項、對上市主體提出建議及對影響交輔導進程的諸項因素進行的分析等。盡職調查報告的格式因專案的複雜程度而確定。報告的執筆應是在調查過程中參與全過程的人員來完成。報告的結論必須經全體參與調查的人員討論後，形成的統一意見，經專案經理同意後提交。

三符五評盡職調查是揭示業務專案風險的一種手段，必須緊緊圍繞項目這根主線，不能為了進行盡職調查而開展盡職調查。盡職調查是為企業簽約後的輔導工作服務的，應注意盡職調查的效率和成本，儘量做到在有限的時間、財力範圍內，收集到對專案最有效的資訊。這裏應注意：在調查進行過程中，盡職調查小組人員應隨時將收集到的資訊與客戶方提供的資訊以及小組成員從其他管道獲得的資訊進行比較，發現專案的關鍵資訊與客戶方提供的資訊差異太大，經多方驗證客戶有隱瞞、欺騙行為的，應在報告中著重說明，以免進入後市輔導而導致雙方信用、人力、財力的諸多損失。

第二節　如何選擇優質與專業的財務顧問公司

一、財務顧問公司的業務

本書所指財務顧問業務是指專業財務諮詢公司根據客戶的自身需求，站在客戶的角度，利用公司的服務合其他社會資源，為擬上市的企業提供上市規劃、財務諮詢、資產重組、收購兼併、風險投資、融資服務、參與證券發行承銷等服務的專業機構。

二、選擇財務顧問公司的必要性

　　擬上市企業到美國上市比在國內上市要複雜得多，是一項跨越不同市場，不同法律體制，不同交易規則的資本運作過程：從內部講，它涉及擬上市企業與財務顧問、保薦人、境內外律師行、境內外會計師事務所等專業團隊之間的相互配合與協調；從外部看，它涉及擬上市企業與當地政府主管部門、中國證監會和美國證監會的申報與監管的關係。作為財務顧問，居於這個系統工程的中心地位，起到統攬全局的作用。一家優質專業的財務顧問公司，在長期的實踐中會有一套貫徹始終的工作程序和工作組織形式，而且能把這種行之有效的經驗貫穿於擬上市企業每一個工作環節之中，使這個系統工程能夠運行高效，內耗較小。因此，財務顧問是企業上市工作的總協調，是資訊的中轉站：一方面，擬上市企業的需求資訊首先傳遞到財務顧問處，財務顧問將之分析處理後，傳達給其他輔導機構；另一方面，來自其他輔導機構的資訊及時彙集到財務顧問處，財務顧問根據上市工作本身的要求和擬上市企業的具體情況提出綜合解決方案。財務顧問同時把握著擬上市企業及各個輔導機構的工作進程與步驟，從而有效地控制發行工作的節奏，使發行工作得以順利完成。

　　一個企業不可能同時擁有各方面的專家，而企業到美國上市融資，是一個相當複雜的系統工程，單靠企業的內部力量是遠遠不夠的。為少走彎路，避免付出不必要的代價，有必要借助外腦，聽聽行家——財務顧問的專業意見。因為財務顧問一般都是上市策劃、資本運作、財務管理等方面的專業人士，在相關領域積累了比較豐富的經驗，熟悉各地的上市法規和上市程序，可以幫助企業排除影響上市的各種不利因素。因此，擬上市企業在未挑選其他輔導機構之前，應先行挑選合適的財務顧問。有經驗的財務顧問會對企業作出權威的分析，對上市的風險和可行性作出科學的判斷，並可預計和替企業控制上市費用，爭取獲得最大的集資規模。一家有能力的財務顧問還可以作為企業的全權代表，為企業挑選及組合其他仲介機構，同時亦可以減輕擬上市企業在上市過程中的人力和物力方面的負擔。

　　國內的中小企業，尤其是民營企業和一些外資企業，由於受到發展環境的制約，其現狀不僅與上市要求差距很大，而且一開始與保薦人、律師、

會計師、承銷商所能接受的標準也相距甚遠。即使企業所從事的行業具有良好的發展前景，企業成長的空間也非常大，但無須經過重組就能直接上市的企業可以說少之又少。財務顧問的優勢在於獨具慧眼，善於發掘出好的企業並進行適當的包裝後，才交給其他仲介機構。換言之，財務顧問起到實現境內企業與國際資本市場對接的橋樑作用。不少企業由於對財務顧問的角色瞭解不深，可能會認為財務顧問的工作可以由其他仲介去完成，從而省去一筆費用。事實上，財務顧問的地位是其他仲介無法代替的。其他仲介機構只會要求你必須這麼做，而不會幫你如何去做，也就是說，他們只是提出問題，而不會去為你解決一系列的具體問題。因為在社會分工越來越細的情況下，他們的專業技能往往僅能專注於他們角色內的工作，很難全面介入企業的方方面面。或者由於公司的定位不在於財務顧問上，而沒有配備這一方面的專門人才。至於財務顧問，從事的就是為企業排憂解難的事情，他們的業務技能非常全面，既懂得企業的經營管理，又熟知境內外上市的門道；既能夠為企業提出完整、系統、長期的戰略發展規劃及相應的財務顧問服務，又能夠根據企業的需要選擇最佳的上市時機或做出上市與否的判斷，包括在企業遇到因各種客觀原因未能順利上市甚至發行失敗的嚴重局面時，為企業事先策劃好各種對策和安排。可以講，財務顧問對企業成功上市能夠發揮舉足輕重的作用。

三、優質專業財務顧問公司應具備的條件

企業上市過程中選擇的優質專業的財務顧問公司應具備專業（Professional）的服務水準、精準（Accurate）的上市輔導與作業規劃、完善的策略（Strategic）安排、良好的合作（Cooperative）關係和最佳（Optimum）的服務與選擇等條件。

專業（Professional）的服務水準源自於長期的與國內外專業保薦團隊的合作，專業的服務水準源自於高素質團隊長期客戶服務的經驗積累。

只有具備專業的服務水準才能全方位服務於有志於在美國證券市場上市的企業；只有具備專業的服務水準才能與保薦人一起為擬上市企業的上市融資設計總體方案以及負責整個工程的組織實施，為擬上市企業的架構重組、財務重組或股份制改造提供專業性意見，幫助擬上市企業調整股權或股東結構，明晰產權關係，完善企業的資本構成，建立現代企業制度，

使擬上市企業符合上市要求；只有具備專業的服務水準才能協助擬上市企業因上市而需進行的有關的產權調整、業務結構調整、資產併購或置換、上市前融資等資本運作活動以及為擬上市企業制定管理層持股或員工股票期權方案；只有具備專業的服務水準才能與其他仲介機構一起對擬上市企業之股東、董事、監事、高層管理人員進行股改和上市的輔導，講解國內有關股改和美國證券市場上市規則，指導擬上市企業董事符合有關的境內外會計財務規則以及資訊披露的專業要求；只有具備專業的服務水準才能更好的參與制作和提交所有涉及架構重組、股份制改造、上市申報所必須的材料和法律文件，對所有材料和法律文件提出總體把關意見；只有具備專業的服務水準才能最好策劃、參與擬上市企業招股掛牌階段的各項工作，與擬上市企業、保薦人、包銷商一起確定有利於上市的股票發行價格、發行數量和發行時機。利用自身的關係網絡和資源優勢，宣傳和推介擬上市企業股票的投資價值，協助承銷商組織力量參與擬上市企業股票的銷售活動。

精準（Accurate）的上市輔導與作業規劃源自三符五評盡職調查對企業全方位的掌握，源自對企業訴求的把控，源自對美國證券市場的熟知，更源自對上市程序每個環節成竹在胸的控制。

精準的上市輔導與作業規劃應基於專業領域由專業團隊負責的原則，透過法律、審計、金融投資、精算、內控評價等專業人員的服務，讓企業獲得精準的國際服務品質和專業的諮詢資訊。其中個專業人員要求：

法務諮詢：為美國律師事務所中國授權單位，具有律師資格，律師事務所或企業法務工作經驗 5 年以上，熟悉中美證券交易，公司法律規範及公司治理規範和實物。

財務審計：美國 PCAOB 會計事務所中國授權單位，成員具有中國註冊會計師資格，會計師事務所 10 年以上審計工作經歷，具備美國財會背景，熟悉美國一般會計準則及財務內控體系。

金融投資：美國投行中國授權，成員具有國際投行工作經驗 5 年以上，熟悉投資價值評估流程和要點，不但協助企業擬定上市題材和撰寫國際融資計畫書，並規劃設計與帶領企業到美國參與融資法人說明會等活動。

內控評價：美國財務顧問公司中國授權，成員皆具多年諮詢與輔導經驗，能夠協助企業建制內部控制系統，符合美國薩班斯法案 404、302、906 條 COSO 框架內控要求。

　　三符五評盡職調查：美國保薦團隊中國授權單位，成員皆具多年諮詢與輔導經驗，能夠協助有意向上市企業與保薦團隊的銜接與溝通，確認企業現階段是否符合美國上市融資條件，供企業決策。

　　上市諮詢：美國金融證券公司中國授權單位，成員皆具多年美國上市諮詢與輔導經驗，並具豐沛人脈關係，能夠協助企業境外上市規劃，提出上市戰略和分析評估境外各證交市場優劣，供企業決策。

　　上市推廣：美國投資者公共關係公司中國授權單位，成員皆具多年投資經驗，並具豐沛人脈關係，能夠協助各省（市）有意到境外上市企業與專業團隊的銜接與溝通，供企業決策。

　　基金管理：自主設立和管理育成基金（Incubation Fund）與對接各類策略聯盟之崔割基金（Trigger Fund），經過三符五評盡職調查後，直接投資上市保薦標的，讓管理之基金成為企業第一個戰略投資者，進而引進各國共同基金（Mutual Fund）的跟進。

　　完善的策略（Strategic）安排應始終貫穿於發行企業的上市前評估、上市中輔導和上市後的維護整個過程，應為企業提供如下之戰略服務：

(1)　全面綜合評估：與全球最大的證券交易所合作，通過上市前綜合評估（上市可行性評估、財務風險評估、投資意願評估、法律風險評估、權益精算規劃、作業時程預估、實地盡職調查），讓企業上市與轉板沒有任何的風險。

(2)　精準量身規劃：通過三個階段（書面評估、實地調查、確認規劃）、四種制度（IPO〔首次公開發行〕、NONIPO〔老股直接上市〕、ADR〔美國存託憑證〕、COC〔跨境協作公司〕）的漸進式專業規劃，以企業最大利益量身定制，萬分之一誤差的精準規劃，提高企業最大價值。

(3)　美國財報指導：與具有美國上市公司會計監督委員會（PCAOB）登錄資格的數家世界前二十大會計師事務所合作，通過財務內控建置階段、賬實確認階段、財報轉換階段的指導，幫助企業建立符合 COSO 框架體系要求的財務內控管理制度，並依據 US GAAP 及 AS-2 審計準則規範財務運作，使企業財務水準達到國際標準。

(4)　建立投資關係：與美國最大的投資者公共關係公司合作，結合 IR 與 PR 全方位服務，除及時幫助企業引進戰略投資者外，並將企業最新消息在最短時間內傳遞全世界，IR 服務：向 3000 家左右對中國企業有興趣的國際投資機構傳遞融資資訊，在最短時間內確認投資人。

(5) 募資管道多元：與美國歷史最悠久的投資銀行合作，協助企業確定上市與融資題材，免費幫助企業撰擬融資計畫；指導企業撰擬商業計畫書技巧；除 IPO（首次公開發行）、SPO（再次公開發行）、PIPE（定向增發）外，亦與風投及各類基金合作，以靈活、創新的融資方式，及時滿足企業運營資金的要求。

(6) 輔導成本低廉：專業工具輔導叢書，並結合包裹式包案委任方式，大幅降低企業上市成本，交易後進行的美國薩班斯法案 404 條 COSO 框架體系輔導，讓企業物超所值。

(7) 語言溝通優勢：中文溝通、中文輔導、中文作業後再翻譯成註冊文件，讓企業做中學、學中悟、悟中道，完全明白上市規範要求。

(8) 提升管理效率：依公司現狀及 COSO 框架體系，依財務管理、採購管理、生產管理、銷售管理與風險管理等五大循環建立符合美國薩班斯法案 404 條款內控要求、提高企業國際競爭力。

(9) 縮短上市時間：與全球最大的證券交易所合作，全方位的三符五評實地調查及精準的輔導進度規劃，配合專案經理人制度的一對一輔導安排，與美國同步作業時間的安排，大幅縮短上市與轉板作業以及掛牌交易時間，符合薩班斯法案 404 條款的時間要求，盡速滿足企業發展需求。

(10) 符合政策條款：與美國最大的律師事務所合作，採用非關聯現金併購與代持策略（PARTH），設立境外特殊目的公司，滿足非關聯現金併購的要求，取得外商獨資身份，符合「關於外國投資者併購境內企業的規定」（98 條款）。

良好的合作（Cooperative）關係不僅表現在為擬上市企業提供長期的顧問服務而不是眼前利益，為企業的長遠發展考慮，與企業共同成長，提供完整、系統、長期的戰略規劃以及相應的財務顧問服務，並且能夠向企業提供近期與未來發展的分析和相應的獨立意見，更表現為與 SEC 證券律師事務所、美國 PCAOB、美國證券投資銀行、美國 IR 公司和美國融資公司等機構的合作，集這些公司職能與一身，建立快速審查機制，提高中國企業在美國上市融資作業平臺效率。

最佳（Optimum）的服務應為客戶採取「全程保姆式」服務策略，從接觸企業初始，就充分考慮企業上市準備、評估、作業、掛牌、轉板及股價維護各階段所應當致力的方向，努力讓企業消除「孤獨」感，直至完全適應國際資本市場運作的遊戲規則！應全方位即時的服務，大幅的提升服

務品質與價值，從而直接避免冗長的輔導期；為客戶提供綜合的諮詢、評估及規劃，包裹式輔導費及維護費的節費規劃，大幅度降低企業的上市成本，而全方位的專業服務應包括公司治理、財報審計輔導、COSO 體系、內部控制、「經營討論與分析」MD&A、「商業計畫」BP 等。

　　企業上市融入資本市場是大勢所趨，企業為避免走彎路、花冤枉錢、浪費寶貴時間聘請優質專業的財務顧問公司是成功走向資本市場的第一步，選對具有專業的服務、精準的規劃、完善的策略安排和良好合作關係的財務顧問公司才是企業遊刃搏擊資本市場的長期致勝法寶。

第三節　如何準備三符五評盡職調查

　　在進行三符五評盡職調查前，公司都會收到一份資料清單，公司應按照該資料清單中所要求的準備公司的各項資料，該資料清單包括了公司介紹、產品／服務介紹、股東管理層、市場、財務、法律、融資等幾大方面總計 86 條，如下：

（一）公司成立

1. 公司設立時政府批准文件（若需）。
2. 公司發起人協定（股份公司）或者股東協議（有限公司）及公司創立大會文件。
3. 公司銀行開戶資料及公司成立至今的工商登記文件、驗資報告等文件。
4. 公司成立至今的章程、營業證照、資質及榮譽。
5. 公司（集團）組織結構圖（若是集團公司）。
6. 上市主體公司組織結構、股權情況、內部治理制度文件。

（二）公司業務方面

7. 公司簡介、產品及服務。
8. 公司過去兩年的財務狀況，並根據目前的發展狀況所做出的未來三年的財務預測，主要包括利潤表的各項基本指標；（單位：萬元）。

表格 1　過去兩年財務狀況

年數	總資產	淨資產	營業收入	主營業務利潤	淨利潤	淨利率
2009 年						
2010 年						

表格 2　未來三年財務預測

年數	總資產	淨資產	營業收入	主營業務利潤	淨利潤	淨利率
2011 年						
2012 年						
2013 年						

9. 公司的融資計畫，包括所需資金的時間、融資額度及具體的融資用途（單位：萬元）。

表格 3　公司融資計畫

時間	融資額度	資金用途
短期		
長期		

10. 公司歷年業務年檢資料。

11. 公司對外擔保合同資料。

12. 公司主要供應商、客戶及重要關聯企業名單。

13. 公司同上述供應商的長期供貨合同。

14. 重大業務合同文件，包括與關聯交易方之三會紀錄和重要合同。

15. 銀行單據、保險憑證、貸款合同及供銷合同和客戶服務合同、監管機構的監管記錄和處罰文件。

16. 公司的主營業務，公司所屬行業；行業主管部門制定的發展規劃、行業管理方面的法律法規及規範性文件。

17. 公司採用的主要商業模式、銷售模式、盈利模式。

18. 公司所屬行業的市場環境、市場容量、市場細分、市場化程度、進入壁壘、供求狀況、競爭狀況、行業利潤水準和未來變動情況（注明資料來源）。

19. 公司 SWOT 分析。
20. 同行業競爭者資料及分析及上下游產業鏈分析。
21. 公司歷年發展計畫、年度報告等資料及未來 5 年發展規劃。

（三）公司股東、高管方面

22. 公司組織機構結構表及公司管理人員結構表。
23. 公司主要法人股東（追溯至實際控制人）。
24. 公司設立時股東（發起人）營業執照或者身份證明。
25. 公司高層人員履歷、任職資質（若需）及人員職責範圍。
26. 公司高管人員薪酬方案、股權激勵方案（若有）。

（四）公司變動方面（若有）

27. 公司增資或減資文件。
28. 公司合併、分立文件及公司債務重組事項文件。
29. 公司股權變動文件。
    上述文件包括：公司股東會、董事會、監事會有關決議；政府批准文件（若需）；有關合同協議；審計報告；評估報告；資產過戶資料；債權人同意債務轉移文件；工商登記文件等。

（五）公司資產方面

30. 公司設立時股東出資：驗資報告、資產產權過戶資料、資產評估報告、高新技術成果認定書（若有）、公司各種無形資產證明書（鑑定書）。
31. 公司主要資產權屬憑證、有關合同文件主要資產包括：商標、專利、版權、特許經營權等無形資產，以及房產、土地使用權、主要生產經營設備等。

（六）公司組織、制度。

32. ERP 資訊管理系統實施流程及許可權分配情況（若有）。

33. 公司銷售、採購、生產、財務部門及人事工作流程說明。

34. 公司相關保密制度及其與核心技術人員簽訂的保密協議。

35. 公司三會會議記錄，決策執行情況記錄文件。

36. 公司各部門規章制度文件。如：財務管理制度、生產經營管理制度、銷售管理制度、採購管理制度、人力資源管理制度、工資獎勵制度、勞保福利管理制度、財產物資管理制度等。

37. 公司及其控股股東（追溯至實際控制人）的組織結構資料、下屬公司工商登記資料。

38. 最近一期財務預算執行回饋報告及財務分析報告（若有）。

39. 公司員工花名冊及員工手冊。

40. 公司勞動合同範本及社保登記證。

（七）公司財務方面

41. 地稅稅務登記證影本及國稅稅務登記證影本。

42. 稅務局批復的減免稅文件及納稅鑑定或通知書。

43. 公司各項稅收的完稅憑證。

44. 會計部門人員分工表。

45. 公司會計制度及公司會計核算辦法。

46. 2009 年、2010 年度資產負債表（紙質的蓋章，同時需要電子版）。

47. 2009 年、2010 年損益表（紙質的蓋章，同時需要電子版）。

48. 2009 年、2010 年度現金流量表（紙質的蓋章，同時需要電子版）。

49. 2009 年、2010 年度會計報表附注（紙質的蓋章，同時需要電子版）。

50. 2009 年、2010 年度會計報表附表（股東權益變動表等）。

51. 2009 年、2010 年度餘額明細表；如果是電子賬，導出 Excel 格式即可，要求：期間科目範圍選擇 1 級——末級。

52. 2009 年、2010 年度銀行存款對帳單（蓋章）。

53. 2009 年、2010 年度銀行存款餘額調節表（蓋章）。

54. 2009 年、2010 年度銀行明細賬。

55. 2009 年、2010 年度存貨盤存明細表（紙質的蓋章，同時需要電子版）。

56. 2009 年、2010 年度資產盤盈虧、毀損、報廢明細表（紙質的蓋章，同時需要電子版）。

57. 2009 年、2010 年度固定資產盤存明細表（紙質的蓋章，同時需要電子版）。
58. 2009 年、2010 年度應收賬款期末明細表（注明賬齡及款項性質）。
59. 2009 年、2010 年度應付賬款期末明細表（注明賬齡及款項性質）。
60. 2009 年、2010 年度預收賬款期末明細表（注明賬齡及款項性質）。
61. 2009 年、2010 年度預付賬款期末明細表（注明賬齡及款項性質）。
62. 2009 年、2010 年度其他應收款期末明細表（注明賬齡及款項性質）。
63. 2009 年、2010 年度其他應付款期末明細表（注明賬齡及款項性質）。
64. 2009 年、2010 年度對外投資清單。
65. 2009 年、2010 年度待攤費用明細表（注明發生日期）。
66. 2009 年、2010 年度預提費用明細表。
67. 2009 年、2010 年度固定資產及累計折舊分類匯總表。
68. 2009 年、2010 年度借貸款清單（包括貸款人，貸款金額，期限，利率、有無抵押等需要說明的事項（各項借款合同）。
69. 2009 年、2010 年度應付工資明細表（請注明職工人數）。
70. 2009 年、2010 年度各種稅款申報及分月統計表。
71. 2009 年、2010 年度主營業務收入分類統計表、主營業務成本分類統計表。
72. 2009 年、2010 年度進銷存統計表。
73. 2009 年、2010 年度其他業務收支明細表。
74. 2009 年、2010 年度營業外收支明細表。
75. 2009 年、2010 年度製造費用明細表。
76. 2009 年、2010 年度銷售費用明細表（廣告費、推廣費等的合同）。
77. 2009 年、2010 年度管理費用明細表（房租費用、諮詢費等的合同）。
78. 2009 年、2010 年度財務費用明細表。
79. 2009 年、2010 年度關聯企業及其關聯交易／及與關聯方的往來明細表存在控制關係的關聯方企業名稱、註冊地址、主營業務、與本公司關係、經濟性質或類型、法定代表人；存在控制關係的關聯方的註冊資本及其變化；存在控制關係的關聯方所持股份或權益及其變化；關聯交易的類型及交易金額，往來款項的餘額。
80. 或有負債的說明情況（擔保或承諾事項）。
81. 資產負債表期後事項的說明。
82. 房屋租賃合同的影本。

83. 房屋、車輛等及無形資產的權利證明文件。

84. 2009 年、2010 年度電子賬憑證庫的 Excel 格式（1-12 月全部憑證）（如果是用友軟體，從列印憑證專案中選擇，然後導出 Excel 格式）。

（八）其他方面

85. 重大訴訟、仲裁資料（若有）。

86. 環境保護方面資料。

　　公司在收到該資料清單後，應積極、全面準備該清單中所要求的資料，對於缺損、遺失的資料應及時和三符五評盡職調查專案組負責人溝通，以商榷較好解決辦法。企業應將準備好的資料專門堆放到一個辦公室，該辦公室應由專人看管和負責，其他外界人員在未經允許時不得進入。

　　在三符五評盡職調查小組進場前企業應指定專門的配合人員，該人員全權協調調查小組和企業相關人的溝通，同時企業應成立配合小組，該小組人員應包括企業董事長、總經理、採購、生產、市場、銷售、財務、法律、內部控制等負責人，該小組人員應能及時回答調查小組所提出的任何質疑和疑惑，在回答問題的過程中企業人員應該毫無保留的展示企業財會現狀，坦誠告知對上市期望區間，以及公司內部的各種利益分配格局，以便調查小組人員能全面、綜合把控企業的實際現狀，明確企業目前能否順利上市。如能上市，如何做？如不能上市，問題在哪裡？提出改進和修改建議，為企業未來上市做準備。

第四節　上市工作小組與職能

一、上市工作小組

　　上市工作小組是一個可以統籌全局的機構，負責有關上市準備的各種決策事項，協調企業內部各部門的工作，配合上市計畫，代表企業與管理層和仲介機構進行溝通，收集和提供企業申請發行上市必需的材料。建議上市工作導小組應當由擬上市公司董事長牽頭，公司各部門負責人和集團

相關職能部門參與協調，並具體落實專門工作人員，成立上市工作小組。
上市註冊工作主要目標就是要完成符合美國證券交易委員會（SEC）所要
求的五個披露（Disclosure）規定，而這五個披露就是：

1. 公司清理問卷調查及披露事項（DD）。
2. 董事、高管問卷調查表（ODQ）。
3. 五年商業計畫書（BP）。
4. 二年財務審計年報、當年當季財報審閱季報（含資產負債表及損益表）
　報告（FS）。
5. 內控制度。
　　根據該要求，完整的上市工作小組應包括如下圖示幾個職能部門，

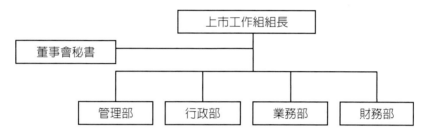

二、上市工作小組職能

1. 上市作業工作組組長：董事長
　　手機　　　　　　　　　郵箱：
　　職責：統領公司整個上市融資作業
2. 董事會秘書：
　　手機　　　　　　　　　郵箱
　　職責：
　(1)負責公司和其他相關當事人與證券交易所及其它證券監管機構之間
　　　的溝通和聯絡。
　(2)負責處理公司資訊披露事務。
　(3)協調公司與投資者之間的關係。
　(4)按照法定程序籌備股東大會和董事會會議，準備和提交有關會議文件
　　　和資料。
　(5)參加董事會會議，製作會議記錄並簽字。

(6)負責與公司信息披露有關的保密工作，制定保密措施，促使董事、監事和其他高管以及相關知情人員在資訊披露前保持秘密，並在內幕資訊洩露時，及時採取補救措施。

(7)負責保管公司股東名冊、董事名冊，大股東及董事、監事和高管持有本公司股票的資料，以及股東大會、董事會會議文件和會議記錄。

(8)協助董事、監事和其他高管人員瞭解資訊披露相關的法律、法規、規章、上市交易規則，以及上市協定中關於其法律責任的內容。

(9)促使董事會依法行使職權。

(10) 證券交易所規定的其他指責。

與顧問公司對接部門：

法務諮詢部——負責公司治理（含獨立董事聘任）

內控評價部——負責公司內控治理

3. 管理部：負責人

　　手機　　　　　　　　郵箱

　　對接部門：法務諮詢部——

　　　　　　　　1)美國公司設置資料收集、整理

　　　　　　　　(1) 美國公司名稱

　　　　　　　　(2) 美國公司主營業務地址

　　　　　　　　(3) 公司董事、獨立董事、高管履歷

　　　　　　　　(4) 公司股東名冊編制

　　　　　　　　2)公司董事、高管問卷調查（ODQ）

4. 行政部：負責人

　　手機　　　　　　　　郵箱

　　對接部門：法務諮詢部——

　　　　　　　　1)公司問卷調查與披露

　　　　　　　　2)公司註冊文文件問卷調查與編寫

　　　　　　　　3)公司網站設置——投資者公共關係

5. 業務部：負責人

　　手機　　　　　　　　郵箱

　　對接部門：金融投資部——

　　　　　　　　1)撰寫投資銀行評估報告書（IBER）

　　　　　　　　2)撰寫融資計畫

　　　3)撰寫商業計畫（BP）
6.財務部：負責人
　　手機　　　　　　　　　　郵箱
　　對接部門：財務審計部——
　　　　　　　　1)二年財務審計年報、當年當季財報審閱季報
　　　　　　　　2)財務管理制度建置

第五節　盡職調查中台資企業常遇見的法律問題

一、公司的基本情況

問題1：公司的實際經營地址與工商登記中的地址不一致。

建議：進行公司住所的工商登記變更，使實際的住所與主要辦事機構所在地相一致。

法律依據：根據公司法第十條規定：公司以其主要辦事機構所在地為住所。

問題2：公司的基本情況（如住址、註冊資本、法定代表人、經營範圍等）公司章程的規定與驗資報告、工商登記等法律文件不相符。

建議：修改公司章程，以符合實際情況。

問題3：公司增資的文件不齊全。公司多次增資、股權轉讓，缺少相應的驗資報告、股權轉讓協議和股東會決議。公司以淨資產增資的，缺少相應的資產評估報告。

建議：公司補齊驗資報告、股權轉讓協議、股東會決議和資產評估報告等相關法律文件，並建文件留存。

問題4：企業集團不符合法律規定。具體表現在公司使用的 LOGO 中，顯示有「集團」字樣，並且在公司戰略規劃中，也有集團公司建設的計畫，但是公司尚未制定集團章程，尚未辦理《企業集團登記證》，且集團的設立也不符合有關「企業集團」的設立標準。

建議：公司應按照法律規定，符合集團設立條件的，儘快制定集團章程，辦理《企業集團登記證》；不符合集團設立條件的，公司應暫時不使用「集團」字樣的標識。

法律依據：《企業集團登記管理暫行規定》第三條規定：企業集團是指以資本為主要聯結紐帶的母子公司為主體，以集團章程為共同行為規範的母公司、子公司、參股公司及其它成員企業或機構共同組成的具有一定規模的企業法人聯合體。企業集團不具有企業法人資格。

第五條規定：企業集團應當具備下列條件：（一）企業集團的母公司註冊資本在 5000 萬元人民幣以上，並至少擁有 5 家子公司；（二）母公司和其子公司的註冊資本總和在 1 億元人民幣以上；（三）集團成員單位均具有法人資格。國家試點企業集團還應符合國務院確定的試點企業集團條件。

第十三條規定：企業集團經登記主管機關核准登記，發給《企業集團登記證》，該企業集團即告成立。

二、公司的法律制度

問題 5： 公司已有基本的組織架構規劃，但董事、監事、經理、財務負責人等高級管理人員尚未選任。

建議：公司儘快選任相應的董事、監事、經理、財務負責人等高級管理人員，完善公司的組織架構。

問題 6： 公司的實際組織結構與公司章程的規定不相符。章程規定了公司設股東會、董事會／執行董事、監事會／監事、經理，並規定了公司法定代表人人選，但實際情況與章程規定不符，不需設股東會的設了股東會，董事會與執行董事並存，監事、經理和法定代表人人選不符合章程規定等。

建議：公司應根據公司章程的規定，決定公司法定代表人和董事長／執行董事的人選，或者根據公司的安排，修改公司章程，使實際情況與法律規定相一致，預防不必要的法律風險。

法律依據：《中華人民共和國公司法》

第 十一 條　　設立公司必須依法制定公司章程。公司章程對公司、股東、董事、監事、高級管理人員具有約束力。

第 十二 條　　公司的經營範圍由公司章程規定，並依法登記。

第 十三 條　　公司法定代表人依照公司章程的規定，由董事長、執行董事或者經理擔任，並依法登記。

第二十五條　　有限責任公司章程應當載明下列事項：

　　　　　　　　(一) 公司名稱和住所；

　　　　　　　　(二) 公司經營範圍；

　　　　　　　　(三) 公司註冊資本；

　　　　　　　　(四) 股東的姓名或者名稱；

　　　　　　　　(五) 股東的出資方式、出資額和出資時間；

　　　　　　　　(六) 公司的機構及其產生辦法、職權、議事規則；

　　　　　　　　(七) 公司法定代表人；

　　　　　　　　(八) 股東會會議認為需要規定的其他事項。

　　　　　　　　股東應當在公司章程上簽名、蓋章。

第六十一條　　一人有限責任公司章程由股東制定。

第六十二條　　一人有限責任公司不設股東會。

問題7：公司高級管理人員的任命不符合法律規定，公司高級管理人員不能兼任監事

建議：公司更換監事或者高級管理人員，並簽署新的任命決議，以符合我國《公司法》的規定。

法律依據：《中華人民共和國公司法》第五十二條董事、高級管理人員不得兼任監事。

第二百一十七條　　本法下列用語的含義：

　　　　　　　　　　(一) 高級管理人員，是指公司的經理、副經理、財務負責人，上市公司董事會秘書和公司章程規定的其他人員。

問題8：公司缺少相關法律文件，沒有及時建文件留存。具體表現在：

1. 公司在設立股份有限公司時，缺少發起人協議。

2. 公司缺少股東會決議、董事會決議等相關法律文件。

3. 公司沒有提供董事長、董事、監事、總經理、財務負責人等高級管理人
   員的任命決議或相關會議記錄。
4. 公司未按《公司法》要求制定《股東會議事規則》、《董事會議事規則》。

建議：公司應按照法律規定補充完整發起人協議、股東會決議、董事會決
　　　議、高級管理人員的任命決議並按《公司法》要求制定《股東會議
　　　事規則》、《董事會議事規則》，建文件留存。

三、公司的不動產

（一）土地

問題 9： 公司所使用的集體土地尚未辦理《集體土地使用權證》，也無其
　　　　他承包的手續。

建議：公司儘快辦理相關手續，並建文件留存。

問題 10：國有土地和集體土地有使用權證書，但是缺少國有土地使用權出
　　　　讓合同和集體土地承包合同。

建議：公司補齊國有土地使用權出讓合同和集體土地承包合同等相關法
　　　律文件。

（二）房屋

問題 11：貴公司目前使用的廠房及員工宿舍等房產，均未辦理房產證。

建議：儘快辦理相關房屋的產權證，以明晰產權。

問題 12：公司所使用的房產不屬於本公司所有，也未簽訂相關的房屋租賃
　　　　協定或者房屋租賃協定已到期。

建議：按照《公司法》、《合同法》相關規定，補充房屋租賃協議或者續簽
　　　房屋租賃協議。

問題 13：土地和房產均已設定抵押，但缺少貸款合同和抵押合同等相關法律文件。

建議：公司補齊貸款合同和抵押合同等相關法律文件。

四、公司的其他資產

（一）車輛

問題 14：公司實際上所擁有的車輛，公司並非是所有權人或是車輛登記證缺失。

建議：對於公司實際所擁有的車輛，應儘快辦理車輛所有權轉移登記手續；對於缺失或遺失車輛登記證等相關證件的車輛，應儘快補辦車輛登記證等相關證件，以防範不必要的法律風險。

（二）知識產權

問題 15：公司在產品上已經使用了自己的商標，但是沒有進行商標註冊。

公司擁有的註冊商標即將到期，公司尚未申請續展。

註冊商標已經過期，顯示為無效的狀態。

建議：對於公司在產品上已經使用了商標，但是沒有進行商標註冊的，建議公司儘快根據《商標法》進行註冊商標的申請；註冊商標即將到期的，建議公司儘快根據《商標法》規定的續展期和寬展期內提出續展申請，以完善公司知識產權的保護；目前狀態為無效的註冊商標，貴公司若需要使該商標繼續得到法律保護，須按照法定程序重新辦理註冊手續。

法律依據：《中華人民共和國商標法》第三十七條規定：註冊商標的有效期為十年，自核准註冊之日起計算。

第三十八條　　註冊商標有效期滿，需要繼續使用的，應當在期滿前六個月內申請續展註冊；在此期間未能提出申請的，可以給予六個月的寬展期。寬展期滿仍未提出申請的，註銷其註冊商標。每次續展註冊的有效期為十年。續展註冊經核准後，予以公告。

第五十一條　　註冊商標的專用權，以核准註冊的商標和核定使用的商品
　　　　　　　　為限。

第五十二條　　有下列行為之一的，均屬侵犯註冊商標專用權：

　　　　　　　　(一) 未經商標註冊人的許可，在同一種商品或者類似商品上
　　　　　　　　　　 使用與其註冊商標相同或者近似的的商標的。

　　　　　　　　(二) 銷售侵犯註冊商標專用權的商品的。

　　　　　　　　(三) 偽造、擅自製造他人註冊商標標識或者銷售偽造、擅
　　　　　　　　　　 自製造的註冊商標標識的。

　　　　　　　　(四) 未經商標註冊人同意，更換其註冊商標並將該更換商
　　　　　　　　　　 標的商品又投入市場的。

　　　　　　　　(五) 給他人的註冊商標專用權造成其他損害的。

　　　　　　　　《中華人民共和國商標法實施條例》規定：

第　五十　條　　有下列行為之一的，屬於商標法第五十二條第(五)項所稱
　　　　　　　　侵犯註冊商標專用權的行為：

　　　　　　　　(一) 在同一種或者類似商品上，將與他人註冊商標相同或
　　　　　　　　　　 者近似的標誌作為商品名稱或者商品裝潢使用，誤導
　　　　　　　　　　 公眾的。

　　　　　　　　(二) 故意為侵犯他人註冊商標專用權行為提供倉儲、運
　　　　　　　　　　 輸、郵寄、隱匿等便利條件的。

第五十一條　　對侵犯註冊商標專用權的行為，任何人可以向工商行政管
　　　　　　　　理部門投訴或者舉報。

第五十二條　　對侵犯註冊商標專用權的行為，罰款數額為非法經營額 3
　　　　　　　　倍以下；非法經營額無法計算的，罰款數額為 10 萬元以下。

第五十三條　　商標所有人認為他人將其馳名商標作為企業名稱登記，可
　　　　　　　　能欺騙公眾或者對公眾造成誤解的，可以向企業名稱登記主管
　　　　　　　　機關申請撤銷該企業名稱登記。企業名稱登記主管機關應當依
　　　　　　　　照《企業名稱登記管理規定》處理。

問題 16：公司使用其股東或員工名下的專利，但是無相關轉讓或許可使用
　　　　　合同等法律依據，也沒有進行專利實施許可備案。

建議：公司簽訂專利授權許可使用的授權書並到國家專利局予以備案，以
　　　避免不必要的法律風險。

問題 17：公司更名後，公司專利權和著作權還未更名。

建議：公司需儘快辦理專利權和著作權的更名手續。

五、公司的業務

問題 18：缺少生產許可證、衛生許可證、進出口業務經營許可證書等資質證書或者這些證書已經過期。

建議：公司應妥善保存相關資質證書，若有遺失或過期，應儘快去相關部門補辦證書，以防範不必要的法律風險。

六、公司的勞動用工

問題 19：公司與某些員工沒有簽訂勞動合同，沒有依法辦理社會保險，另外，公司與某些外聘人員的合作協定缺失。

建議：公司應儘快同員工簽訂勞動合同，辦理社會保險，同外聘人員簽訂合作協議或勞務合同，以符合我國相關法律法規的要求。

法律依據：《中華人民共和國勞動合同法》規定：

第　七　條　　用人單位自用工之日起即與勞動者建立勞動關係。用人單位應當建立職工名冊備查。

第　十　條　　建立勞動關係，應當訂立書面勞動合同。

已建立勞動關係，未同時訂立書面勞動合同的，應當自用工之日起一個月內訂立書面勞動合同。

用人單位與勞動者在用工前訂立勞動合同的，勞動關係自用工之日起建立。

問題 20：公司簽訂的勞動合同不符合法律規定，具體表現在：勞動合同缺少必備條款，勞動合同約定了試用期，但沒有約定試用期期限或是試用期工資，勞動合同約定的試用期工資不到轉正後工資的80%。

建議：貴公司按照勞動合同法的要求補齊必備條款，調整工資標準，完善勞動合同。

法律依據：《中華人民共和國勞動合同法》規定：

第 十七 條　　勞動合同應當具備以下條款：

(一) 用人單位的名稱、住所和法定代表人或者主要負責人；

(二) 勞動者的姓名、住址和居民身份證或者其他有效身份證件號碼；

(三) 勞動合同期限；

(四) 工作內容和工作地點；

(五) 工作時間和休息休假；

(六) 勞動報酬；

(七) 社會保險；

(八) 勞動保護、勞動條件和職業危害防護；

(九) 法律、法規規定應當納入勞動合同的其他事項。

勞動合同除前款規定的必備條款外，用人單位與勞動者可以約定試用期、培訓、保守秘密、補充保險和福利待遇等其他事項。

第 十九 條　　勞動合同期限三個月以上不滿一年的，試用期不得超過一個月；勞動合同期限一年以上不滿三年的，試用期不得超過二個月；三年以上固定期限和無固定期限的勞動合同，試用期不得超過六個月。

同一用人單位與同一勞動者只能約定一次試用期。

以完成一定工作任務為期限的勞動合同或者勞動合同期限不滿三個月的，不得約定試用期。

試用期包含在勞動合同期限內。勞動合同僅約定試用期的，試用期不成立，該期限為勞動合同期限。

第 二十 條　　勞動者在試用期的工資不得低於本單位相同崗位最低文件工資或者勞動合同約定工資的百分之八十，並不得低於用人單位所在地的最低工資標準。

七、公司的關聯關係

問題 21：公司存在佔用關聯方資產的情況，並且尚未制定《關聯交易管理制度》。

建議：根據 SEC 監管規則第 228 條和 229 條、以及中國相關法律法規對規範上市公司關聯交易的要求，上市公司須規範與控股股東及其它關

聯方的資金往來，保證上市公司資產的安全性，以維護投資者合法
權益。

因此，建議公司建立關聯交易制度，明確規範關聯交易的內
部審批許可權、公允決策程序以及披露、備案流程等事項，嚴格
限制佔用上市公司資金，避免影響上市公司的生產經營獨立性。
在建立關聯交易制度時，應注意以下幾項法律問題：

(1) 關聯交易的公允決策程序需在公司的《公司章程》、《股東大會
議事規則》、《董事會議事規則》、《關聯交易管理辦法》中，按
照國家有關法律法規、規範性文件的要求予以明確，並保證在
關聯交易中照此進行公允決策，保護公司及其它股東的合法
權利。

(2) 公司與關聯方之間的關聯交易應簽訂書面協定。協議的簽訂應
當遵循平等、自願、等價、有償的原則，協定內容應明確、具
體。公司應將該協議的訂立、變更、履行及終止情況等事項按
照規定予以披露。

(3) 公司應採取有效措施，防止關聯方以壟斷採購和銷售管道的
方式干預公司的經營，損害公司利益。關聯交易活動應遵循
商業規則，關聯交易的價格原則上應不偏離市場獨立第三方
的價格或收費標準，並對定價依據予以充分披露。

(4) 明確公司的資產屬於公司所有。上市公司應採取有效措施防止
關聯方以各種形式佔用或轉移公司的資金、資產及其它資源。
上市公司不得為股東及其關聯方提供擔保。

問題22：母公司與子公司的工作人員相同。

建議：公司分別確定母子公司自己的員工，分別簽訂勞動合同，使母子公
　　　司的人員保持獨立，以符合《勞動法》、《勞動合同法》、《公司法》
　　　等相關法律法規的要求。同時建議母子公司進行人員派遣時，應當
　　　簽訂相關協定，避免佔用關聯方資產，防範不必要的法律風險。

八、訴訟與擔保

問題23：公司存在影響公司永續經營的對外擔保、仲裁及法律訴訟。

建議：公司應該取消影響公司永續經營的對外擔保，若存在影響公司永續
　　　經營的仲裁及法律訴訟，應當及時披露。

九、美國公司的建置

問題24：尚未進行美國公司的建置

建議：建置美國公司，需要(1)明確美國公司名稱；(2)確定公司主營業務地
　　　址；(3)編制股東名冊；〔A公司至少有50名股東，每個股東至少持
　　　股100股B每名股東至少持股1年以上〕；(4)執行董事、獨立董事、
　　　董事會秘書、公司高管建制完善。

問題25：尚未建置美國規範的公司治理模式。

建議：根據《美國證券法》及美國證券交易委員會有關上市公司治理的相
　　　關規定：
　　　(1)　公司權力機構為股東會。
　　　(2)　公司執行機構為董事會。
　　　(3)　董事會由執行董事與獨立董事組成，獨立董事占董事會人數的
　　　　　 1／2以上（至少3人）。
　　　(4)　董事會下設五個委員會，包括審計委員會；薪酬、提名、治理委
　　　　　 員會；戰略發展委員會；執行委員會；股票選擇權委員會。

第六節　盡職調查中台資企業常遇見的財務問題

一、企業財務基礎工作中存在的問題及建議

（一）機構與人員設置

　　在會計機構設置上，雖然有的企業設置會計機構，但一般也是層次不
清、分工不明確，而有的中小企業甚至不設置會計機構。在會計人員任用

上，中小企業也存在一些問題。最常見的做法是整個會計機構任用一人，出納、會計、主管一人身兼數職，既是憑證的編制人，又是審核人；或者有的企業任用自己的親屬出任出納，外聘兼職會計。由於中小型企業的發展前景及社會上得到人們認可的程度較低，工作保障較差，因此對優秀會計人員的吸引力遠不如大型企業。

我國大多中小型企業財務機構的設置呈現金字塔型，既中間層次多，效率低下，缺乏創新和靈活性；習慣一切聽從領導，財務管理的目的在一定程度上是為了滿足管理者或所有者的意願，缺少自主性和客觀性。

對中國中小型企業中會計機構的設置建議包括：①應當根據會計業務的需要，設置會計機構，或者在有關機構中設置會計人員並指定會計主管人員；對於不具備設置會計機構條件的單位，應當委託仲介機構代理記賬；會計工作崗位設置應當符合國家法規要求，並實行輪崗制度。②企業應對會計機構的設置和會計人員的配備做出具體的規定，企業應根據業務需要設置健全會計機構；配備數量和素質都相當且具備從業資格的會計人員，這是企業做好會計工作、充分發揮會計職能作用的重要保證。

（二）不建賬或者建賬不規範

有些企業在公司成立以後一直未建賬，以票代賬。有的企業設置賬目，但是比較混亂，根本不能達到真實反映企業生產經營狀況的要求。有些企業設置兩套賬或者多套賬，導致企業的會計資訊嚴重失真。

依法建賬是會計核算中最基本的要求之一。建賬是會計工作中的重要一環，是如實記錄和反映經濟活動情況的重要前提。通過建賬，可以對經濟業務進行序時和分類核算，將核算資料加以系統化，更加全面而系統地反應企業財務狀況、經營成果和明細資料，為正確地計算費用、成本以及收人、利潤提供了依據。

通過建賬可以分門別類地對經濟業務進行歸集，為編制會計報表提供某一特定日期或一定時期的會計資料。可以反映一定時期的資金來源以及運用情況，有助於保護單位財產物資的安全完整，合理利用資金，便於對經濟活動進行分析。

針對部分企業不建賬和建多賬的現象，給出會計帳簿登記的基本建議：

1. 依據審核的會計憑證登賬是基本的會計記賬規則，是保證記錄品質的重要環節。
2. 登賬必須按記賬規則進行，按規定更正，並由會計人員和機構負責人在更正處蓋章。
3. 實行電算化，要符合國家統一的會計制度的規範。
4. 會計帳簿的設置、登記，應符合國家的有關法律、行政和國家統一的會計制度的規定，不得另立會計帳冊。
5. 禁止賬外設賬。

（三）財務制度不健全

健全系統的規章制度是企業財務管理的依據，很多企業普遍沒有系統的財務管理、資金管理、預算管理、關聯交易管理等財務制度。個別企業甚至連現成的制度《公司法》和《會計法》的規定也不遵守。很多企業任意簡化會計手續，濫用會計科目、私設小金庫、大量的現金交易都是違反財務制度的做法。

企業應當根據《公司法》和《會計法》建立相應的財務管理制度，使日常的財務工作有章可循，有據可依。

（四）會計監督未盡職責

會計的基本職能之一就是實行會計監督，保證會計資訊的真實準確，保證會計行為的合理合規。內部會計監督要求會計人員對本企業內部的經濟活動進行會計監督，但是中小企業的管理者常干預會計工作，會計人員受制於管理者或受利益驅使，往往按管理者的意圖行事，使會計的監督職能幾乎無法進行。很多企業不經常核對銀行存款和債權債務、不定期盤點庫存現金、存貨和固定資產等，造成賬簿與實物和款項不符，這是企業資產監督方面的嚴重缺失。會計人員對原始憑證的審核不嚴，很多入賬的原始憑證沒有相關人員的審批簽字，對財務收支的監督不力，甚至採用虛開發票、開假發票等辦法處理違規活動中的資金收支問題。

（五）會計工作移交工作脫節

在實踐中，有些企業頻繁更換會計，交接工作極不完善。具體表現：①企業沒有建立或規範會計工作交接的具體制度，會計人員在交接中只是口頭表述企業大概的財務狀況；②企業對移交工作不夠重視，移交過程中沒有監交人監督，交接雙方更沒有以嚴謹認真的態度完成交接工作。

針對會計移交工作的基本建議：

一、需要辦理會計工作移交的情況

 1. 臨時離職、生病不能工作要移交。

 2 臨時離職、生病恢復工作要移交。

 3. 當事人不能親自移交的，經單位負責人批准，可委託他人代辦移交，委託人負法律責任。

二、辦理會計各種交接的基本程序

 1. 交接前準備工作：

 (1) 已受理的經濟業務，尚未填制憑證的要填制完畢。

 (2) 尚未登賬的要登完，結出餘額，並在最後一筆處加蓋私章。

 (3) 整理移交資料，對未了事項進行說明。

 (4) 編制移交清冊。

 (5) 會計機構負責人在移交時，應向接替人介紹重要情況。

 2. 移交點收：

 (1) 按帳面餘額當面點交現金，不得短缺，由白條抵庫的，由移交人負責查明。

 (2) 有價證券數量要與帳簿一致，面值與發行價不一致時，按帳簿餘額移交。

 (3) 會計資料不得遺漏，缺少要說明，由移交人負責。

 (4) 銀行對帳單賬實相符，財產要賬賬、賬實相符，金額大的往來要核對。

 (5) 公章、收據、支票、發票、科目印章等要移交清楚。

 (6) 實行會計電算化，雙方確認有關資料無誤後再交接。

3. 專人負責監交：

(1) 一般會計人員辦理交接手續時，應由會計機構負責人、主管人員監交。

(2) 會計機構負責人、主管人員辦理交接手續，由單位負責人監交，主管單位可以派人會同監交。

4. 交接後的有關事宜：

(1) 雙方簽字蓋章。

(2) 不得另設帳簿，應保證內容完整。

(3) 移交清冊一式三份，交接雙方各執一份，存文件一份。

（六）存在的其他問題

會計憑證填寫不規範，部分會計科目沒有設置二級明細，存在多借多貸現象。會計資料保管不完善，會計資訊缺失嚴重。

建議企業按照以下要求完成相關工作：

一、會計憑證的傳遞與保管

1. 及時保存。

2. 分類保管。

3. 裝訂成冊。

4. 原始憑證不得外借，如有特殊需借，需經會計機構負責人批准，可以複製。

5. 如有遺失，由原單位開具證明；或自寫證明，經單位負責人等批准代為原始憑證。

二、會計文件案的保管

會計文件案是記錄、反映經濟業務的重要歷史資料和證據，包括憑證、帳簿、報告及其它會計資料。

企業應當加強文件案管理，確保資料的完整、安全，並充分利用。

1. 會計文件案管理：需遵循以下 3 項規定：

(1) 會計文件案應當妥善保管。會計機構負責整理歸文件，並保管 1 年。1 年後，期滿移交單位文件案管理，或由專人保管。

(2) 會計文件案不得外借，經本單位負責人批准後，可提供查閱、複製原件。

2. 會計文件案應當分期保管（從會計年度終了後第一天算起）。

年度財務報告、文件案保管、銷毀清冊永久保管。月、季度財務報告的保管至少 3 年；銀行餘額調節表、銀行對帳單、固定資產卡片的保管至少 5 年；銀行、現金日記帳的保管至少 25 年；其餘保管至少 15 年。

3. 會計文件案應當按規定程序銷毀

未結清的債權債務不得銷毀，應當單獨立卷，保管到事情解決為止；正在建設的單位，其保管期滿的，會計文件案不得銷毀。

二、會計核算中存在的問題與建議

（一）庫存現金

庫存現金是存放在企業財會部門由出納人員經管的現金，包括庫存的人民幣現金和外幣現金。它是企業流動性最強的資產，同時對於企業正常的生產經營管理具有舉足輕重的作用。除了維護日常的業務活動外，企業也需要擁有足夠的現金以防不時之須，因此必須加強庫存現金的管理。

主要問題表現：①有大額現金支取現象；②庫存現金餘額過大；③不能配合審計人員完成對現金的突擊盤點；④侵佔出售商品收入和資產收入，如對將出售次品、邊角餘料、廢舊物資的現金收入直接存入小金庫。

基本建議：

1. 建立庫存現金的限額管理。
2. 現金收入要正確、及時入賬，並及時送存銀行。
3. 現金支出業務要經授權批准，正確及時入賬。
4. 嚴格控制坐，必要的話，報開戶銀行審批，並向開戶行保送情況。

（二）銀行存款

銀行存款是企業存放在銀行的資金，亦是貨幣資金的重要組成部分，是保證經營業務正常運轉的必要條件。為提高資金使用效率，確保銀行存款的安全，企業必須對銀行存款進行嚴格的管理。

　　主要問題表現：①公司銀行存款帳戶較多；②某些帳戶對帳單不齊全；③銀行存款沒有編制銀行餘額調節表；④對帳單不齊全；⑤銀行存款日記賬金額與銀行對帳單金額不能續時逐筆對應（如將不同日期進賬、付款的銀行存款核算為一筆銀行存款在同一天登記入賬）；⑥公司開設外幣帳戶，每期期末未進行匯兌損益的核算。

基本建議：

　　企業銀行存款日記賬的帳面餘額應定期與其開戶銀行轉來的「銀行對帳單」的餘額核對相符，至少每月核對一次。企業銀行存款帳面餘額與銀行對帳單餘額之間如有差額，應通過編制「銀行存款餘額調節表」調節相符。

（三）往來款項

　　往來賬款是企業在經營過程中因發生供銷產品、提供或接受勞務而形成的債權、債務關係。它主要包括應收賬款、應收票據、應付賬款、應付票據、預收賬款、預付款項、其他應收款、其他應付款。應收款是企業的流動資產，是企業應向購貨單位收取的款項，以及代墊運雜費；預付款是企業的購貨款，企業按照購貨合同的約定預付給銷貨方的款項。應付款是在購銷活動中因購買材料、商品和接受勞務供應等應付給供應單位的款項；預收款則是按照合同規定由購貨方預先支付一部分貨款給供應方面發生的負債。

　　往來賬款是企業收款的權利或付款的義務，是成本費用、經營成果核算中不可缺少的財務信息。因此，加強各種往來款的管理，可有效地提高資金的周轉率，有利於真實地反映企業的經營成果。

　　主要問題表現：①沒有賬齡分析和壞賬準備制度，無法劃分賬齡和計提壞賬準備；②沒有定期與往來方核對往來款金額，導致審計時往來款詢證困難；③對於關聯方的往來、定價未能提供稅務局的審批報告；④與股東之間的往來，一般金額較大，並且沒有相關的合同協議；⑤與客戶之間未簽訂購銷合同，而只是口頭協定。

基本建議：

1. 企業應正確劃分賬齡，進行賬齡分析；

2. 企業應保留和提供真實的合同契約、訂購單、銷售發票、貨運單據等相關資料。

壞賬準備是指企業的應收款項（含應收賬款、其他應收款等）計提的，是備抵賬戶。企業對壞賬損失的核算採用備抵法，在備抵法下，企業每期末要估計壞賬損失，設置「壞賬準備」帳戶。備抵法是指採用一定的方法按期（至少每年末）估計壞賬損失，提取壞賬準備並轉作當期費用。實際發生壞賬時，直接沖減已計提壞賬準備，同時轉銷相應的應收賬款餘額的一種處理方法。

企業應當計提壞賬準備，並加強關聯方往來的管理，以保證企業資產的安全。

（四）存貨

存貨是指企業在日常活動中持有以備出售的產成品或商品、或者仍然處在生產過程中的在產品、在生產或提供勞務過程中耗用的材料和物料等。企業持有存貨的最終目的是為了出售。存貨是企業流動性較強的資產，企業對存貨管理水準的強弱，直接關係到企業的資金佔用水準，以及資產的流動能力，高品質的存貨管理可以為企業降低企業綜合成本，提高產品競爭力，這是企業管理中不可忽視的一部分。

主要問題表現：①不是所有的採購都有合同協議；②採購發票日期與入賬日期不一致，存在跨期入賬；③庫存商品成本的結轉沒有系統的方法說明和明細；④沒有定期盤點，實存數與帳面數不符；⑤存貨出入庫沒有台賬，甚至出入庫單據也沒有；⑥沒有數量與金額明細賬；⑦存貨管理未能與電算化有效結合，難以確保存貨核算的及時性和準確性；⑧利用存貨隨意調整銷售成本與分攤費用。

一、基本建議

1. 採購程序

(1) 供應商的選擇

供應商必須證照齊全，具有相關資質；對於經常使用的商品或服務，供應部應較全面地瞭解掌握供應商的管理狀況、品質控制、運輸、售後服務等方面的情況，建立供應商文件案，做好記錄，會同技術、銷售、生產部門對供應商定期進行評估和審計。

在選擇供應商時，必須進行詢議價程序和綜合評估。供應商為中間商時，應調查其信譽、技術服務能力、資信和以往的服務物件，供應商的報價不能作為唯一決定的因素。為確保供應管道的暢通，防止意外情況的發生，應有兩家或兩家以上供應商作為後備供應商或在其間進行交互採購。

2. 採購環節

(1) 固定資產及其它零星物品的採購，由各使用部門申報，經部門負責人及分管副總簽字後統一採購。對於超過 50 萬元以上的固定資產及其它物品需公開招標方式選擇合適的供應商，最後交採購部門採購。

(2) 正常生產物資的採購，需根據技術人員提供的《採購計畫明細表》採購；採購詢價、綜合評估、會簽合同，由採購部門協調技術中心、財務及使用部門共同完成，報主管領導審批。技術中心、使用部門負責採購物品的適用性，財務部門負責預算控制、價格調查、合同付款條款的審核，採購部負責合同條款的談判、付款申請、索賠、採購文件案的建立，市場訊息的收集。同時，與供方和生產廠聯繫貨物接送的時間、方式、到貨情況、品質回饋及確認售後服務事宜。

3. 採購過程中發生變化時，要求部門出具採購變更申請，由主管領導簽字確認後交採購部執行。

4. 付款環節

(1) 採購部根據付款計畫提出申請，按申請流程交部門負責人審核簽字，後附付款明細單，交給財務部負責人審批後辦理付款手續，無論匯款還是支票要求複印存文件。

(2) 付款時必須索要發票，核對發票內容是否與合同一致，審核無誤的發票交給財務部核銷，購貨發票應隨同存貨驗收單、入庫單由經辦人、驗收人、倉庫管理員報分管副總經理審批傳財務部記賬。

5. 外購入庫環節

所有進入倉庫的物料必須按採購部門提供的採購清單核實如下專案：物料名稱、規格型號、產地、數量、價格和包裝；所有進入倉庫的物料必須由品質檢驗部門確認合格簽字後方可進入倉庫。所有進入倉庫的物料倉管應根據隨貨同行的送貨單驗收貨物，需要確認貨物是否為公司訂單所定貨物，實物貨物是否與送貨單一

致，貨物是否有損傷。驗收無誤後，倉管員錄入財務軟體的進銷存系統，經採購部負責人審核後列印《入庫單》並簽字，與送貨單隨貨同行聯一起傳遞到會計處進行二審和記賬。審核人員審核時應重點核對送貨單與入庫單數量、金額是否一致。所有台帳登記必須在次日上午十點前完成。入庫單（財務聯）應傳遞及時，因人為原因在存貨入庫後一個月內尚未傳於財務部，公司財務部對此事項將不予認可並拒絕付款，所造成的損失由經手人全權負責。

6. 產成品的發出環節

市場部人員在財務軟體的進銷存模組中錄入訂單，列明其要求和建議。倉庫管理員根據訂單生成銷售出庫單並發貨，列印銷售出庫單一式五聯。銷售出庫單隨貨同行，貨物送到客戶處後，必須取得客戶簽字確認的銷售出庫單簽收返回聯，並及時送交財務開票。倉庫進銷存賬需每月與財務存貨賬核對，如有差異必須查明原因。一旦涉及到差異調整的，須按審批許可權經由財務部批准後，方可調賬。

二、存貨的盤點

倉庫庫存的物料及成品必須定期進行盤點，倉庫盤點分小盤、中盤和大盤。

盤點報告：財務部依據盤點表編制「盤盈盤虧報告表」一式兩分，送倉庫填列差異原因及對策後返回財務。財務部匯總後上報財務負責人和總經理審批，審批後的報告表一份返倉庫留存，一份作為財務調賬的依據。盤盈盤虧的金額平時僅例入暫估科目，年終時以淨額轉入營業收入的盤點盈餘或營業外支出的盤點損失。

（五）固定資產

固定資產是指為生產商品、提供勞務、出租或經營管理而持有的，使用壽命超過一個會計年度，價值在一定標準之上的資產。有效的固定資產管理可以幫助企業掌握資產的構成與使用情況，幫助會計資訊使用者對企業業績的判斷。

主要問題表現：①固定資產的權屬問題：有些固定資產是在股東個人名下，或者根本沒有相應的產權證明資料；②固定資產存在向關聯方購買的情況，無法提供發票，或者是由稅務局代開的發票；③固定資產折舊計

提時間和金額錯誤，沒有相應計提折舊的制度和明細；④沒有建立固定資產台賬；固定資產租賃和融資租賃業務無法正確區分；⑤固定資產沒有定期盤點並與明細賬核對；⑥存在沒有在賬上反映的固定資產。

基本建議：財務部作為固定資產的主管部門應建立健全固定資產的明細帳卡，以隨時掌握固定資產的使用狀況。應負責監督配合使用單位做好設備的使用和維護，確保設備完好提高利用率，並定期組織設備的清點，保證帳、卡、物三者相符。負責固定資產的管理，搞好固定資產的分類，統一編號，建立固定資產文件案，登記賬卡，負責審批並辦理驗收、調撥、報廢、封存、啟用等事項。

根據使用部門的使用情況，組織編制設備大中型維修計畫，按期編報設備更新計畫。由於生產和研製需要，各單位購置固定資產必須提前向主管部門提出申請，報經總經理批准後，由相關部門負責購置。購買的設備進廠後，由相關單位開箱檢查和驗收，設備安裝完畢後填「設備使用單」報主管部門。主管部門根據「設備使用單」建立固定資產卡片，並通知使用單位。

當基本建設項目完工時，由基建部門辦理「基建專案完工單」，報主管部門。為了保護固定資產的安全與完整，各部門必須對固定資產進行定期清查、盤點，以掌握固定資產的實有數量，查明有無丟失、毀損或未列入帳的固定資產，保證賬實相符。此外，固定資產每年至少清查一次。

（六）無形資產

無形資產是指企業為生產商品、提供勞務、出租給他人、或為管理目的而持有或者控制的、沒有實物形態可辨認的非貨幣性長期資產。無形資產管理的強弱決定能否依靠無形資產擁有核心競爭力，能否靠無形資產獲得經濟效益。

主要問題表現：①無形資產的權屬問題，缺少相關產權證明資料，或者實際情況與權屬證明資料不一致；②無形資產的增加缺少合法的證明文件及產權轉讓手續；③存在有正在使用的無形資產，但並沒有在賬上反映；④無形資產沒有按期攤銷或者攤銷不正確；⑤無形資產以及攤銷沒有明細。

基本建議：

1. 對購入的無形資產，按實際支付的價款登記入賬；

2. 企業接受無形資產投資時，應按雙方協商確認的價值計價。

（七）在建工程

　　在建工程是指企業購入的待安裝設備及未完工的工程項目等，在未安裝或未完工之前，尚不完全具備固定資產的使用功能，不能投入使用。在建工程科目主要包括核算企業基建，更新改造資產發生的支出。

　　主要問題表現：①在建工程沒有按期結轉；②已經轉入固定資產的資產缺少決算書；③缺少在建工程方面相關的招投標書、合同協定等原始資料；④缺少在建工程明細賬。

　　基本要求：

1. 企業需要保留並能夠向審計人員提供在建工程合同，協定等相關資料；
2. 對於已達到預定可使用狀態的，要及時辦理竣工決算手續，及時進行會計處理。

（八）長期股權投資

　　長期股權投資是指通過投資取得被投資單位的股份，通常是為持有 1 年以上的（不含 1 年），以及通過股權投資達到控制被投資單位，或對被投資單位施加重大影響，或為了與被投資單位建立密切關係，以分散經營風險。此外，還包括購入的股票和其他股權投資等。

　　主要問題表現：①沒有正式投資合同；②投資款已劃出，但是沒有在賬上反映為長期股權投資。

　　基本建議：

1. 企業應保留，並能夠向審計人員提供相應的投資合同，協議、章程、有關部門的批准文件等。
2. 企業收益所採取的會計處理要符合規定。

（九）短期借款

　　短期借款是指企業為維護正常的生產經營所需的資金或為抵償某項債務而向銀行或其他金融機構等外單位借入的、還款期限在一年以下（含一年）的各種借款。

主要問題表現：①沒有借款合同；②利息沒有按期計提，並且沒有利息計提明細。

基本建議：

1. 企業應保留，並能夠向審計人員提供相應的借款合同、協定和授權批准或其他有關資料和收款憑證。

2. 對於期末未還的借款應辦理延期手續。

3. 全部利息費用應根據計息依據計入相關帳戶。

（十）應付職工薪酬

應付職工薪酬是指企業為獲得職工提供的服務而給予各種形式的報酬以及其他相關支出，包括在工資總額內的各種工資、獎金、津貼等。不論是否在當月支付，都應當通過「應付職工薪酬」科目提取核算。

主要問題表現：①帳面數與實際數不符；②工資發放單沒有領取人簽名或者是銀行轉賬憑證；③結轉成本、費用的工資與工資計提數存在差異；④企業員工名冊與工資單不一致，存在沒有簽合同的員工，或者存在不在賬上的員工。

基本建議：

1. 發放的工資單應有領款人簽字。

2. 正確計提與合理分配工資，應付職工薪酬計提數應與相關的成本、費用專案相一致。

（十一）應交稅金

企業在一定時間內取得的收入和達到的利潤，要按規定向國家繳納而未交的各項稅金。這些應交稅費按權責發生制原則預提計入有關帳戶，在尚未繳納之前形成企業的一項負債。企業應留有稅務部門確認的相關納稅申報、納稅鑑定或納稅通知等納稅資料。涉及減、免稅的，要留有稅務部門有關減、免稅的批准文件和稅務部門的會算清繳確認文件。

主要問題表現：計提應交稅金時數額不正確。

基本建議：根據企業的經濟業務的特點確定企業的稅率，認真計算各種應交稅費，確定會計期間的應繳稅額及實交稅額，以保證期末數額的正確性。

（十二）實收資本

實收資本（股本）是指企業實際收到投資者投入的資本或按照企業章程、合同、協議，接受投資者投入企業的資本。實收資本的構成比例即投資者的出資比例或股東的股權比例，是確定所有者在企業所有者權益中份額的基礎，也是企業進行利潤或股利分配的主要依據。若企業資本有變動，應留有有關部門批准增資或按法定程序報經批准減少註冊資本的資料。

主要問題表現：①企業未能提供驗資報告；②存在沒有入賬的資本，實際數與帳面數不符；③存在抽逃資本金的情況。

基本建議：

1. 投資者出資的數額和比例要與企業章程相符，要如期繳納所認繳的股本。
2. 對於資本金的變動，企業要履行相關手續並留有相關憑據。其變動原因要與董事會紀要、補充合同、協定及其它有關法律性文件中提及的實收資本增減變動原因保持一致。
3. 企業不應允許投資者在驗資後以借款不還的方式隨意抽走資本。

（十三）資本公積

資本公積是指企業投資者實際繳付的出資額超出其資本金的資本溢價和股票溢價，以及直接計入所有者權益的利得和損失等。它包括實收資本（股本）溢價、接受非現金資產捐贈準備、接受現金捐贈、股權投資準備、撥款轉入、外幣資本折算差額、關聯交易差額和其他資本公積。

企業在對資本公積核算方面一般存在問題的具體表現為缺少資本公積的計提政策。

基本建議：建立資本公積計提政策，當資本公積發生變動時需經董事會批准，要符合國家有關法律、法規、企業章程的規定並符合法定程序。

（十四）收入和成本

　　企業在收入和成本核算方面，存在問題的主要表現：①企業在對收入進行核算時沒有按照銷售貨物明細，相關的技術服務費也沒有與貨物銷售分開核算；沒有按照權責發生制原則確認收入和結轉成本；②公司自產產品發放福利，沒有視同銷售確認收入；③成本沒有在收入確認時結轉，而是在月底一次性結轉；沒有按照實際銷售數量結轉成本，存在大量估計的情況，使得成本與收入不配比；④發票數量與賬上數量不一致；⑤存在沒有發票的收入；⑥生產成本、製造費用明細不夠完整、清晰，不利於成本的核算和歸集；⑦收入和成本沒有明細賬。

　　基本建議：

1. 入入賬時間要正確，不得推遲或提前，入賬時間以達到調整當期利潤的目的。
2. 入入賬金額要真實，不得以私設「小金庫」為目的隱匿其他業務收入。
3. 業應留有銷售及採購合同。
4. 確結轉主營業務成本。庫存商品出庫單，售出商品數量與已經確認收入的銷售發票中反映的銷售數量要保持一致。

（十五）費用管理

　　在費用核算方面，企業一般存在問題的具體表現：①費用報銷不及時，存在跨期入賬現象；②業務招待費支出超出限額比例，不符合規定、缺少審批手續；③員工工資單上沒有費用報銷所登記的名字，存在沒有在賬上的員工，有白條入賬現象。

　　基本建議：費用明細項目的設置應是符合規定的核算內容與範圍。

（十六）執行新會計準則存在的問題

　　目前許多企業仍然採用舊準則，而沒有執行新準則，如仍然存在遞延資產、待攤費用等舊準則下的科目。雖然執行新準則，但是執行不徹底，存在仍然不計提資產減值準備的情況。

三、會計電算化存在的問題和建議

　　會計電算化是以電子電腦為主的當代電子技術和資訊技術應用到會計實務中的簡稱，是一個應用電子電腦實現的會計資訊系統。它實現了資料處理的自動化，使傳統的手工會計資訊系統發展演變為電算化會計資訊系統。使用會計電算化具有如下優點：①輕會計人員勞動強度，提高會計工作效率；②證會計核算品質，促進會計工作規範化；③高會計人員的專業素質，強化會計管理職能；④高會計資料處理的及時性、準確性和經濟性。目前企業存在的問題主要包括：①加成本，加重企業管理費用的負擔；②員配備不齊，企業缺乏既懂電腦又懂財務的人員，這樣對於電算化的開展有一定的阻礙。中小企業決策者在認識上仍然停留在原來的水準上，對企業財務管理的認識不到位，不能很好地支援電算化的普及。

　　關於會計電算化的具體建議：

一、會計軟體投入使用前，應做以下準備工作：

　　1. 建立會計科目體系並確定編碼，避免日後更改，造成前後期會計資訊不一致現象。

　　2. 規範各類憑證、賬簿、報表的格式和內容。

　　3. 規範有關會計核算方法和各種憑證、賬簿、報表的生成、傳遞和處理程序。

　　4. 重新核對賬目，整理手工會計資料等，以免手工帳與電子帳發生差異。

二、會計電算化後，由於會計業務處理方式的改變，引起了會計崗位設置上的變動。除了設置與手工會計各崗位相對應的職位，還應增加電算化會計崗位，專門負責管理、操作、維護電腦，以及會計軟體系統的工作。

三、實現會計電算化的企業選擇的會計軟體必須符合財政部發佈的《會計核算軟體基本功能規範》的要求，同時要符合本企業的實際工作需要，不應只重視形式。

四、財務分析存在的問題和建議

　　財務分析是檢查一個企業整體績效的一種有效的方法，可以把財務報表中的數位轉換為可以說明公司運營有利或不利之處的工具。然而，我們

在實踐中發現大多數企業對財務分析工作不夠重視，分析人員的地位不高。大多數中小企業基本不做財務分析，一部分企業只做簡單的財務分析。企業的負責人和財務主管認為本企業的所有主要財務資訊都在自己控制之下，做財務分析對企業沒有實質性的幫助。

有些企業管理層缺少對財務知識的深入學習，但往往對財務方面有控制權，使得財務分析人員缺乏話語權，其結果是使財務分析的效果大大降低或毫無意義。

基本建議：

1. 企業負責人和財務人員應對財務分析足夠重視，企業負責人不應左右財務分析者的判斷，應給以分析者一個良好的財務環境。

2. 確保財務資料的真實，能夠客觀反應企業的現狀及持續競爭能力，使之在控制系統中發揮意想不到的效果。

第七節　盡職調查中台資企業常遇見的內部控制問題

（一）企業內部各層級資訊不對稱

▲當企業初創，員工僅有十幾個人的時候，純粹的集權可能是合適的，資訊溝通也沒有障礙，彼此之間的信任度也較高。隨著企業的規模擴張，集權逐漸不能滿足企業的決策需求，需要通過層層的級別制約和制度制約，而如果制約機制不完善甚至不完整，就會導致一定程度的資訊不對稱，管理層不清楚基層的情況，而基層也不理解管理層的決策，甚至基層員工利用職位之便做出損害企業利益的事情，卻不能在第一時間被制止，從而給企業帶來或多或少的困惑和問題。

▲企業解決這個問題，需要從人力和制度兩個方面同時下手。

▲人力方面，設置中層崗位，用於指導、監督、考核基層員工，回饋基層第一線的情況給管理層，同時將管理層的方針決策傳達給第一線。例如，一些企業設立了銷售經理一職，但銷售經理的職責只在於跟進重要客戶，而沒有涉及指導、監督、考核下屬，就會造成下屬出現問題不能及時被解決、下屬與供應商勾結損害企業利益而不能及時被察覺、下屬

表現優異而不能及時被發現和提拔，所以需要企業完善銷售經理等一系列中層管理職能，使之切實起到管理層和基層的溝通和協調的紐帶。

▲制度方面，建立健全授權審批、文件案管理等制度，避免不相容崗位由一人承擔，保證決策需要兩人或以上做出，避免個人的決策失誤或故意失職。

（二）缺乏培訓體系，業務人員專業性不強

▲企業在發展階段，人力的補充往往不能跟上企業高速的增長，招聘途徑單一也造成了招聘人員的素質不能保證在同一起跑線上。然而培養人才是一個漫長的過程，企業會擔心系統培訓之後，員工會被其他企業高新挖走，所以大部分企業儘量壓縮培訓，減少培訓的前期投入。

▲首先，我們希望企業在員工入職時做好入職培訓，包含企業文化、制度、現場操作的培訓；員工正式上崗後對其進行在職培訓，包括輪崗培訓、技能培訓、市場訊息介紹等，使員工能夠切實地在工作中得到提高。

▲另一方面，我們考慮到企業因為時間和成本的限制，難以開拓系統的、多元化的培訓體系，建議企業初期可以針對員工所屬部門的特點給予部門內的統一培訓。例如，採購和銷售部門可以由資深業務員或主管總結管道查詢途徑和議價、銷售話術等，製作成文件發給下屬進行標準話術的培訓，對於基礎較差的員工可以先進行背誦，按期考核。生產和人力部門可以採用師徒制，學期結束考核學徒的作業能力，考核通過後給予師傅一定獎勵。員工完成基礎要素的培訓後，能夠以一種較為規範的狀態和方式作業，待業務熟練後，企業再根據員工的業務表現選擇性地安排深度的培訓，這樣也能儘量防止人員流失造成培訓投資的浪費。

（三）各業務流程不統一

▲大多數企業的行銷、採購、生產等業務流程缺少相互之間的資訊共用和傳遞，企業在部門間的配合上花費的時間、人力、財力的成本較大，卻依然存在部門間的相互理解不足、相互配合不足等現像，使企業不能從整體角度上達到流程、成本的最優化。

▲隨著企業業務規模的擴張，最優方案是通過完整的 ERP 系統將企業所有的業務模組銜接起來。例如，庫存在第一時間瞭解生產的年計畫和銷售的訂

單情況，做出最優庫存方案；採購部在第一時間掌握生產計畫、訂單的臨時調整、最優庫存方案，使採購環節一方面能夠更加貼近生產的需求，一方面又為企業節約了庫存成本；生產的工時、原材料消耗等資訊通過系統即時傳遞至財務，方便財務歸結成本資訊，進行成本分析，對生產提出建議和指導。ERP系統將企業的各個業務環節放到一個互通的平臺上，加快資訊溝通，減少部門配合上的不協調。

▲當然，一個初期的企業也許不能夠在業務一開始就使用ERP系統，一方面因為企業本身的業務流程還遠沒有成熟，開發系統則後期變動較大；另一方面企業實行ERP系統需要一定資金，早期的資金主要投入於生產和銷售環節。這時的企業業務資料較少、勾稽關係簡單，可以使用EXCEL表格維護資料，但要關注以下三方面：

1. 使用統一格式：一方面便於所有部門的理解和傳遞；另一方面，企業未來使用 ERP 系統時，需要將早期 EXCEL 表格維護的資料導入系統，統一格式的 EXCEL 資料更有利於資料導入，減少丟失和差錯。

2. 資料共用——但不可隨意編輯和列印：各部門均可在伺服器的共用文件夾閱讀資料文件案，基層員工下載和列印資料需申請部門主管批准；員工只能編輯本部門的文件（每個部門的文件均設立各自的編輯密碼）。

3. 定期保存，每一個週期的資料保存成獨立的文件，定時備份。統一文件命名標準。例如，2011年三月份的資料，命名為「201103」。

（四）缺少財務預算

有些企業年底並不制定銷售預算；即便製作銷售預算，大多數情況是銷售部門提出一個預計的銷售數字，人力和財務部門根據歷史年度的比例關係估算出未來年度的人員需求、費用需求和毛利水準。而財務預算的起點——銷售預算，是管理層根據歷史銷售額和規劃成長率預估的一個數位，在整個制定預算的過程中，部門員工參與度較小，甚至並不瞭解未來一年企業的業務目標。

企業財務部應該每年底（12月份）制定下一年度的財務預算，以銷售預算為起點，制定出下一年全年的採購、生產、各項費用、融資投資的預算，預估出目標利潤。財務預算對下一年的規劃起到了指導作用。在預算的指導下，出現問題或失控能夠及時得到預警。

　　首先，我們建議企業細化財務預算，例如，銷售資料應細化到每一位元客戶，至少也應是公司累計合同金額前 20 名的客戶，客戶潛在購買額度和成單率均要在銷售預算中列明，便於來年進行計畫執行程度的比對。銷售人員也能夠就名下客戶情況提出預算資料，切實參與到預算的制定中。同時，預算資料能夠與相關的業務決策相掛鈎。例如，未來一年的計畫銷量決定了計畫產量，根據計畫產量確定人力資源儲備規劃，以便在年初時候著手制定人員招聘計畫；計畫產量確定計劃採購量，可以綜合保質期、訂購量、折扣程度、庫存承受量、資金佔用成本等多方面情況，制定最優訂貨方案，節約成本，減少運輸消耗。

　　另外，預算制定之後，能夠切實地對企業的運營起到指導作用，可嘗試將預算分配到各部門，由各部門再將本部門預算細化到人頭，預算的完成情況與個人績效掛鈎。因為預算是根據企業的戰略規劃制定的，鼓勵員工按照預算作業，一定程度上保證了企業的運作始終不偏離戰略規劃的方向。

（五）採購部門職能不健全

　　許多中小型企業管理層對採購迴圈並不重視，在成立初期到發展初期都沒有設立專門的採購部門，採購工作主要由行政人員兼任，公司高層（總經理或副總經理）負責主要的生產設備或物料的採購。有些企業在發展初期考慮到業務需要設立了採購部門，但採購部門職能不健全，僅僅執行採購這一個職能。隨著企業的發展，經營的不斷擴大，採購需求也越來越多，採購部門不僅充當一個執行部門，更是有效控制採購預算，採購產品品質，管理供應商，保證按時按質按量的提供生產或銷售所需物料的一個職能部門。缺少採購部門職能將會影響生產進度進而影響銷售情況，甚至會影響到公司對客戶的信譽問題。

　　解決這個問題可以從兩個方面著手：一是建立採購部門，健全採購部門職能，二是制訂採購相關管理制度和流程。

　　採購部門應設有採購經理一名，負責制訂採購部門年度，季度，月度計畫和預算，指導採購工作的開展和採購需求的審批，大宗物品的採購，採購部門人員的績效管理等；採購專員兩名，負責對供應商的初期開發，選擇和詢價，問價，以及供應商考核，跟蹤等。採購部門職能應包括：建

立健全採購管理制度體系；採購計畫管理；供應商管理；採購價格管理；採購合同管理；採購進度控制；採購品質控制；採購成本控制；採購績效管理。

我們建議企業在建立採購部門，健全採購部門職能的前提下，逐步完善採購部門管理制度，採購部門管理制度應包括：採購計畫和預算制定，管理制度（計畫和預算制定的時間，依據），採購供應商的開發，管理制度，採購供應商績效考核制度，採購價格談判，審批制度，採購管理制度，採購部門人員績效考核制度等。

（六）採購－生產－銷售主要業務部門的銜接

很多企業將採購，生產和銷售分開管理，各個部門制定各自的計畫和預算，部門之間沒有資訊溝通，採購不瞭解生產進度和用料需求，生產不知道銷售情況，無法安排生產等。這種情況容易導致供料不足，停產待料或供過於銷，停產待銷，庫存積壓，影響資金流動等現象。

目前有些企業解決這個問題的辦法是：增加一個 PMC 部門，負責總體協調三個部門的供需。PMC 部門的職能可以分為兩個部分：生產控制和物料控制。生產控制包括制定更為詳細，符合銷售訂單的生產計畫，並隨時根據銷售變動情況和生產進度進行調整，以保證按時交貨。物料控制主要包括各種物料計畫的制定，供應商交貨跟催與控制，庫存量的預測和庫存積壓或緊缺原因的分析，並確定安全庫存量標準，保證生產所需，PMC 部門能通過掌握生產部門生產用料和倉庫的情況，在生產部門有物料需求前，將物料需求資訊及時的回饋給採購部門。保證按時供料。

另一種方法是通過設立管理採購，生產，銷售三個部門的副總經理一職，通過副總經理對三個部門的宏觀掌控和調整，解決三個部門的銜接問題。副總經理可以通過三個部門之間的資訊共用，和部門主管之間的溝通，制定三個部門的協調管理制度等方法達到銜接三個部門的目的。

通過對三個部門之間的協調管理，副總經理或 PMC 部門的調控和調節，使三個部門達成一致：在確定銷售訂單的同時，生產部門有充足的物料可以進行生產，在生產的同時，採購部門可以準確的掌握用料情況，並提前進行採購，以保證用料。在銷售訂單有變化時，生產部門和採購部門

能及時調整生產和採購計畫，保證按時交貨的前提下，降低庫存，保證資金流動。

（七）不相容崗位未分離

　　許多企業都存在不相容崗位未分離的情況。有些企業由採購專員記錄應付賬款，有些企業採購由生產部門經理兼任，還有些企業採購專員同時負責貨物的驗收工作。這些做法都違背了不相容崗位相分離的原則。不相容崗位未分離容易導致公司職員徇私舞弊，損害公司利益的事情發生。例如，採購專員記錄和管理應付賬款，財務部門沒有對應付賬款進行監管，被動執行應付賬款的確認和付款，採購對應付帳款的管理和確認發生差錯，財務無法及時發現，容易導致多付，錯付的情況發生。

　　解決這個問題的方法有：1.分離不相容崗位職責。一般情況下，單位的經濟業務活動通常可以劃分為授權，簽發，核准，執行和記錄五個步驟，如果上述的每一步都有相對獨立的人員或部門分別實施或執行，就能夠保證不相容職務的分離，從而便於內部控制作用的發揮；2.加強各崗位之間的牽制性，將重要環節設定兩人或兩人以上同時執行，並設定逐級審批的制度，最大限度防止員工與外部勾結，作出損害公司利益的事情；3.進行崗位輪換。進行崗位輪換可以有效防止採購員控制進貨管道，與供應商互相勾結，提高物料價格，忽視物料品質，增加企業採購成本等情況的發生。

（八）缺少週期性的財務報告和財務分析

▲大部分企業沒有實行定期的財務分析，實行的企業也僅是將原材料、人工、費用歸總後將資料上報管理層。儘管是那些財務部提供完整分析報告給管理層的企業，管理層也很少能夠切實地理解和使用分析報告，弱化了報告本身的指導作用：一方面，管理層對財務資料的含義理解得不足夠；另一方面，財務資料不能在實質上指導業務。

▲企業的管理層在確定企業戰略、決策市場同時，需要花費一定時間來瞭解企業現有的生產經營狀況，將其和本年預算進行對比，找出薄弱點進行改善。企業的財務部門需要每月提供各項財務報表給管理層，製作財務分析和成本分析報告，結合歷史年度、同類競爭對手的情況對比分

析，找出成本、人力、運營費用等環節的薄弱點和有效點，控制和改
進薄弱點，維護和延伸有效點，進一步提高效率。

▲同時，財務部門需要把優化生產流程、降低成本費用作為成本分析的終
極目標，密切關注成本費用發生專案的波動，針對成本控制的薄弱環節
及時提出改進方案，並與管理層和生產部門保持溝通和探討，協助生產
部門在生產運營中的實際執行。

第五章

認識美國公認會計準則與審計

第五章　認識美國公認會計準則與審計

　　中國企業不論到美國上市或是融資，成敗與否的關鍵在於財務報表是否能夠通的過美國會計師的審計，為了讓中國企業的財務人員能在美國審計師進場審計之前先行對美國的會計準則作一番瞭解，如此一來，事前的知己知彼才能在事中確保事後目標的順利成功。

　　本章節的特色在於中國的會計準則與美國的會計準則及國際會計準則各科目的比較，方便熟悉中國會計準則的財務人員一目了然，在最短時間能夠上手。其次，為了讓企業的負責人能夠時刻的瞭解企業經營的各種狀況與風險，特別作了企業主每3個月必須讓財務人員分析公司的主要財務比例與檢討，讓企業主真正能隨時掌控企業的所有情況，降低經營風險。

第一節　美國公認會計準則

會計的意義

　　會計系將某一特定企業發生之有關財務性的經濟活動，以有系統的方法，用貨幣金額予以記錄、分類、整理報導，並加以分析、解釋成為有用的資訊，以提供給財務報表使用者，釐訂各種活動的判斷與決策之依據的服務性活動。所以「會計是企業的語言」，不過其更好的解釋應為「會計是企業決策之語言」。

會計的功用

▲企業提供財務報表之目的，在供使用者在各種經濟行動方案中做決策之用，因此會計的功用有下列幾項：

▲定期報導企業之財務狀況及經營成果。

▲提供資訊協助投資人評估投資決策之參考。

▲提供資訊協助債權人評估授信決策之參考。

▲提供主管機關（財政部、證監會）監督考核之依據。

▲提供稅務機關作為課稅之依據。

▲提供管理當局釐訂經營決策之依據。

▲評估管理當局運用資源之責任及績效。

▲提供其他人士（員工、同業、供應商、消費者）作明智的決策。

▲解釋個體的財務資料。

美國會計專業性組織及名稱

　　企業對外所發佈之財務報表必須遵照一般公認會計原則編制，然而一般公認會計原則，是由會計權威的團體所發佈，並由大眾所共同遵守，並且廣泛地運用於會計事務中。下列將介紹美國會計組織，認識與瞭解這些專業性的會計組織，有助於掌握未來會計的發展。

▲美國會計師公會：美國會計師公會是一個全國性的會計師專業組織，多由會計師所組成。在過去半世紀，美國會計師公會一直是發展會計準則的主要機構，在 1938～1959 的二十年間，美國會計師公會的會計程序委員會共發佈了 51 號「會計研究公報」，對許多會計理論及實務有所建議。從 1959～1973 年，該委員會的延續組織－會計原則委員會共發表了 31 號會計師必須遵守之「意見書」。1973 年被財務會計準則委員會替換之後，美國會計師公會另行成立會計準則部，其下設有會計準則理事會，當前只針對實務上所遇到之財務報告問題發佈「問題報告」，以提醒財務會計準則委員會考慮是否發佈準則公報，若財務會計準則委員會決定對該問題不發佈任何公報，則會計準則理事會可能再發佈「立場聲明書」。

▲美國財務會計準則委員會：前面所述之會計原則委員會於 1973 年被獨立於會計師公會之外，成為由七人組成專職的財務會計準則委員會。財務會計準則委員會發佈四種公報：「財務會計觀念公報」、「財務會計準則公報」、「解釋公報」、以及「技術公報」。在新的財務準則發展中，財務會計準則委員會是民間企業中最具有影響力者。

▲美國證券交易委員會：1934 年美國通過證券交易法，規定成立證券交易委員會，作為管理公開發行公司的最高機構。該委員會擁有廣泛的權力規定會計原則、財務報表的種類及內容、及應揭露的資訊等。除了行使

其權力外，在發展會計準則方面，美國證券交易委員會採取與會計專業團體配合的政策，有時民間會計專業團體所發佈之會計原則該委員會認為與大眾利益不符者，亦加以否決；有時民間會計專業團體對於會計問題之解決反應過慢者，該委員會則逕行發佈「財務報告叢刊」，對上市公司的會計處理與財務報表加以約束。

▲美國會計學會：美國會計學會的成員主要是大學會計學教授，亦有執業會計師，及公司會計人員參加，一直積極鼓勵以理論的層面研究會計觀念、準則及原則，以及改進會計教育。最近幾年，美國會計學會的「會計評論」季刊已經報導許多會計研究方面的文獻，對會計理論之發展有重大的貢獻；「會計水準」季刊，報導甚多與會計實務有關的實務問題；以及「會計教育問題」刊物主要是發表與會計教育有關的文獻。

國際會計準則（IAS）

1. 國際會計準則之必要性
  (1) 各國之會計準則會有差異，乃因反映不同國家的社會、政治與經濟的特徵。
  (2) 跨國公司需要一致的會計準則，且一致的準則有助於不同國家企業的比較。
2. IASB 之成立。
3. 1973 年成立，以改進並縮小各國會計準則之差異為目的。
4. IAS 之展望。
  (1) 美國 SEC 允許外國公司使用。
  (2) 條件：IAS 能普遍被接受，具高品質，解釋及應用嚴謹。
  (3) IAS 是否可能替換美國之會計準則。
  (4) 優點：不同國家之企業報表可比較。
  (5) 缺點：初期 IAS 不如美國之準則完善。
  (6) 結論：美對 IASB 具重大影響力，故二者應大部份雷同。

並軌

　　國際會計準則理事會（IASB）當前的焦點是全球會計準則的並軌。為便於會計準則的並軌，IASB 委派了 7 位成員作為各國準則制定機構的官方聯繫人。有正式聯繫的國家有澳大利亞（包括新西蘭）、加拿大、法國、

德國、日本、英國和美國。由於各國的具體情況不同，因此當前各國家會計準則與國際財務報告準則間仍存在一定的差異。財政部支援國際會計協調，並通過在制定中國會計準則的過程中充分考慮國際財務報告準則而使中國會計準則向國際財務報告準則靠近。

何謂中國公認會計原則？

中華人民共和國（「中國」）公認會計原則來自若干方面，最顯著的來源是法律和財政部，而對於上市公司財務報表資訊披露而言，還有中國證券監督管理委員會（「證監會」）。

法律

《中華人民共和國會計法》（「《會計法》」）（最近一次修訂是在 2000 年 7 月 1 日生效）是中國會計領域的最高權威。它規定了所有企業有關會計核算的一般要求及責任，包括對會計核算的性質和作用的定義，以及基本原則，另外，《會計法》亦授權財政部管理會計事務和創建統一的會計制度。在 2000 年，國務院發佈了《企業財務會計報告條例》（「《財會條例》」）。《財會條例》關注財務會計及報告的事宜，如帳簿記錄、財務報表的編制及報告實務。除不對外融資的小企業外，《財會條例》適用於所有企業。

財政部

根據《會計法》的授權，財政部已發佈了適用於中國不同類型企業的各種會計制度：

▲財政部於 1993 年實施了《企業會計準則》（「基本準則」），作為中國會計的概念框架。但其中包含的很多定義和概念已被《財會條例》等後來發佈的文件修訂或更新。

▲財政部已實施了一系列中國會計準則，並對各準則發佈了單獨的實施指南。

▲財政部最近發佈了兩套詳盡的會計制度，一套現行適用於外商投資企業和股份有限公司（包括上市企業），另一套適用於外商投資金融機構和上市金融機構。

▲從 1993 年開始，財政部已制定了多個針對不同行業的會計制度，如農業、通信、交通等特定行業的會計制度，以及適用於不同類型非上市金融機構的會計制度。

中國證券監督管理委員會

中國證券監督管理委員會制定了各種上市公司資訊列報和披露的規則。這些規則一般不涉及會計確認與計量。

中國會計準則財政部一直致力於制定與國際會計準則（IAS）相一致的中國會計準則。財政部於 1997 年發佈了第 1 項準則。至今，已頒佈實施了 16 項準則，其他準則正在積極制定中。

《企業會計制度》 2001 年 1 月財政部實施了詳盡的《企業會計制度》（「《制度》」）。《制度》是財政部根據以往實施《股份有限公司會計制度》，以及之前所發佈的中國會計準則所累積的經驗而制定。

適用於股份有限公司自 2001 年 1 月 1 日起，除銀行業、保險業和其他金融業股份有限公司外（這些公司運行另一個會計制度，見下文），所有股份有限公司均應按要求運行《制度》。

當《制度》於 2001 年 1 月 1 日生效時，舊的《股份有限公司會計制度──會計科目和會計報表》便廢止了。與此同時，財政部也鼓勵除股份有限公司外的其他企業運行《制度》，但要求國有企業在運行前先獲得有關政府部門的批准。此外，如果母公司採用《制度》，該母公司應要求其子公司也採用《制度》。

適用於外商投資企業 2002 年 1 月 1 日，財政部將《制度》的適用範圍擴大到外商投資企業（同樣地，不包括銀行、保險公司和其他金融企業）。

適用於金融企業 2002 年初，財政部實施了與《制度》內容類似的《金融企業會計制度》。該制度自 2002 年 1 月 1 日起實施於所有上市和外商投資的銀行、保險公司、證券公司、租賃公司和財務公司等，並鼓勵非上市的股份制金融機構運行這一新制度。其他非上市金融機構應繼續使用舊的金融企業會計制度。

《金融企業會計制度》與一般企業的會計制度相類似，但它還包括了適用於金融機構的特殊原則，包括如何確認利息、回購協定、證券交易、保險準備、信託會計及投資基金會計等。

會計人員之素養

會計人員是專門職業人員，專攻於會計之特定領域，無論是政府機構或私人企業，都需要會計人員之服務。會計人員從事的工作，從最基本之

開立傳票、會計帳簿之記錄、報表之編制，以至會計制度之設計、會計資訊系統之創建等，種類繁多，層次不一。一個良好的會計人員除了應具備會計專業知識以外，還應具備下列各項：

▲高尚的品德：會計人員之工作結果，影響企業內部管理人員及外界人士決策的程度，遠比其他職業之影響大且深。因此會計人員不但須有豐富的學識與技能之外，更須有正確的思想及端正的品德。

▲熟練的技術：會計人員不僅須熟悉會計的理論，更要有熟練的技術，有關記錄、計算等工作須有準確性。由於市場變化迅速，會計人員唯有熟練的技術，才能及時提供會計資訊，作為決策者作決策之依據。

▲豐富的常識：會計人員不僅須具有豐碩的會計學識，仍須具備多方面的常識，如稅務、金融、法律、貿易、保險、運輸以及其他種種常識，唯有如此，會計工作才能應付自如。

▲不斷的進修：時代、科技不斷在進步，會計也因時代發展而改進與創新，會計人員應隨時注意會計理論的革新發展，不斷充實自己的學識及技術才能勝任。

▲電腦應用的能力：由於電腦科技的進步，會計人員懂得如何應用電腦軟體處理，是相當重要的能力。

會計人員之職業道德

會計猶如水——「可以載舟，亦可覆舟」，可以提供使用者作決策，也可以讓使用者作成錯誤的決策。同樣利用會計工具，卻有不同的結果，兩者的差異在會計人員是否遵守職業道德的規範，職業道德除含有平常的道德觀念之外，還包括眾多的專門業務規則，來約束會計人員的行為。訂定會計職業道德規範，除了消極避免會計人員的違法，其積極目的是以提高職業的地位，使大眾對此職業生成專業的信任。會計人員應遵守之職業道德規範，列舉比較重要有下列幾項：

▲應以公正、嚴謹及誠實的立場，秉持超然獨立之精神和公正的職業道德，善盡職業上應有的注意，來從事會計工作，以加強會計的信譽與功能。

▲應革新觀念，不斷增進技能，遵守一般公認會計原則，確實來處理會計相關事務。

▲應以崇法務實之態度，維護社會大眾及企業的利益。

　　下頁的圖表列出了現行的中國會計準則，並說明了每個準則所適用的企業類別。

	會計準則	生效日期	適用範圍
1	關聯方關係及其交易的披露	1997.1.1	上市公司
2	現金流量表（2001 年小幅修訂）	2001.1.1	所有企業
3	資產負債表日後事項	1998.1.1	上市公司
4	債務重組（2001 年大幅修訂）	2001.1.1	所有企業
5	收入	1999.1.1	上市公司
6	投資（2001 年小幅修訂）	2001.1.1	股份有限公司（2001 年 1 月 1 日前僅適用於上市公司）
7	建造合同	1999.1.1	上市公司
8	會計政策、會計估計變更和會計差錯更正（2001 年小幅修訂）	2001.1.1	所有企業（2001 年 1 月 1 日前僅適用於上市公司）
9	非貨幣性交易（2001 年大幅修訂）	2001.1.1	所有企業
10	或有事項	2000.7.1	所有企業
11	無形資產	2001.1.1	股份有限公司
12	借款費用	2001.1.1	所有企業
13	租賃	2001.1.1	所有企業
14	中期財務報告	2002.1.1	上市公司
15	存貨	2002.1.1	股份有限公司
16	固定資產	2002.1.1	股份有限公司

第二節　中國會計準則與美國會計準則及國際會計準則差異之比較

　　下表列出了中國公認會計原則（PRC GAAP）與國際財務報告準則（IFRS）和美國財務會計準則（US GAAP）間的某些差異。這些差異的重要性會因各企業經營性質、所在行業、所選會計政策的不同而有所分別。對於理解特定差異而言，必須詳細參考相關的準則和法規。

IAS	項目	US GAAP	IFRS	PRC GAAP
	選擇會計處理方法	對某些會計項目允許選擇。	對某些會計項目允許選擇。	很少選擇。
	會計年度結算日	無規定。	無規定。	必須是 12 月 31 日。
1	一套完整的財務報表	資產負債表，收益表，權益變動表，現金流量表，以及附注。	資產負債表，收益表，權益變動表，現金流量表，以及附注。	除 IFRS 所要求的報表外，還要求提供資產減值準備明細表，利潤分配表，分部報表。
1	收益表上費用的分類	按性質或功能劃分。	按性質或功能劃分。	按功能劃分。
1	要求在財務報表內單列的專案	一些。	一些。	很多。
1	以前年度的比較財務資訊	US GAAP 認為可比的資訊是值得提供的，而美國證券監督管理委員會（SEC）的規則通常要求提供三年期的比較財務資訊（資產負債表資訊為兩年）。	要求提供一年的比較財務資訊。	對財務報表有此要求，但對附注沒有。證監會要求上市公司在附注中披露特定比較資訊。
2	生產者作為存貨核算的牲畜、農林產品和礦產品	與 IFRS 類似。	如果是行業已確定的慣例，可以按可變現淨值計量。	排除于現行中國會計準則範圍之外。
2	存貨成本的計算方法	可以採用後進先出法。	禁止使用後進先出法。	可以採用後進先出法。
7	現金流量表上對收到和支付的利息的分類	必須歸類為經營活動。	可以劃歸為經營活動、投資活動或籌資活動。	支付的利息應劃歸為籌資活動。利息收入的歸類應視其性質而定。
8	非強制性的會計政策變更	通常將會計政策變更的累積影響數包括在當期財務報表淨損益中（但對於採用後進先出法、開實行業、長期合同及打算上市的公司必須重新表述）。	可以重述以前年度財務報表，也可以將累積影響計入當期淨損益。	除非不可行，否則必須重述以前年度財務報表。

8	改變現有資產的折舊方法	作為會計政策變更（累積影響數計入當期淨損益）。	會計估計的變更（未來適用法）。	會計政策的變更（重述以前年度財務報表）。
12	遞延所得稅資產的確認	確認所有遞延所得稅資產,但需要計提估價準備（除非遞延所得稅資產的實現比不實現更有可能）。	只有當所得稅利益「很可能」實現時才確認。	與 IAS 相同,但轉回期間一般以 3 年為限。
14	要求列報分部資訊的公司	只有上市公司。	只有上市公司。	上市公司和其他適用制度的公司。
16	不動產、廠場和設備（固定資產）的計量基礎	通常要求使用歷史成本。	公允價值或歷史成本。	一般要求採用歷史成本。
17	在售後租回交易中形成經營租賃的相關利得的確認	利得在租賃期內進行攤銷。	如果售價是按公允價值達成的,立即確認收益。否則,通常在租賃期內分攤。	收益在租賃期內按租金支付比例分攤。
23	與需要相當長時間才能完成的資產有關的借款費用	必須採用資本化的政策。	可以作為資產成本的一部分或計入費用。	必須作為資產成本的一部分。
23	可予資本化的借款成本的類型	通常只包括利息。	包括利息、某些輔助成本和作為利息調整的折算差額。	除房地產開發商可以將所有借款費用資本化外,只有專門借款的利息才可以資本化。
23	為建造資產而借入的資金進行臨時性投資而獲得的投資收益	一般不抵減可予資本化的借款費用。	減少符合資本化條件的借款費用。	不減少符合資本化條件的借款費用。
27	在母公司單獨財務報表上對子公司投資的核算	可以使用權益法。	可以用成本法、權益法,或作為可供出售的金融資產核算。	必須用權益法核算。

28	投資方與聯營企業（或被投資方）會計政策或報告日不同的影響	對統一會計政策沒有要求。報告日期的差異不能超過三個月，在此期間的任何重大交易必須披露。	必須統一會計政策和報告日，或者在上述做法不可行時調整重要的會計政策差異和期後交易或事項。	未有要求統一會計政策，但應披露會計政策差異。聯營企業的報告日與投資方的報告日的差異前後不可超過 3 個月。雖然會計準則並不要求調整重要的會計政策差異和期後交易或事項，但實務中經常作出此調整。
28	在投資方的單獨財務報表上對聯營企業投資的核算	可以使用權益法。	可以用成本法、權益法，或按可供出售的金融資產核算。	必須採用權益法核算。
29	惡性通貨膨脹經濟中的經營實體的財務報表調整	在惡性通貨膨脹經濟中經營的實體必須使用用母公司的功能貨幣（而不是其處於的惡性通貨膨脹經濟中的貨幣）編制其財務報表。	在折算之前使用一般物價水準指數調整。	未涉及。
31	投資方有共同控制的合營投資	通常使用權益法（建造和油氣行業除外）。	可以採用權益法或比例合併法。	比例合併法。
33	每股收益的披露	分別披露根據(1)來自持續經營活動、(2)終止經營、(3)非常項目、(4)會計政策變更的累積影響的利潤或虧損；及(5)淨利潤或虧損計算的基本和稀釋的每股收益。	分別披露根據(1)來自持續經營活動的利潤或虧損，及(2)淨利潤或虧損計算的基本和稀釋的每股收益。	對於上市公司，證監會要求披露兩種基本的每股淨利潤或淨損失數位（分別根據全年平均或年末發行在外的股份數計算）和淨資產報酬率。證監會提供了一些基本的每股收益計算指南，這些指南與 IAS 不一致。
34	中期財務報告	企業可以列報完整的或簡明的財務報表。	企業可以列報完整的或簡明的財務報表。	企業必須列報完整的財務報表（但不要求提供所有者權益變動表）。

35	終止經營	要求詳細的列報和披露。	要求詳細的列報和披露。	未涉及。
36	不能獨自生成現金流量的資產的減值	基於公允價值。	現金產出單元的概念。	未提供具體指南。
37	準備的計量	清算債務可能發生數的較低值，某些準備不需要折現。	清償債務支出的最佳估計值的折現金額。	清償債務支出的最佳估計值的非折現金額。
37	重組準備的確認	當交易或事項已經發生，至使企業不可或幾乎不可避免在將來以轉移或使用資產來償還債務時確認重組準備。	如果一個詳細的正式計畫已經宣佈或該計畫已經開始實施時確認重組準備。	未涉及（排除於或有事項準則範圍之外）。
38	研究和開發費用	費用化（一些網站開發成本和與開發內部使用軟體相關的成本除外）。	所有研究支出全部作為當期費用。開發費用如果符合特定標準則予以資本化。	所有研究和開發支出全部作為當期費用（除專利權註冊費及律師費可以資本化外）。
38	無形資產重估	通常不可以重估。	只有當某項無形資產存在活躍市場時才允許。	禁止。
40	投資性物業的計量基礎	通常要求採用歷史成本法，同時提取折舊和減值。	可以採用公允價值或歷史成本。	一般要求採用歷史成本（作為固定資產核算）。
41	生物性資產和農林產品的計量基礎	通常採用歷史成本然而，已收割的及待售的農產品和牲畜會按公允價值減銷售成本核算。	可以採用公允價值或歷史成本。	一般要求採用歷史成本（為繁殖和生產目的而持有的生物性資產作為固定資產核算）。

備註：

1.IAS（International Accounting Standards）國際會計準則。

2.IASB（International Accounting Standards Board）國際會計準則理事會。

3.IFRS（International Financial Reporting Standards）國際財務報告準則。

4.GAAP（Generally accepted accounting principles）一般公認會計原則。

第三節　如何準備美國會計師審計材料

A.企業法定文件清單（如適用）

項次	項目	承辦單位或人員
1.	企業法人營業執照（正本及副本）	
2.	政府機關的批文，證書及向政府機關的請示	
3.	公司成立合同或協議及章程	
4.	2008，2009 年度及 2010 年截至目前為止的董事會會議決議	
5.	批准證書	
6.	中華人民共和國組織機構代碼證	
7.	外商投資企業財政登記證，如有	
8.	驗資報告	
9.	審計報告，如有	
10.	公司簡介	
11.	公司架構及管理人員與結構資料	
12.	企業內部控制制度文件，如有	
13.	稅務登記證－國稅	
14.	稅務登記證－地稅	
15.	稅務局同意的稅務優惠和其他稅務安排的往來文件	
16.	投資合約，投資補充協定，如有	
17.	所有保險合同	
18.	所有工程合約及加工合同	
19.	房屋租賃合同	
20.	房產證	
21.	國有土地使用權證	

B.財務報表，明細表及相關資料

B.1 財務報表

1.	2008，2009 及 2010 年度的財務報表，帳本（總帳與明細分類帳）及憑證	

B.2 損益表（截至 2009 年及 2010 年 12 月 31 日止的每一年度）

1.	i) 銷售收入及成本明細表，包括外銷及內銷 ii) 所有關於營業期之銷售和購貨合同，發票，單據憑證	
2.	其他業務利潤明細表，包括性質及內容	
3.	工資明細表（包括國內員工退休供款計畫文件和雇主及雇員供款明細表）	
4.	管理費用（包括開辦費攤銷，呆壞帳撥備和待攤費用攤銷，租金支出，呆壞存貨撥備）明細表	
5.	營業費用明細表	
6.	銷售費用（包括傭金支出）明細表	
7.	財務費用（包括利息支出）明細表	
8.	營業外收入／支出明細表	
9.	所有與關連公司的關聯交易明細表，包括與其他地區分公司之交易及結餘	

B.3 資產負債表（於 2008，2009 及 2010 年 12 月 31 日）

1.	固定資產清冊／明細表，包括購置日期，成本，累計折舊及折舊率購置固定資產的合同及／或發票（包括已入帳的項目和截至目前為止已簽約的合同）	
2.	在建工程明細表，包括開工日期，累計成本，工程進度，預計完工日期及總成本	
3.	無形資產及遞延資產明細表，包括性質，原始金額，累計攤銷及攤銷年期	
4.	i) 銀行存款及現金明細表 ii) 銀行存款對帳單及餘額調節表	
5.	i) 存貨明細表，按原材料，半成品（如有），成品分類列示（包括各種的數量，規格，金額）及帳齡分析 ii) 2010 年 12 月 31 日後的產成品銷售記錄 iii) 存貨倒推文件（包括但不限於出入庫單，購銷貨發票及倉庫台帳，盤點記錄（如有）及財務帳與倉庫台帳對帳記錄）	
6.	i) 應收帳款明細表，帳齡分析及有關餘額於 2010 年 12 月 31 日後（截至最近）的還款情況 ii) 呆壞帳準備明細表及其基準	
7.	其他應收帳款／預付帳款明細表，帳齡分析及有關餘額於 2010 年 12 月 31 日後（截至最近）的還款情況	

8.	應付帳款／其他應付帳款（包括應付工資，應付福利費及其它應付款）／預提費用明細表	
9.	預收帳款／其他按金明細表及證明文件	
10.	i) 應付稅金明細表，如銷售稅，增值稅，所得稅等 ii) 納稅申報表（增值稅，營業稅及所得稅）及有關的完稅證	
11.	未付利潤明細表	
12.	董事或關聯／內部公司往來明細表，包括金額，利率，到期日等，如有	

C.其他準備事項

	庫存盤點	
	固定資產盤點	
	銀行存款，貸款餘額函證	
	應收，其他應收，應付及其它應付函證	
	存放於第三者存貨函證	

第四節　主要財務比率分析與檢討

　　財務報表包含四個部分：損益表、資產負債表、現金流量表及股東權益表，在準備上市前，企業主可利用四大表件的科目諸元，依據計算公式進行企業現階段「財務診斷」，無者嘉勉、有者改進。

　　根據臺灣中小企業信用保證基金統計，臺灣中小企業經營失敗有五大原因，分別為負債太多，財務調度失敗、生產管理不當、訂貨、銷貨減少、受他人（客戶及作保）拖累及擴張過速、投資過多。因此，企業主若能善於利用財務報表之三大功能，即顯示企業獲利能力、顯示企業經營效率及顯示企業競爭潛力，隨時檢討問題所在，必能披靡同業，立於不敗之地。

　　企業計畫到美國證券市場上市，必須檢視自身體質及主要財務比率是否達到一般投資人可接受之比率；本章節將幫助企業主深入財報黑洞，一窺每一個財報數據代表之意義。

流動性比率

項目	計算公式	可接受之比率	評比重點
Liquidity 流動性——檢視企業償債能力			
流動比率	流動資產／流動負債	2～4.2	瞭解企業所擁有之流動資產（如股票、約當現金等）是否足以償還短期負債。 一般而言、流動比率可接受之比率為 2～4.2 之間，高於標準有優點也有缺點，優點為手上流動資產多，償債能力強，缺點是流動資產過多，沒有被有效利用；低於標準則有三種可能：(1)公司沒有足夠現金償還貨款，須賒欠。(2)經常拖延繳付各種支出，包括貸款、勞健保、水電費等。(3)無法按期償還短期負債，進而必須負擔更高之延遲利息。 企業流動資產過多的另一個原因，是企業擁有太多被套牢之股票、債券等，如遇緊急資金缺口，勢必賠錢賣出造成虧損。
速動比率	（流動資產－存貨）／流動負債	1～2.1	瞭解企業所擁有之速動資產（如現金、存款等）是否足以償還短期負債。 一般而言、速動比率可接受之比率為 1～2.1 之間，高於標準有優點也有缺點，優點為公司有較多現金或存款，償債能力較強，但壞處是現金和存款沒有被有效利用；低於標準則有三種可能：(1)公司沒有足夠現金償還貨款，須賒欠。(2)經常拖延繳付各種支出，包括貸款、勞健保、水電費等。(3)無法按期償還短期負債，進而必須負擔更高之延遲利息。 經濟景氣好時，出清存貨較無困難，因此速動比率較不重要，但在景氣低迷時，存貨出售較為困難，因此，速動比率之資料常被用來衡量償債能力之高低。
現金周轉率	營業收入／（流動資產－流動負債）	5	瞭解企業每天有多少可運用資金，是否足以支付員工薪資和償還債務。 一般而言、現金周轉率可接受之比率為 5，高於標準可能有下列情形：(1)公司沒有足夠現金償還貨款，須賒欠。(2)經常拖延繳付各種支出，包括貸款、勞健保、水電費等；低於標準有優點也有缺點，優點為公司可運用之資金充裕，償債能力佳，但壞處是流動資產過多，沒有被有效利用。 通常流動比率較低之企業，現金周轉率較高。

資產管理

項目	計算公式	可接受之比率	評比重點
Asset MGT 資產管理──檢視企業經營效率			
存貨周轉率	營業成本／存貨	6～9	瞭解企業產品銷售速度，進而從中得知經營者用心程度。存貨周轉率沒有特定標準，會因行業、企業大小、營業收入規模、企業成立時間長短而不同，一般而言，可接受之比率為6～9之間。高於標準有優點也有缺點，優點為經營者存貨管理得宜，公司可節省囤積存貨空間、避免存貨因意外所帶來之損失；缺點是進貨量可能過於保守，可能出現顧客上門買不到貨品情形。低於標準則有四種可能：(1)企業有過多存貨，甚至有可能包括過多之陳舊存貨。(2)企業發太多資金生產或購買商品，資金利用效能不彰。(3)資金用於存貨，影響短期償債能力。(4)經營者對於市場需求判斷錯誤。存貨周轉率是貨品銷售速度之指標，周轉率越高，表示商品銷售快速，反之則需檢討產量、進貨量、存貨管理及市場判斷是否得宜。
銷售流動天數	應收帳款／（年銷售額／360）	36～45	瞭解企業應收帳款變現能力，進而從中得知各部門之經營效率。銷售流動天數沒有特定標準，會因行業、企業大小、營業收入規模、企業成立時間長短而不同，一般而言，在臺灣可接受之標準為 36～45 天之間，是否得當，仍須和同類型企業比較。高於標準可能因公司收帳效率佳、產品搶手，使得公司有較多之資金在手上，避免壞帳帶來之損失。低於標準有五種可能：(1)企業收款效率不彰。(2)企業產品良率低，產品功能穩定性不佳，有維修及退貨困擾。(3)資金滯留在外，無法靈活運用。(4)影響短期償債能力。(5)壞帳風險提高。企業亦應注意，若銷售流動天數長期偏低，顯示客戶財務狀況可能不佳，壞帳風險極高經營者應特別留意。
固定資產周轉率	營業收入／固定資產淨額	3	瞭解企業利用固定資產創造銷售的能力，進而從中得知企業經營效率之高低。固定資產周轉率沒有特定標準，會因行業、企業大小、營業收入規模、企業成立時間長短而不同，一般而言，可接受之標準為 3 倍，是否適當，仍須和同類型企業比較。高於標準表示經營者利用少量資產創造超額收入。低於標準有下列三種可能：(1)企業之廠房設備沒有被充分利用。(2)營業狀況不理想。(3)對於市場需要判斷錯誤，廠房設備購置過多。

| 總資產周轉率 | 營業收入／總資產 | 1.5 | 瞭解企業利用資產創造銷售的能力，進而從中得知企業有否嚴重之經營瑕疵。總資產周轉率沒有特定標準，會因行業、企業大小、營業收入規模、企業成立時間長短而不同，一般而言，可接受之標準為 1.5 倍，是否適當，仍須和同類型企業比較，例如服務業通常需要之固定資產較少，製造業則相反。高於標準表示經營者利用少量資產創造超額收入。低於標準有下列三種可能：(1)企業資產沒有被充分利用。(2)營業狀況不理想。(3)對於市場需要判斷錯誤，過度擴充。 |

負債管理

項目	計算公式	可接受之比率	評比重點
Debt MGT 負債管理──檢視企業經營風險			
負債總額對資產總額	負債總額／資產總額	40%	本資料，包括短期與長期負債，主要目的在於衡量公司由債權人所提供的資金之於資產的百分比。就債權人立場而言，在考慮公司的償付能力時，越低的負債比等於越大的保障。但就公司立場而言，則可因適當的財務槓桿的利用而擴大收益。假設某產業的負債與資產比例為 40%左右，而在該產業的某公司為 50%以上時，其財務槓桿之運用相對過高，經營者若欲進一步向債權人借貸通常有極大的困難。經營者須知過度的運用財務槓桿將使公司支付大筆的利息費用。若盈餘利潤小於需支付的本s金與利息時，在資金調度方面絕對會產生捉襟見肘之現象。企業在面臨此情況，若為維護債信能力，避免債權人的付諸於法律行動的追討時，勢必四處張羅因應，尋找或可融通的民間高利率金融單位，如地下錢莊等，更加速債務的惡性循環，引發極高的破產風險。
利息賺得倍數	息前稅前盈餘／利息費用	6	本資料衡量公司息前稅前盈餘相對於其所需支付之利息費用的安全空間，倍數越高則安全空間越大，償付利息的能力就越佳，再行更多借貸的信用度也就越好。反之，息前稅前盈餘越低，則顯示安全空間與可信度越低。這是債權人是否願意再提供資金的重要考慮因素之一。
固定費用涵蓋	（息前稅前盈餘＋租賃租金）／〔（利息費用＋租賃租金）＋（償債基金／1－稅率）〕	5.5	固定費用之涵蓋類似前項利息賺得倍數，但涵蓋較廣，除了利息之外，還包括了長期租賃之年度費用及償債基金。企業的利息與租金系在稅前支付，而償債基金則是在稅後支付。償債基金，英文名稱為 Sinking fund，系企業每年需支付特別股或債券的固定費用。臺灣未上市公司因絕少發行特別股或其他債券，本資料較不適用。

獲利能力

項目	計算公式	可接受之比率	評比重點
Profitability 獲利能力──檢視企業獲利能力			
營業毛利率	（營業毛利／營業收入）× 100%	（無標準）	瞭解經營者對直接生產成本之控制是否得宜，進而從中得知企業是否具有價格競爭優勢。營業毛利率沒有特定標準，會因行業、企業大小、營業收入規模、企業成立時間長短而不同，必須和同類型企業比較。高於標準表示企業經營利潤高，成本控制得宜，具價格競爭優勢，尚有降價空間。低於標準有下列三種可能：(1)成本太高，生產過程效率不佳。(2)銷售量未達經濟規模，一般而言，新創公司常有此情形。(3)售價太低。
營業利益率	（營業利益／營業收入）× 100%	（無標準）	瞭解經營者對整體成本和費用之控制是否得宜，進而從中得知企業是否具有市場競爭優勢。營業利益率沒有特定標準，會因行業、企業大小、營業收入規模、企業成立時間長短而不同，必須和同類型企業比較。高於標準表示企業經營利潤高，成本和費用控制得宜，具市場競爭優勢。低於標準有下列二種可能：(1)支出成本或費用太高，經營沒有效率。(2)銷售量未達經濟規模。一般而言，營業利益率越高，表示經營者對於成本和費用之控制能力越強，反之則否。
純益率	｛稅前淨利／（營業收入＋營業外收入）｝× 100%	（無標準）	瞭解企業獲利能力，進而從中得知企業是否具有投資價值。純益率沒有特定標準，會因行業、企業大小、營業收入規模、企業成立時間長短而不同，必須和同類型企業比較。高於標準表示企業經營利潤高，獲得能力強，具競爭優勢。低於標準可能之原因為經營不善或外行領導內行。純益率最主要之功能，就是讓經營者知道在繳稅前，每一筆的收入中，有多少可以落袋為安。比率越高，表示企業之整體獲利能力越強。
股東權益率	（稅前淨利／股東權益合計）× 100%	15%	瞭解經營者是否善用投資者資金，進而從中得知股東分紅配息之機會。一般而言，可接受之股東權益率之標準為15%左右。高於標準表示企業經營效率佳、獲得能力強，股東可分配到的股利也較多。低於標準有下列三種可能：(1)經營沒有效率。(2)經營過度保守。(3)外行領導內行。投資人或原始股東要不要投資或要不要繼續投資，必須看股東權益率的高低，正常看法，股東權益率在 15%左右即可投資。

項目	計算公式	可接受之比率	評比重點
資產報酬率	（稅前淨利／資產總額）×100%	（無標準）	瞭解經營者是否善用資產，進而從中得知企業使用資產之效率。資產報酬率沒有特定標準，會因行業、企業大小、營業收入規模、企業成立時間長短而不同，必須和同類型企業比較。高於標準表示企業資產利用率佳。低於標準有下二種可能：(1)資產利用沒有效率。(2)銷售量未達經濟規模。為了生產和銷售，大部分企業都必須增購資產，如廠房、機器設備及辦公傢俱等，資產報酬率越高，表示資產運用效率佳，反之則否。

市場價值

項目	計算公式	可接受之比率	評比重點
Market Value 市場價值——檢視企業市場價值			
本益比	每股股價／每股盈餘	12.5	本益比係公司過去獲利能力的表現與未來的預期；代表投資人願意花多少的資金以換取公司每一元的獲利。具有成長預期的企業，其本益比通常也較高，而風險高的企業則相對比較低。如果某公司的本益比低於其產業之平均值，可能表示較差的成長未來並面臨較高的風險。
市價／帳面價值	每股市價／每股帳面價值	1.7	瞭解市場對公司未來發展性的預期。資產與股東權益報酬率高的公司的股票市價通常可高於其帳面價值數倍甚至於數十倍。反之，則有可能產生公司股票市價僅高於帳面價值得 0.5 倍或更低，代表其悲觀的前景。

發展潛力

項目	計算公式	可接受之比率	評比重點
發展潛力——檢視企業成長潛力			
營收成長率	〔（去年營業收入－前年營業收入）／前年營業收入〕×100%	15%	瞭解企業之業務是否蒸蒸日上？以及營業收入增加之速度。一般而言，營收成長率可接受之比率為 15% 以上較為理想，越高代表公司有很好之發展潛力；若低於標準或出現負數，表示經營能力需要檢討。分析營收成長率必須注意：(1)若是成長率忽高忽低，表示企業體質並不健全，若是成長率太高，亦須注意企業是否過度擴張。(2)通常企業越小，越有可能出現高成長率，隨著規模增加，成長率也會減緩。

項目	計算公式	可接受比率	說明
淨利成長率	〔（去年稅前淨利－前年稅前淨利）／前年稅前淨利〕×100%	15%	瞭解企業之獲利是否逐年上升？以及稅前淨利成長之概況。一般而言，淨利成長率可接受之比率為15%以上較為理想，越高代表公司有很好之發展潛力；若低於標準或出現負數，表示經營能力需要檢討。分析營收成長率必須注意，營收成長率高，未必表示淨利成長率一定高，因為(1)營業收入之成長可能來自降價求售。(2)成本成長過高。(3)經營無效率，費用過高。
總資產成長率	〔（去年資產總額－前年資產總額）／前年資產總額〕×100%	（無標準）	瞭解企業擴充之速度是否恰當？一般而言，總資產成長率越高越好，最好能穩定成長，若連續數年皆出現高成長，表示企業成長潛力佳；若連續數年無成長或出現負數，表示經營能力需要檢討。分析總資產成長率時須注意：(1)企業剛成立或規模較小時，容易出現高成長率，隨著企業規模擴大，成長率會相對減緩，並不代表經營不善；(2)若總資產成長系自存貨增加，則未必是好事。
股東權益成長率	〔（去年股東權益－前年股東權益）／前年股東權益〕×100%	（越高越好，最好能穩定成長）	瞭解企業為股東創造利潤的能力是否有提升？以及瞭解股東獲利是否增加。一般而言，股東權益成長率越高越好，最好能穩定成長，若連續數年皆出現高成長，表示企業成長潛力佳；若連續數年無成長或出現負數，表示經營能力需要檢討。分析股東權益成長率時須注意：企業剛成立或規模較小時，容易出現高成長率，隨著企業規模擴大，成長率會相對減緩，並不代表經營不善。

實例

一、流動性比率

liquidity 流動性——檢驗企業償債能力			
項目	計算公式	可接受比率	企業實際比率
流動比率	流動資產／流動負債	2～4.2	22.863137
速動比率	（流動資產－存貨）／流動負債	1～2.1	22.0429
現金周轉率	營業收入／（流動資產－流動負債）	5	0.86

1. 流動比率：瞭解企業所有擁有的流動資產（如股票、准現金等）是否足以償還短期負債。
2. 此公司流動比率遠遠高於可接受標準。其優點是手上的流動資產多，償債能力強，缺點是流動資產過多，沒有被有效利用。
3. 速動比率：瞭解企業所擁有的速動資產（如現金、存款等）是否足以償還短期負債。
4. 本公司速動比率也遠遠高與可接受標準。其優點為公司有較多現金和存款，償債能力強，缺點是現金或存款沒有被有效利用。速動比率的資料常被用來衡量償債能力的高低。本企業償債能力很高。

5. 現金周轉率：瞭解企業每天有多少可運用資金，是否足以支付員工薪資和償還債務。

6. 一般而言，現金周轉率可接受的比率是 5，低於標準有優點也有缺點。優點為公司可運用的資金充裕，償付能力強，壞處是流動資產過多，沒有被有效利用。

7. 通過上述流動性比率分析可以看出企業擁有大量流動資產，償付能力強，但這些流動資產沒有得到有效的利用。

二、資產管理

Asset MGT 資產管理──檢視企業經營效率			
項目	計算公式	可接受比率	企業實際比率
存貨周轉率	營業成本／存貨	6～9	14.15
銷售流動天數	應收賬款／（年銷售額／360）	36～45	103.94
固定資產周轉率	營業收入／固定資產淨額	3	1.33
總資產周轉率	營業收入／總資產	1.5	0.42

1. 存貨周轉率：瞭解企業產品銷售速度，進而從中得知經營者敬業程度。

2. 存貨周轉率沒有特定標準，會因行業、企業大小、營業收入規模、成立時間長短而不同，一般而言，可接受比率為 6～9 之間。本企業高於標準，優點為經營者存貨管理得宜，公司可節省囤積存貨空間、避免存貨因意外所帶來的損失；缺點是進貨量可能過於保守，可能出現顧客上門買不到貨物的情形。存貨周轉率是貨品銷售速度的指標，周轉率越高，表示商品銷售快速。

3. 銷售流動天數：瞭解企業應收賬款變現能力，進而從中得知各部門的經營效率。

4. 銷售流動天數，一般而言可接受的標準為 36～45 天之間。高於標準可能因公司收賬效率佳、產品搶手，使得公司有較多的資金在手上，避免壞賬帶來的損失。

5. 固定資產周轉率：瞭解企業利用固定資產創造銷售的能力，進而從中得知企業經營效率的高低。

6. 一般而言，可接受標準為 3 倍，是否恰當，須和同類型企業比較。本企業固定資產周轉率為 1.33，低於標準，原因有以下三種可能：（1）企業的廠房設備沒有被充分利用；（2）營業狀況不理想；（3）對於市場需要判斷錯誤，廠房設備購置過多。

7. 總資產周轉率：瞭解企業利用資產創造銷售的能力，進而從中得知企業有無嚴重的經營缺陷。

8. 一般而言，可接受的標準為 1.5 倍，是否恰當須和同類型企業比較，如服務業通常需要的固定資產較少，製造業則相反。本企業低於標準，有下列三種可能：（1）企業資產沒有被充分利用；（2）營業狀況不理想；（3）對於市場需要判斷錯誤，過度擴張。

三、負債管理

Debt MGT 負債管理——檢驗企業經營風險			
項目	計算公式	可接受比率	企業實際比率
負債總額對資產總額	負債總額／資產總額	40%	2.80%
利息盈餘倍數	息前稅前盈餘／利息費用	6	893.02
固定費用涵蓋	（息前稅前盈餘＋租賃租金）／〔（利息費用＋租賃租金）＋（償債基金／1－稅率）〕	5.5	

1. 負債總額對資產總額：本資料包括短期與長期負債，主要目的在於衡量公司有債權人所提供的資金占資產的百分比。就債權人而言，在考慮公司的償債能力時，越低的負債比等於越大的保障。但就公司而言，則可因適當的財務槓桿的利用而擴大收益。

2. 本公司此比率偏低，償債能力強，可進一步運用財務槓桿擴大收益。

3. 利息盈餘倍數：本資料衡量公司息前稅前盈餘相對於其所需支付的利息費用的安全空間，倍數越高則安全空間越大，償付利息的能力就越強，再更多借貸的信用度也就越好。

四、獲利能力

Profitability 獲利能力——檢驗企業獲利能力			
項目	計算公式	可接受比率	企業實際比率
營業毛利率	（營業毛利／營業收入）×100%	（無標準）	37.94%
營業利益率	（營業利潤／營業收入）×100%	（無標準）	24.42%
淨利潤	〔稅前淨利／（營業收入＋營業外收入）〕×100%	（無標準）	24.01%
股東權益率	（稅前淨利／股東權益合計）×100%	15%	10.51%
資產報酬率	（稅前淨利／資產總額）×100%	（無標準）	10.22%

1. 營業毛利率：瞭解經營者對直接生產成本的控制是否得當，進而從中得知企業是否具有價格競爭優勢。

2. 營業毛利率沒有特定標準，會因行業、企業大小、營業收入規模、企業成立時間長短而不同，必須和同類型企業比較。高於標準表示企業經營利潤高，成本控制得當，具價格競爭優勢，尚有降價空間。

3. 營業利益率：瞭解企業獲利能力，進而從中得知企業是否具有市場競爭優勢。

4. 本企業高於此標準，表示企業經營利潤率高，成本和費用控制得當，具有市場競爭優勢。一般而言，營業利潤率越高，表示經營者對於成本和費用的控制能力越強。

5. 淨利潤：瞭解企業獲利能力，進而從中得知企業是否具有投資價值。

6. 高於標準表示企業經營利潤高，獲利能力強，具有競爭優勢。淨利潤率最主要的功能，是讓經營者知道在繳稅前，每一筆的收入中，有多少可以落袋為安。比率越高，表示企業的整體獲利能力越強。

7. 股東權益率：瞭解經營者是否善用投資者資金，進而從中得知股東分紅配息的機會。

8. 一般而言，可接受的股東權益率的標準為15%左右。本企業低於此標準，有下列三種可能：(1) 經營沒有效率；(2) 經營過度保守；(3) 外行領導內行。

9. 投資人或原始股東要不要投資或要不要繼續投資，必須看股東權益率的高低，正常看法，股東權益率在15%左右即可投資。

10. 資產報酬率：瞭解經營者是否善用資產，進而從中得知企業使用資產的效率。

11. 無特定標準，高於標準表示企業資產利用率高。低於標準有下列兩種可能：(1) 資產利用沒有效率；(2) 銷售量未達經濟規模。資產報酬率越高，表示資產運用效率高，反之則差。

　　以上獲利能力分析，說明企業成本控制得當，具有市場競爭優勢，但資產沒有有效利用。

五、市場價值

Market Value 市場價值——檢驗企業市場價值			
項目	計算公式	可接受比率	企業實際比率
市盈率	每股股價／每股盈餘	12.5	26.035
市價／帳面價值	每股市價／每股帳面價值	1.7	7.0372

1. 市盈率：是公司過去獲利能力的表現與未來的預期，代表投資人願意花多少的資金以換取公司每1元的獲利。具高增長預期的企業，其市盈率通常也較高，而風險高的企業則相對較低。

2. 市價／帳面價值：瞭解市場對公司未來發展性的預測。

3. 資產與股東權益報酬率高的公司，股票市價通常可高於其帳面價值數倍甚至數十倍。股票市價僅高於帳面價值的0.5倍或更低，代表其悲觀的前景。

六、發展潛力

發展潛力——檢驗企業增長潛力			
項目	計算公式	可接受比率	企業實際比率
營業收入增長率	〔（去年營業收入－前年營業收入）／前年營業收入〕×100%	15%	7.58%
淨利潤增長率	〔（去年稅前淨利－前年稅前淨利）／前年稅前淨利〕×100%	15%	29.89%
總資產增長率	〔（去年資產總額－前年資產總額）／前年資產總額〕×100%	（無標準）	76.34%
股東權益增長率	〔（去年股東權益－前年股東權益）／前年股東權益〕×100%	（越高越好，最好能穩定增長）	89.73%

1. 營業收入增長率：瞭解企業的業務是否蒸蒸日上，以及營業收入增加的速度。
2. 一般而言，營業收入增長率可接受比率為15%以上較為理想，越高代表公司有很好的發展潛力；若低於標準表示經營能力需要反思。
3. 淨利潤增長率：瞭解企業的獲利是否逐年上升，以及稅前淨利增長的概況。
4. 本公司高於標準，說明公司有很好的發展潛力。
5. 總資產增長率：瞭解企業擴充的速度是否恰當。
6. 一般而言，總資產增長率越高越好，最好能穩定增長，若連續數年出現高增長，表示企業增長潛力大。
7. 股東權益增長率：瞭解企業為股東創造利潤的能力是否有提升，以及瞭解感動獲利是否增加。
8. 一般而言，股東權益增長率越高越好，最好能穩定增長，若連續數年皆出現高增長，表示企業增長潛力大。

第五節　美國二十大審計師事務所

　　有鑒於美國出台金融監管革新法案後，赴美上市的中國中、小企業本已面臨空頭輪番的襲擊和美國證券交易委員會嚴格審查的雙重壓力，如今又傳出美國投資人對中國企業因為帳務問題的集體訴訟，讓中國企業美國之行更是雪上加霜；因此，選擇具有PCAOB（上市公司會計監督委員會）資質及具有社會形象與信任度的審計師事務所，是避免集體訴訟唯一的解決方法。

本節中，特別介紹美國前二十大審計師事務所給讀者參考及利用。

美國二十強會計師事務所排行榜（按 2010 收入排名 1-20 位）

第一大審計師事務所：德勤會計師事務所
公司名稱：Deloitte&Touche
總部所在地：紐約
首席執行官：Barry Salzberg
規模：共有 102 家商業分支機構；合夥人：2,968；專業雇員：30,637；雇員總數：42,367
網址：http://www.deloitte.com

公司概況：

　　德勤會計師事務所（Deloitte & Touche）成立於 1868 年，是世界著名四大會計師事務所之一，亦是德勤全球（Deloitte Touche Tohmatsu）在美國的分支機構。公司的諮詢部門德勤諮詢（Deloitte Consulting）在全美有 2,900 名員工，是業內最大的公司之一。其特長在於國際商務，這無疑完善了母公司的業務範圍。2010 年德勤榮登美國百強會計師事務所排行榜榜首。

　　德勤會計師事務所一貫強調維護與客戶之間的長期業務關係，其 75% 以上的業務均來自於老客戶。作為美國一家品牌的專業服務公司，其下屬公司在美國多達 80 個城市提供審計、稅務規劃、諮詢和財務顧問業務。

　　面對日趨嚴峻挑戰和充滿商機的市場，德勤致力於向客戶提供各種具有指導性的資訊，使客戶能夠及時掌握那些影響企業的最重大問題。不管您的企業是剛剛起步，還是正在成長為全球的領袖公司，德勤都會在您的企業不斷發展的過程中發揮重大的作用。

　　早在 1917 年，德勤就認識到中國是一個充滿商機的國家，在上海成立了辦事處，成為首家在這個動感及繁榮的大城市開設分支機構的外國會計師事務所。1983 年 10 月在北京設立了第一家常駐代表機構。1992 年 12 月德勤與上海會計師事務所在上海合作開辦了中外合作會計師事務所—滬江德勤會計師事務所，並於 1998 年 6 月在北京設立了北京分所。

業務範圍：

　　審計、稅務諮詢、企業風險服務、財務諮詢以及兼併和收購等業務。

經營業績：

　　根據 2010 年 5 月的財年報告，德勤的總收入為 107.22 億美元。按業務劃分：審計簽證為 39.671 億美元，占 37%；稅務服務為 25.733 億美元，占 24%；治理諮詢為 36.455 億美元，占 34%；其他為 5.36 億美元，占 5%。

第二大審計師事務所：安永會計師事務所

公司名稱：Ernst & Young

總部所在地：紐約

首席執行官：James Turley

規模：共有 80 家商業分支機構；合夥人：2,500；專業雇員：17,500；雇員總數：25,600

網址：http://www.ey.com

公司概況：

　　安永會計師事務所（Ernst & Young）是全美第二大會計師事務所，亦是世界著名的四大會計師事務所之一。安永發展至今已有 100 多年的歷史，在保險、稅務、交易、諮詢服務和市場戰略發展方面始終處於世界領先地位。2010 年安永榮登美國百強會計師事務所排行榜，名列第二。

　　安永利用全球的人才網路，為客戶調動其具備多種適當資歷的專業人員組成的服務團隊，協助客戶找出處於萌芽狀況的惡化的潛在問題。安永擁有服務全球 14 個主要行業的經驗，可為客戶的特殊需求提供專業服務。

　　目前安永在全球 140 個國家擁有辦事機構 700 個，員工 141,000 名。安永亞太區域業務整合更加突顯了其在中國市場的地位。今天，安永在其上海分所的新辦公地上海環球金融中心宣佈安永亞太區域戰略佈局。在經濟復蘇時期，全球資本從西方轉向東方，中國成為經濟復蘇轉折的中心點，安永將繼續之前每年 1 億美元的投資額投資中國地區，並考慮會有更多資金流向中國。

業務範圍：

　　審計與簽證，稅務及財務交易諮詢等服務。

經營業績

　　根據 2010 年 6 月的財年報告，安永的總收入為 76.20 億美元。按業務劃分：審計簽證為 31.242 億美元，占 41%；稅務服務為 25.146 億美元，占 33%；治理諮詢為 17.526 億美元，占 23%；其他為 2.286 億美元，占 3%。

第三大審計師事務所：普華永道會計師事務所

公司名稱：Price Waterhouse Coopers

總部所在地：紐約

首席執行官：Robert Moritz

規模：共有 76 家商業分支機構；合夥人：2,235；專業雇員：22,729；雇員總數：31,681

網址：http://www.pwc.com

公司概況：

　　普華永道會計師事務所（Price Waterhouse Coopers）是由兩家大型會計師事務所普華（Price Waterhouse）和永道（Coopers&Lybrand）於 1998 年合併而成，這兩家事務所的歷史都可以追溯到 19 世紀。普華永道現與畢馬威（KPMG）、安永（Ernst&Young）和德勤（Deloitte Touche）齊名，合稱為國際四大會計師事務所。普華永道利用其所具備的淵博知識與豐富經驗，以最高的職業道德為客戶提供高品質的專業服務。2010 年普華永道榮登美國百強會計師事務所排行榜前三名。

　　普華永道是家合夥企業，其法律結構與公司企業的結構差異很大。普華永道事實上是一些成員公司的集合，它們按照各自的許可權自主運行。這些成員公司的高級合夥人是董事會的成員，並由一家在英國註冊的總公司普華永道國際有限公司（Price Waterhouse Coopers International Limited）負責協調。

　　普華永道現為 PricewaterhouseCoopers 國際網路成員公司，在全球 154 個國家和地區擁有超過 160,000 人的專業團隊，利用其現代化的全球網路對 22 個行業進行專業研究，為客戶開拓新視野並提供實用性的解決方案，不斷為客戶及股東提升價值。普華永道針對特殊用戶制定的解決方案能夠使企業在美國市場以及其地區贏得商機。普華永道的客戶中 25%為大型企業，30%為中型企業，45%為小客戶、私人企業、非營利組織和公共機構。

業務範圍：

　　保險及企業諮詢服務、稅務諮詢服務、商業程序外包、財務諮詢服務、全球人力資源等。

經營業績：

　　根據 2010 年 6 月的財年報告，普華永道的總收入為 73.6944。按業務劃分：審計簽證為 39.795 億美元，占 54%；稅務服務為 22.845 億美元，占 31%；其他為 11.054 億美元，占 15%。

第四大審計師事務所：畢馬威會計師事務所

公司名稱：KPMG

總部所在地：紐約

首席執行官：Timothy Flynn

規模：共有 88 家商業分支機構；合夥人：1,847；專業雇員：15,803；雇員總數：22,960

網址：http://www.kpmg.com

公司概況：

　　畢馬威於 1897 年由 Peat Marwick International（PMI）和 Klynveld Main Goerdeler（KMG）的各個成員機構合併而成，歷史悠久，發展跨越三個世紀。畢馬威（KPMG）是網路遍佈全球的專業服務機構。畢馬威的目標是把他們所掌握的知識昇華增值，裨益他們的客戶、員工，貢獻資本市場。2010 年畢馬威榮登美國百強會計師事務所排行榜，排名第四。

　　畢馬威始終秉承其對客戶和市場的承諾：遵守法律和道德標準，並在業內宣導同樣的做法；按專業要求、專業承諾和業務約定條款提供高品質服務；保持獨立性和客觀性，避免利益衝突或不當影響；維護客戶的商業機密和隱私用正當手段推介業務、公平競爭。

　　畢馬威的成員機構遍及全球 144 個國家，擁有 137,000 名員工。畢馬威於 1992 年率先打入中國市場，在中國積累了豐富的市場經驗，並為國內多家知名企業提供專業服務。隨著中國企業融入全球經濟和境外企業大舉進入中國市場，畢馬威將結合其國際經驗和對市場的深入認識這兩大優勢，在日趨複雜但又充滿機會的資本市場中為廣大客戶提供服務。

業務範圍：

　　法定審計和金融審計、會計諮詢服務、商務績效服務、公司財務、金融風險控制、取證、內部審計、資訊技術諮詢、結構調整、併購諮詢等業務。

經營業績：

　　根據 2010 年 9 月的財年報告，畢馬威的總收入為 50.76 億美元。按業務劃分：審計簽證為 24.365 億美元，占 44%；稅務服務為 13.705 億美元，占 35%；治理諮詢為 12.69 億美元，占 25%。

第五大審計師事務所：羅申美會計師事務所

公司名稱：RSM McGladrey

總部所在地：明尼蘇達州布隆明頓市

首席執行官：C.Andrews/D.Scudder

規模：共有 93 家商業分支機構；合夥人：751；專業雇員：5,331；雇員總數 7,755

網址：www.rsmmcgladrey.com

公司概況：

羅申美會計師事務所（RSM McGladrey）成立於 1926 年，是美國一家著名的稅務、財務以及商業諮詢公司，在全美國境內有超過 90 多家辦事處，7,000 多名員工通過 RSM McGladrey 網路進行溝通。羅申美以其高素質的專業隊伍，面對今天複雜的商業挑戰，能夠在深入瞭解企業所從事的商務活動及其行業動態後提供完善的解決方案。2010 年羅申美連續四年榮登美國百強會計師事務所排行榜，位列第五。

羅申美是羅申美國際組織的成員，該組織是由世界各國獨立的稅務、會計和諮詢公司出於提供優質的專業服務的共同目標而組成的國際會計公司，通過羅申美國際組織以及新成立的羅申美英國公司來滿足客戶的國際業務需求。羅申美國際在全球 83 個國家擁有 714 家事務所，32,000 多名專業人士，是全球第六大獨立會計，稅務諮詢網路公司。

羅申美商業服務公司是 H&R 布洛克公司（紐約證券交易所：HRB）的全資間接子公司。羅申美會計師事務所的國際聯繫所海默拉特（Haarmann Hemmelrath）在中國上海設有分支機構。

業務範圍：

保險、稅務諮詢，財產管理、退休金計畫、投資銀行、商業諮詢服務，公司財務，國際業務以及財務外包服務等。

營業業績：

根據 2010 年 4 月的財年報告，羅申美的總收入為 14.6072 億美元。按業務劃分：審計簽證為 6.427 億美元，占 44%；稅務服務為 5.113 億美元，占 35%；治理諮詢為 2.921 億美元，占 20%，占：其他為 0.146 億美元，占 1%。

第六大審計師事務所：均富會計師事務所
公司名稱：Grant Thornton LLP
總部所在地：芝加哥
首席執行官：Stephen Chipman
規模：共有 52 家商業分支機構；合夥人：535；專業雇員：3,700；雇員總數：5,414
網址：http://www.grantthornton.com

公司概況：

均富（Grant Thornton LLP）成立於 1924 年，經過多年的發展和壯大，現已經成為全球第六大審計、稅務、和諮詢組織均富國際的美國成員公司。該會計師事務所為世界上 100 多個國家和地區的公共團體和私人社團提供高品質的專業服務。雖然美國均富是均富國際的成員公司，但不是其世界範圍的合夥人，擁有獨立的法人資格。

作為美國最大的會計師事務所之一，均富非常清楚財務審計報告對商務，股東、所有人、出借者，投資者的重要性。均富在為美國一些公共團體和私人企業提供服務的過程中，首先要讓客戶瞭解他們所面臨的風險，然後公司竭盡全力為其找出問題所在，並為客戶提供最有效的解決方案。公司對其客戶提供全年跟蹤服務，及時對影響其商務的有關財務，金融和正常發展的問題提出報告。2010 年均富榮登美國百強會計師事務所排行榜，位列第六。

美國均富擁有一支高水準的領導團隊，這支團隊承擔為公司制定策略和海外運作的責任。其主要成員由公司的 CEO 指派。該團隊由公司的最高層領導組成：首席執行官，首席營運官，財務總監，審計部門的負責人，稅務部門的負責人，產業和市場發展部門的管理人員和首席法務官。

美國均富依靠其多年的行業經驗，除能提供高效率、高品質的全球服務外，還始終致力於為正在成長的客戶減少國際投資風險，從而使客戶在激烈競爭的商業環境中獲勝。

業務範圍：

審計、稅務、會計、財務專項諮詢等服務。

營業業績：

根據 2010 年 12 月的財年報告，均富的總收入為 11.4781 億美元。按業務劃分：審計簽證為 5.395 億美元，占 47%；稅務服務為 2.984 億美元，占 26%；治理諮詢為 3.099 億美元，占 27%。

```
第七大審計師事務所：德豪會計師事務所
公司名稱：BDO USA,LLP
總部所在地：芝加哥
首席執行官：Jack Weisbaum
規模：共有 37 家商業分支機構；合夥人：273；專業雇員：1,849；雇員總數：2,712
網址：http://www.bdo.com
```

公司概況：

　　德豪會計師事務所（BDO USA,LLP）是一家專門為公共團體和私人企業提供保險、稅務、金融諮詢服務的專業公司。目前，德豪在美國各地擁有 40 家辦事處和 400 多家獨立加盟公司，依靠其豐富的經驗和高素質的專業人員為用戶提供高品質的服務。作為德豪國際（BBDO International Limited）的獨立城員，美國德豪會計師事務所通過全球 119 個國家的 1,082 家辦事處對跨國客戶提供專業服務。2010 年德豪榮登美國百強會計師事務所排行榜的前十名。

　　美國德豪會計師事務所是一家具有百年發展歷史的公司，其專業的能力，誠實可信的職業道德，負責任的態度，奉獻的精神在業界樹立了典範，也是德豪不斷發展和取得成功的根本。

　　美國德豪會計師事務所是德豪國際的美國成員公司，作為全球第五大會計諮詢網路的成員，德豪始終將服務品質和審計的獨立性放在首位，並努力使公司的行為符合今天的監管環境。

業務範圍

　　會計審計、稅務諮詢、司法會計、公司財務、清算重組、管理諮詢等業務。

營業業績：

　　根據 2010 年 6 月的財年報告，德豪的總收入為 6.2 億美元。按業務劃分：審計簽證為 3.72 億美元，占 60%；稅務服務為 1.55 億美元，占 25%；治理諮詢為 0.93 億美元，占 15%。

第八大審計師事務所：世紀會計師事務所

公司名稱：CBIZ /MHM LLC

總部所在地：克裏夫蘭

首席執行官：D.Sibits/B.Hancock

規模：共有 180 家商業分支機構；合夥人：465；專業雇員：2,085；雇員總數：4,580

網址：http://www.cbiz.com

公司概況：

世紀會計師事務所成瑞尼克於 1971 年，在全美各地擁有 140 家辦事處。公司的會計，稅務，商務諮詢和養老金管理公司已經發展成為德爾馬瓦半島最強大的公司之一，在會計，稅務和商務諮詢等領域確立了創新領袖的地位。2010 年世紀榮登美國百強會計師事務所排行榜前十名。

為幫助客戶更好地管理財務狀況，公司提供了一系列商務服務，產品和解決方案。公司的常務董事和專業人員擁有會計領域的全面專業知識背景和專業技能，並以其足夠的經驗和專業知識為客戶提供個性化和多元化的服務。

世紀在業務上與 Mayer Hoffman McCann P.C.（MHM）聯合，後者是一家獨立的國家會計師事務所，通過與其合作提供審計和簽證服務。雖然這兩家公司是獨立的法人實體，但他們的聯合工作能夠滿足客戶的不同需要。

業務範圍：

成本分析、金融諮詢、稅務與顧問、訴訟與評估等業務。

經營業績：

根據 2010 年 12 月的財年報告，世紀的總收入為 6.0066 億美元。按業務劃分：審計簽證為 1.382 億美元，占 23%；稅務服務為 1.622 億美元，占 27%；治理諮詢為 3.003 億美元，占 50%。

第九大審計師事務所：浩華會計師事務所
公司名稱：Crowe Horwath
總部所在地：伊里諾伊州布魯克特瑞斯市
首席執行官：Charles Allen
規模：共有 25 家商業分支機構；合夥人：240；專業雇員：1636；雇員總數：2,428
網址：http://www.crowehorwath.com/

公司概況：

　　浩華會計師事務所成立於 1942 年，是美國一家專業化、規模化、國際化的會計師事務所，辦事處遍及美國各地，包括加利福尼亞州，佛羅里達州，佐治亞州，伊利諾州，印第安那州，肯塔基州，密歇根州，新澤西州，紐約州，俄亥俄州，田納西州和德克薩斯州。公司除了在美國的業務外，作為國際化全球專業服務網路的獨立城員，浩華為全世界的用戶提供專業服務，其客戶主要包括大中型上市公司和大型私人控股企業。

　　浩華會計師事務所具有證券期貨相關業務審計特許資格，為美國 PCAOB（公眾公司會計監督委員會）註冊機構，業務涉及股票發行與上市、公司改制、企業重組等。

　　2008 年 9 月 1 日，公司將原名 Crowe Chizek and Company LLC 改為現在的 Crowe Horwath LLP。

　　2010 年浩華被評為五大湖區區域領袖公司，按收入排名第一，並被評為「審計簽證業務領袖公司。2010 年榮登美國百強會計師事務所排行榜前十名。此外，浩華會計師事務所擁有一個涵蓋公共會計專業的獨立出版物。

業務範圍：

　　保險、救濟金計畫、財務諮詢、鑑定服務、績效諮詢、風險諮詢、管理諮詢、稅務諮詢等業務。

經營業績：

　　根據 2010 年 3 月的財年報告，浩華的總收入為 5.08 億美元。按業務劃：分審計簽證為 3.302 億美元，占 65%；稅務服務為 1.118 億美元，占 22%；治理諮詢為 0.660 億美元，占 13%。

第十大審計師事務所：貝爾德會計師事務所
公司名稱：BKD LLP
總部所在地：密蘇里州斯普林菲爾德
首席執行官：Neal□Spencer
規模：共有 31 家商業分支機構；合夥人：258；專業雇員：1,256；雇員總數：1,891
網址：www.bkd.com

公司概況：

　　貝爾德會計師事務所（BKD LLP）在美國擁有 27 家分支機構，其業務範圍遍及美國 50 個州和 40 多個國家。是美國傑克遜地區的第二大會計事務所和諮詢公司，在密西西比州位居第三位。2008 年，聖安東尼奧漢克集團加入貝爾德，將其業務擴展到美國南部。同年，貝爾德公司宣佈重組為四個區域並任命五個國家級的行業合作夥伴。2008 年貝爾德推出 Òexperience BKDÓ 品牌宣傳活動，以專業化，洞察力，注意力和客戶理念為中心，這一新品牌的定位使貝爾德確立了在美國會計領域的地位。該品牌下包括：貝爾德有限責任合夥會計師事務所（BKD，LLP）；美國十大會計師諮詢事務所；貝爾德公司理財有限責任合夥公司（BKD Corporate Finance，LLC）；貝爾德基金會（BKD Foundation）；貝爾德財富顧問有限責任合夥公司（BKD Wealth Advisors，LLC。

　　2009 年 6 月，達拉斯的高寶集團會計師事務所的合夥人及其員工加入了貝爾德，這使其能更好地滿足快速增長的德州市場的需求。

　　2009 年貝爾德被《今日會計》評為美國最佳工作場所之一；2010 年榮登美國百強會計事務所排行榜前十名；2010 年中西部地區領袖公司，按收入排名名列第一。

業務範圍：

　　會計外包，保險，上市發行，商務風險，法律與評估服務，IT 風險服務，貸款評估，稅務，訴訟支援，欺詐防範與偵探等業務。

主營收入：

　　根據 2010 年 5 月的財年報告，貝爾德的總收入為 3.93 億美元。按業務劃分：審計簽證為 2.044 億美元，占 52%；稅務服務為 1.179 億美元，占 30%；治理諮詢為 0.707 億美元，占 18%。

第十一大審計師事務所：莫斯‧亞當斯會計師事務所
公司名稱：Moss Adams LLP
總部所在地：西雅圖
首席執行官：Rick□Anderson
規模：共有 18 家商業分支機構；合夥人：240；專業雇員：1,130；雇員總數：1,762
網址：www.mossadams.com

公司概況

　　莫斯亞當斯（Moss Adams LLP）會計師事務所是全美第 11 大會計諮詢公司，是美國西部最大的會計師事務所總部。公司於 1913 年在華盛頓的西雅圖成立，在美國的華盛頓、俄勒岡州、加利福尼亞州、亞利桑那州和新墨西哥州等地有 20 家分支機構。公司現擁有 1,700 多員工，包括近 240 個合作夥伴。

　　2010 年 1 月，莫斯亞當斯會計師事務所兼併了位於聖地牙哥市的資產管理公司—羅琳‧多爾德聯合公司。

　　莫斯亞當斯現有兩個關聯公司—莫斯亞當斯資本公司和莫斯亞當斯財富顧問有限責任公司，這使其能夠更好地為客戶，如投資銀行和資產管理，不同領域的公共團體，私人企業和非盈利團體提供多元化的服務。2010 年莫斯亞當斯會計師事務榮登美國百強會計師事務所排行榜，同年被評為「審計簽證業務領袖公司。

業務範圍：

　　資訊技術、訴訟支援、商務計畫、兼併與重組、資產管理、公司理財和評估等。

經營業績：

　　根據 2010 年 12 月的財年報告，莫斯亞當斯的總收入為 3.23 美元。按業務劃分：審計簽證為 1.583 億美元，占 49%；稅務服為 1.098 億美元，占 34%；治理諮詢為 0.549 億美元，占 17%。

第十二大審計師事務所：普蘭特‧莫蘭會計師事務所

公司名稱：普蘭特‧莫蘭（Plante & Moran）

總部所在地：密歇根州索斯菲爾德市

首席執行官：Gordon□Krater

規模：共有 18 家商業分支機構；合夥人：221；專屬雇員：1,108；雇員總數：1,686

網址：http://www.plantemoran.com

公司概況：

　　普蘭特‧莫蘭（Plante & Moran）會計師事務所是一家有別於其他會計師事務所的公司。其獨特的經營理念，對客戶和員工所給予的人文關懷，使公司員工在與客戶交往中堅定不移地遵守黃金法則，始終將客戶的利益放在首位，以客戶的需要為準則，積極而主動地為客戶提供優質服務。公司的經營理念得到了客戶的廣泛認可和高度評價，是一家有發展前途的會計師事務所。

　　普蘭特‧莫蘭為製造、金融、醫療保健、建築、房地產、汽車銷售等行業，以及非營利組織和政府等領域的中型企業提供服務。該公司的國際業務部設在中國上海。

　　2009 年 6 月，普蘭蒂‧莫蘭會計師事務所宣佈兼併位於克利夫蘭市傑克遜‧羅爾菲斯‧斯普更公司；7 月任命新的管理合夥人；8 月宣佈為製造商提供「流動性壓力測試」服務。

　　普蘭蒂‧莫蘭會計師事務所連續 12 年榮登美國百強會計師事務所排行榜，並由 Humanresources Executive Magazine 評為美國最佳工作場所之一。2010 年普蘭蒂‧莫蘭被評為五大湖區區域領袖公司，按收入排名第二，並被評為「審計簽證業務領袖公司。

業務範圍：

　　除執行會計、審計、稅務等業務外，該事務所還為各種行業提供理財、人力資源、商務諮詢和技術管理諮詢服務。

經營業績：

　　根據 2010 年 6 月的財年報告，普蘭蒂‧莫蘭的總收入為 3.012 億美元。按業務劃分：審計簽證為 1.506 億美元，占 50%；稅務服務為 0.964 億美元，占 32%；治理諮詢為 0.542 億美元，占 18%。

> 第十三大審計師事務所：貝克・特里・威肖・克勞澤會計師事務所
> 公司名稱：Baker Tilly Virchow Krause
> 總部所在地：芝加哥
> 首席執行官：Timothy　Christen
> 規模：共有 11 家商業分支機構；合夥人：108；專屬雇員：1,148；雇員總數：1,370
> 網址：http://www.bakertilly.com

公司概況：

　　貝克・特里・威肖・克勞澤（Baker Tilly Virchow Krause）會計師事務所是一家提供全面服務的會計諮詢公司。公司的專業人員通過公正和敏銳的行業洞察力為用戶提供專業服務，並可根據用戶的要求，使用客戶規定的語言提供服務。

　　貝克・特里・威肖・克勞澤不僅是一家傳統的稅務，會計和審計服務公司，還可為用戶提供私人投資銀行，兼併和重組管理諮詢，財產和金融規劃等業務。有著豐富經驗的專業技術人員根據客戶的特殊需求提供會計諮詢服務，並依據已確定的目標不斷地為客戶提供最佳的解決方案。

　　作為 Baker Tilly 國際的獨立城員，世界上八家最大的網路會計公司之一，能夠使客戶快速獲得世界上 120 多個國家特定市場的資訊。公司憑藉豐富的商務經驗、通過為客戶提供卓越的服務，建立了公司在業內的聲譽。

　　2009 年 6 月，公司名稱由原威肖・克勞薩更名為貝克・特里・威肖・克勞澤；同年 11 月，公司宣佈兼併位於華盛頓特區、同為百強的比爾斯・科特勒公司。2010 年貝克・特里・威肖・克勞澤榮登美國百強會計師事務所排行榜，名列第十三位，同時被《今日會計》評選為最佳工作場所之一。

服務範圍：

　　會計與保險、管理諮詢、私人法律顧問、稅務、投資顧問等業務。

經營業績：

　　根據 2010 年 5 月的財年報告，總貝克・特里・威肖・克勞澤的收入為 2.6 億美元。按業務劃分：審計簽證為 0.962 億美元，占 37%；稅務服務為 0.858 億美元，占 33%；治理諮詢為 0.65 億美元，占 25%；其他為 0.13 億美元，占 5%。

第十四大審計師事務所：克利夫頓‧古德森會計師事務所
公司名稱：Clifton Gunderson
總部所在地：密爾沃基
首席執行官：Krista　McMaster
規模：共有 40 家商業分支機構；合夥人：198；專業雇員：1,381；雇員總數：1,900
網址：http://www.cliftoncpa.com

公司概況：

克利夫頓‧古德森會計師事務所成立於 1960 年，是全美最大的公共會計師事務所之一。該公司為多種行業提供保險、稅務和諮詢等業務，現擁有 1,900 多位專業人才，分佈在美國的 46 個辦事處。作為美國最大的 HLB 國際成員公司，克利夫頓‧古德森擁有一個獨立的專業會計和商業諮詢公司的全球網路，向全球 100 多個國家的客戶提供最佳的會計和諮詢服務。

克利夫頓‧古德森已連續 10 次在行業評審同行評議中獲得最高分。同行審查是對會計師事務所品質控制系統的一個獨立評審專案，該專案是從客觀的角度對會計師事務所是否遵守專業標準進行審查。AICAP 已連續 10 年向克利夫頓‧古德森發出沒有任何批評的標準審計報告，在會計領域僅有幾家會計師事務所獲得此項殊榮。

克利夫頓‧古德森會計師事務所堅信，為客戶提供最好的會計諮詢服務的關鍵是使公司的服務能夠滿足不同需求。因此，公司投入大量的時間對客戶的目標進行深入的研究，利用其擁有的專業知識幫助客戶獲得成功。

2010 年克利夫頓‧古德森會計師事務所榮登美國百強會計師事務所排行榜，同年被評為五大湖區區域領袖公司，按收入排名第四。

服務範圍：

審計、稅務、企業商務服務、技術諮詢、金融服務、評估與法律服務、雇員保健福利計畫等業務。

經營業績：

根據 2010 年 5 月的財年報告，克利夫頓‧古德森的總收入為 2.51 億美元。按業務劃：審計簽證為 1.205 億美元，占 48%；稅務服務為 0.628 億美元，占 25%；治理諮詢為 0.678 億美元，占 27。

第十五大審計師事務所：科恩會計師事務所
公司名稱：J.H. Cohn
總部所在地：新澤西州玫瑰園市
首席執行官：Thomas Marino
規模：共有 11 家商業分支機構；合夥人：153 人；專業雇員：635 人；雇員總數 1,037
網址：http://www.jhcohn.com/

公司概況：

　　J.H.科恩（J.H. Cohn）會計師事務所成立於 1919 年，現為美國最頂尖的 20 家會計諮詢公司之一。J.H.科恩也是尼克夏國際（Nexia International）的成員，該組織是提供全球審計和諮詢服務的聯盟，J.H.科恩通過該聯盟為世界各地的客戶提供專業服務。

　　J.H.科恩在 90 多年的發展進程中，憑藉其誠信、優質技術和對客戶負責任的職業道德在業界贏得了美譽。J.H.科恩在為客戶提供服務的過程中，堅持原則，獨立審計，熱忱服務，並與高素質的商業律師合作，力求與客戶建立真誠的關係。自 1919 年以來，J.H.科恩用結構化模式為客戶提供解決方案，備受客戶讚賞。2010 年 J.H.科恩榮登美國百強會計師事務所排行榜，同年被評為紐約大都市區領袖公司。

　　J.H.科恩通過與科恩附屬公司和科恩諮詢集團等機構的合作，有能力為客戶提供一系列的增值服務，包括保險、財富管理、房地產、獵頭、技術諮詢、性能諮詢和福利諮詢等。

服務範圍

　　會計和審計服務、稅務服務、特別商務服務、商務調查服務等業務。

經營業績：

　　根據 2010 年 1 月的財年報高，J.H.科恩總收入為 2.35 億美元。按業務劃分：審計簽證為 1.269 億美元，占 54%；稅務服務為 0.658 億美元，占 28%；治理諮詢為 0.024 億美元，占 1%；其他為 0.399 億美元，占 17%。

第十六大審計師事務所：恩哈揚會計師事務所

公司名稱：UHY Advisors

總部所在地：芝加哥

首席執行官：R.Stein/A.Frabotta

規模：共有 17 家商業分支機構；合夥人：124；專業雇員：763；雇員總數：1,163

網址：http://www.UHY.com

公司概況：

　　恩哈揚諮詢（UHY Advisors）成立於 1986 年，是世界一流的商業諮詢會計網路之一，在全世界 78 個國家設有 240 家辦事處。恩哈揚成員公司在各自服務的國家運用現代化商業手段，熟知當地法律法規和市場運作，並以專業化、高品質和誠信在業界贏得美譽。2010 年恩哈揚諮詢榮登美國百強會計師事務所排行榜。

　　在全球市場中，恩哈揚諮詢成員公司為全世界每一個主要金融中心提供全面的服務支援在所有的服務領域為擴展業務創造機會。

　　恩哈揚諮詢擁有一個基於紐約的專業團隊，專門為中國公司在美國融資和投資以及美國公司到中國投資提供稅務，商務和審計服務。

服務範圍：

　　審計與保險、商業解決方案、公司財務、公司治理、公司破產及回收、企業管理諮詢、稅務等業務。

經營業績：

　　根據 2010 年 12 月的財年報告，恩哈揚諮詢的總收入為 2.344 億美元。按業務劃分：審計簽證為 0.820 億美元，占 35%；稅務服務為 0.867 億美元，占 37%；治理諮詢為 0.539 億美元，占 23%；其他為 0.117 億美元，占 5%。

第十七大審計師事務所：馬爾科姆會計師事務所

公司名稱：Marcum & Kliegman LLP

總部所在地：梅爾維爾市

首席執行官：Jeffrey Weiner

規模：共有 17 家商業分支機構；合夥人：143；專業雇員：569；雇員總數：940

網址：http://www.marcumllp.com

公司概況：

馬爾科姆（Marcum & Kliegman LLP）會計師事務所成立於 1951 年，是美國最大的公共會計諮詢公司之一，在同行業的地位處於國際領先水準。馬爾科姆會計師事務所以其多年的豐富實踐經驗為客戶提供高品質，高度專業化的服務。該公司在與每一客戶的每次約定中，保證向客戶傳達最高水準的技術知識，提供最合適的解決方案。除此之外，作為一個獨立而龐大的世界組織 Leading Edge Alliance 的成員之一，馬爾科姆具有獨立的審計權利。2010 年馬爾科姆榮登美國百強會計師事務所排行榜，同年被評為紐約大都市區域領袖公司。

除了提供傳統的會計、保險、稅收服務外，馬爾科姆還提供國內與國際的稅務規劃和準備。公司的專業服務還包括兼併和收購計畫，家庭辦公服務，法務會計和訴訟支援。此外公司還開展了其他幾項服務，包括私募股權合作夥、對沖基金、證券交易委員會註冊、政府機關、公共與非營利部門、建築、企業評估、醫療保障、破產管理等業務。

服務範圍：

會計服務、稅務、保險、商務諮詢、投資，風險管理、家庭財產服務等業務。

經營業績：

根據 2010 年 12 月的財年報告，馬爾科姆的總收入為 2.3375 億美元。按業務劃分：審計簽證為 0.935 億美元，占 40%；稅務服務為 0.701 億美元，占 30%；治理諮詢為 0.584 億美元，占 25%；其他 0.117.億美元，占 5%。

第十八大審計師事務所：拉森艾倫會計師事務所

公司名稱：LarsonAllen

總部所在地：明尼阿波利四市

首席執行官：Gordy Viere

規模：共有 18 家商業公司；合夥人：125；專業雇員：952，雇員總數：1,332

網址：http://www.larsonallen.com

公司概況：

拉森艾倫（LarsonAllen）會計師事務所成立於 1953 年，現已是 Nexia International 的獨立城員。拉森艾倫目前在美國的中西部、東北部、太平洋西北部、東南部、中南部和西南部設有辦事處，業務範圍仍在擴展之中。

在超過半個世紀的發展歷程中，拉森艾倫在本行業積累了豐富的經驗，可以滿足用戶超出傳統服務的要求。目前，拉森艾倫在美國各地擁有 3,500 非盈利和政府機構的用戶。拉森艾倫 2010 年榮登美國會計師事務所百強排行榜，位居前 20 名。

當您在商務工作中遇到大問題，或在生活中遇到小麻煩，您可以個人名義與拉森艾倫會計師事務所從事與您有關領域的團隊中的人取得聯繫，他們可根據您的不同需要提供專門的服務，利用其在行業的經驗和國家資源為您提供對您有幫助的解決方案。拉森艾倫的目標就是在行業建立自己與眾不同的客戶服務經驗。

拉森艾倫在為客戶服務過程中，充分發揮團隊的作用，而不是依賴於個人的能力。因此，團隊的高素質人才，豐富的行業經驗和知識，使拉森艾倫為客戶提供的服務都具有可信度和權威性。自公司成立之日起，所提供的服務始終遵循這一基本原則。

服務範圍：

諮詢服務、審計與會計、內部審計、國際審計、稅務、法務會計、會計外包、資訊安全等業務。

經營業績：

根據 2010 年 10 月的財年報告，拉森艾倫的總收入為 2.18 億美元。按業務劃分：審計簽證為 0.981 億美元，占 45%；稅務服務為 0.741 億美元，占 34%；治理諮詢為 0.436 億美元，占 20%；其他為 0.022 億美元，占 1%。

第十九大審計師事務所：迪克森——休斯會計師事務所
公司名稱：Dixon Hughes PLLC
總部所在地：北卡羅來納州高點市
首席執行官：Ken Hughes
規模：共有 21 個商業分支機構；合夥人，134；專業雇員：758；雇員總數：1,109
網址：http://www.dixon-hughes.com/

公司概況：

2003 年，迪克森－休斯（Dixon Hughes PLLC）由美國東南地區的兩家公司 Dixon Odom 與 Crisp Hughes Evan 合併而成，2004 年 1 月 1 日成立。這次合併被認為是 2003 年美國最大的地區公司合併之一。迪克森－休斯現是美國東南部最大的一家會計師事務所，在美國 8 個州設有 240 家辦事處，通過與全球會計聯盟 Praxity 合作提供國際業務。

迪克森——休斯提供會計和財務方面的服務。目標產業包括汽車銷售業、健康保健、房地產、製造業、配送及保險業。在美國南部全力打造的「公德心」文化成為迪克森——休斯的一個驕傲。2010 年迪克森——休斯榮登美國百強會計師事務所排行榜，位列第十九，同年被評為美國東南部區域領袖公司。

迪克森——休斯會計師事務所依賴其獨特的地理位置，本國資源和國際資源，以及當地公司的回應能力和高度重視完美的結合，不斷地為其客戶提供適當的解決方案，在企業發展和走向成功的道路上做出貢獻。

服務範圍：

保險、收入稅服務、公司治理、內部審計、財產稅、交易諮詢服務、資訊技術服務、諮詢及顧問服務、招募配置服務、財富顧問等業務。

經營業績：

根據 2010 年 12 月的財年報告，迪克森——休斯的總收入為 2 億美元。按業務劃分：審計簽證為 0.84 億美元，占 42%；稅務服務為 0.66 億美元，占 33%；治理諮詢為 0.5 億美元，占 25%。

第二十大審計師事務所：瑞尼克會計師事務所

公司名稱：Reznick Group

總部所在地：馬里蘭州貝斯達市

首席執行官：Kenneth Baggett

規模：共 21 個商業分支機構；合夥人：104；專業雇員：813；雇員總數：1,157

網址：http://www.reznickgroup.com/

公司概況：

瑞尼克集團成立於 1977 年，由 David Reznick，Stuart Fedder，Ivan Silverman 三個好友共同組建。最初公司是設在華盛頓，但很快他們又在美國一座港口城市——巴爾的摩成立了第二家辦事處。隨後在亞特蘭大，薩克拉門托等地不斷擴張。

瑞尼克集團熟知房地產和稅收抵免知識，除為房地產行業的客戶提供專業服務外，同時還將目標鎖定在企業業主和貸款業務方面的客戶，政府部門，金融服務部門，非盈利機構，可再生能源和技術等領域。2010 年瑞尼克集團榮登美國會計師事務所百強排行榜，位列第二十，同年被評為美國大西洋沿岸中部地區領袖公司。

瑞尼克集團有將其業務擴展到全美各地的設想，其會計事務將會為公司帶來一個良好的開端。目前，瑞尼克集團通過在美國的 10 家辦事處提供會計、諮詢、稅、管理諮詢等服務。此外，該公司還在印度成立了一個國際辦公室。

2004 年，Reznick，Fedder，Silverman 將其重新正式更名為瑞尼克集團，其意義是「認可每一位雇員的貢獻才能使公司走向成功」。2005 年瑞尼克集團還成功地以併購的形式吸納了在伊利諾斯州會計師 Friduss，Lukee，Schiff 及其公司，並在芝加哥設立辦事處。瑞尼克集團與其他大多數的中小型會計事務所不同，辦事處不僅僅聚集在一個區，而是遍佈全國。公司希望在 2014 年將其員工數量增至 2,300 人，尤為關注美國東北和東南部地區。

服務範圍：

會計、稅收與商業諮詢、交易或併購重組等業務。

經營業績：

根據 2010 年 9 月的財年報告，瑞尼克集團的總收入為 1.896 億美元。按業務劃分：審計簽證為 1.043 億美元，占 55%；稅務服務為 0.512 億美元，占 27%；治理諮詢為 0.322 億美元，占 17%；其他為 0.019 億美元，占 1%。

第六章

美國投資銀行承銷實務

第六章　美國投資銀行承銷實務

　　企業到美國上市主要的目的，在於美國的市場在掛牌後只要企業有資金的需求，可以不限時間、不限次數的透過投資銀行融得資金，既然構建一個長期融資的融資平臺，是中國企業選擇到美國上市最大的誘因，若想要確保每次的融資都能順利、成功並能融到高的估值，不得不對投資銀行的業務與融資程序要有所瞭解，本章節從投資銀行的承銷方式開始談起，並輔以如何撰擬一份優質的融資計畫書及認識法人說明會活動，更重要的是將美國現階段前二十大的投行介紹給讀者，以備讀者不時之需，讓企業要融資時可以自行選擇與自己匹配的投行合作，確保融資業務順利進行。

第一節　美國承銷商承銷方式

一、包銷（Commitment）

(1)　全額包銷（Firm Commitment）──全額包銷又稱確定承銷，為發行公司將證券直接授予承銷商（或承銷團隊），再由承銷商經由各層級證券商所組成之分銷團體（Selling Group），將證券分售予投資大眾。由於發行公司在證券公開出售前已能確定獲得資金，故稱為「確定承銷」，而證券發行成敗之風險（即前述之購置風險）則完全由承銷商承擔；若採承銷團隊承銷，則各承銷商分別對自己承銷之部分負責。確定承銷又可再區分為兩種方式：第一種是由個別承銷商與發行公司議價之，稱為「協商議價」（Negotiated Offering），另一種則由兩個以上之承銷商，以競標方式取得承銷權，稱之「投標競價」（Competitive Bidding）。

綜括所述，確定承銷為發行公司將所有 IPO 股權由投資銀行全數買斷，再由承銷商轉賣予代理商（Broker or Dealer）或掛牌後在公開市場賣出，但此種形式多限於多投時期，承銷商以賺取承銷差價為主要收入。

(2) 餘額包銷（Stand by Commitment）──餘額包銷在英國又稱老式承銷或嚴格承銷（Strictly Underwriting），係指發行公司經由承銷商向社會大眾招募並接受申請，當申請已經達相當數量時即宣佈停止接受申請，並由發行公司直接將證券分配給申請者，而承銷商獲得傭金並承諾在一定期間內，將約定部分尚未被社會大眾購買之證券，由承銷商依約全數買下。在美國，餘額包銷通常用於新發行新股認購憑證或新股認股憑證，即股東可以以低於市價購買新股時，倘若發行公司經營業績卓著且發行折價相當大時，在不利用承銷商仲介之下仍可銷售完畢，但若基於安全起見，發行公司通常與承銷商簽訂「餘額承銷契約」。主辦承銷商通常會組成「承銷團隊」（Underwriting Syndicate），以分散承銷風險，而其構成分子不僅是承銷商，甚至包含保險公司、投資信託基金及其它金融機構等。

綜括所述，餘額包銷就是指所有 IPO 股權由承銷商 Road Show 後，不足之數再由承銷商以自有資金全數購回，降低發行公司發行之風險。

二、代銷（Best Efforts）

(1) 零合式（All-or-Non）──在此種制度下，承銷商盡最大努力扮演證券分銷之角色（一般稱為「代銷」），資金募集成敗與風險皆由發行公司自行承擔。通常信譽卓著之發行公司，或發行公司之資金募集並不具急迫性時，採用「代銷」方式，可以減少發行公司支付給承銷商之傭金；反之，若經營信譽尚未建立之發行公司，或是公司正處於急需資金狀況下，又無任何承銷商願意承擔購置風險時，發行公司只好在不得已情況下，採取此一方式籌措資金。

綜括所述，零合式之代銷就是指承銷商必須在約定時間內完成全數 IPO 資金之募集，否則，就算些微差額，也無法完成掛牌作業，所募集之資金更要退還投資人，並且上市公司須再依美國證券管理委員會（Securities Exchange of Commissions，簡稱 SEC）Rule415, 424（b）3 以及 427 條之規定，重新申請掛牌時間。

(2) 最低基本量（Part-or-Non）──承銷商以「代銷」方式分銷發行公司之證券，在約定期間，銷售額必須達到約定數量，其承銷行為才會繼續有效；亦即機構投資者雖同意以發行價格購買證券，但銷售額未達到約定數量或全部募足時，則不辦理手續以取得證券。此種承銷方式對於機構投資者之購買權益有明確保證，其理由為原先公司之投資計畫，需要一定金額投入，倘若資本市場資金能量不足或意願不高，無法募集該計畫所需資金最低之門檻，投資計畫勢必被迫中止，原先有意購買者，則毋需繳付款項，藉此保障機構投資者之投資權益。因此，在銷售期間內，承銷商並非實際出售證券之人，而是接受機構投資者之購買登記。在銷售期間結束後，承銷商可統計購買登記數額與證券發行數，若兩者差距太大，連約定之最低基本量都未達到時，則取消此次發行並通知各關係人；倘若兩者相距不大時，承銷商或可決定自行買入剩餘證券，完成承銷工作並獲得傭金。

在承銷事務上，為了滿足各證券交易所公眾持股人數之規定（如NYSE 美國公司 2000 人，外國公司 5000 人，NASD 全國市場 400 人，NASD 小資本市場 300 人，AMEX400 人），在承銷事務上，承銷商會在適當時機，以美國證券交易委員會核准之承銷傭金折算 IPO 股權後，以優惠條件或價格找尋獨立之公眾持股人，在收取股款並給予 IPO 股票後，完成公眾持股人數之確認。依 SECRule415 條之規定，取得掛牌許可之公司有兩年「最佳掛牌時機」決定權，在兩年有效期限內，若上市公司無法達到（1）最低掛牌價格之 EPS 要求或（2）募集最低IPO 金額或（3）戰爭或天災人禍（如 SARS 一般）非人為力量所能控制時，承銷商會在兩年最佳掛牌時機屆滿時，將保管之股款退予獨立之公眾投資人。

綜括所述，最低基本量之代銷就是為了輔正零合式代銷不近情理之規定，最低基本量將 IPO 資金分成 Min 與 Max 兩部分，只要承銷商在約定時間內完成最低基本金額（Min）之募集，上市公司即可立即掛牌交易。

三、私募發行

SEC 為增加企業募集管道及時效，未上市公司對資金需求在美金一百萬以下者，可不經 SEC 許可，得逕行委託承銷商或證券律師或財務顧問，尋找特定機構投資人，遂行募資目的。

對特定人發行小額之資金，此一方式又稱「私下募集」，即不經 SEC 許可，發行公司逕自向機構投資者募集資金，此亦為高度工業化國家之企業，募集資金重要途徑之一，此種方式並不公開，大多數用於債券之發行。發行公司與有意購買債券之投資者，直接談判決定發行價格與發行條件，承銷商位居輔助地位，利用其專業能力，擔任介紹人或參與談判事宜。

第二節　美國承銷商價格穩定策略

為使承銷能夠成功，承銷商在股票新上市期間有維護股價穩定之責任，它可藉由在公開市場買賣股票來穩定股票，我們稱之為價格穩定操作。價格穩定操作所持續之時間少則 1 小時，多則長達 1 個月。「價格穩定操作」是一種「合法」控制股價之措施，亦即主辦承銷商須向 SEC 申報，至於掛牌前操作之方式，有三種常見之作法：

（一）分配法（Allotment）

此種操作方式系由主辦承銷商透過分配方式，預先建立對證券之需求（又可稱為空頭部位；Short Position）再藉由供需雙方之力量，使股票價格維護穩定水準，例如某承銷商原本負責承銷 100,000 張股票，且也已全數洽妥投資者，若主辦承銷商分給該承銷商 90,000 張股票，將使該承銷商出現空頭部位，必須在市場上購買 10,000 張股票，此舉即可增加市場對該股票之需求。

（二）綠鞋法（Green Shoe Technique）

另一種有別於分配法之穩定操作技術稱為綠鞋法（一九六三年承銷 Green Shoe 公司股票時首度採用），承銷商與公司或原始股東達成協議，當有意承購者之需求量多於承銷數量時，承銷商可直接向其購買所需之差額。例如承銷商可在股票發行之後一定期間內，向發行公司按照發行價格再購買該次發行數量之 15%，作為穩定市場之工具。「綠鞋法」在本質上，為承銷商所擁有之「超

額分配選擇權」（Over Allotment Option）其所購買之股票，可滿足投資人對新股票高度之需求，所產生之利潤悉歸承銷商所有。

（三）虛擬交易法（Aftermarket）

承銷商尚未決定實際之發行價格或條件時，在向 SEC 註冊（Filing）後，預先對此股票進行之預約行為，又因此時尚無實際之股票實體，故一般又稱為灰色市場（Gray Market）或預先交易（Pre-market）。主辦承銷商可以利用此市場之反應，瞭解市場之需求，並決定較適當之發行價格，避免巨幅漲跌波動。事實上，即使主辦承銷商對發行公司已進行各種詳盡評估與調查，並決定出發行價格，但是外在環境之變化，使得承銷業務之風險仍舊很高，例如一九八七年美國證券市場大盤下挫時，當時各投資銀行普遍遭受重大虧損；美國證券市場近年來受非經濟因素影響而持續低迷，造成各承銷商之承銷風險遽增，通常投資銀行會利用各種避險工具來進行避險，其中最常用的是股價指數期貨或選擇權。

第三節　美國承銷商承銷程序

在美國證券市場上市實務中，一個案件成功與否？承銷商扮演關鍵角色。因為美國股票的公開發行，是以向 SEC 完成「註冊」（Registration）程序為要件，而中國則須經證監會的「核准」為標誌。原則上，SEC 並不對註冊的內容進行任何實質的審查，只對註冊的程序做審查。就因如此，更凸顯承銷商舉足輕重的地位，因此，承銷商是否能慎重的執行承銷的程序愈加重要，以下即為美國承銷商承銷程序。

（一）尋找及確認

準上市公司須透過形象良好的上市企業、會計師事務所或財務顧問或證券律師引介，承銷商才會因「放心」而接受公司提供的相關資料進行初步評估；若承銷商初步認為該公司現階段或短期內可以在美國上市，則會提出作業時間表（Time Table）。

（二）議定承銷條件

在此階段，承銷商與公司會初步確定承銷價格、資金募集規模、證券種類及上市時資本結構。

（三）簽訂承銷意願書

承銷意願書（Letter of Intent，稱 LOI）是承銷商與公司合作上市程序作業的第一階段，內容包括：證券發行種類與數量、超額分配選擇權與無法完成時，雙方權利與責任。

（四）盡職調查

此即所謂的承銷商 Due Diligence 作業，此時承銷商會親臨准上市公司進行文件審查，訪談公司經營階層，並利用其他管道，如國際性資信機構、FBI 系統等確認准上市公司債信或刑、民紀錄。

（五）簽署承銷契約

承銷相關契約包括：承銷契約、承銷商間的契約、承銷商認股權與藍天法案（Blue Sky）（注）備忘錄等。

（六）成立承銷團

承銷團（Syndicate）組成工作包括：註冊登記表副本、承銷商間的協議、承銷商的問卷與授權書。

（七）承銷價格市場測試

市場測試作業在准上市公司取得上市身份（註冊）後依序展開，包括：分送初步招股說明書、探詢市場的需求與親自拜訪機構投資人。

（八）簽署承銷團備忘錄

基於防衛與辯護條款（Due Diligence Defense Provision）的免責考慮，承銷團備忘錄的簽署，一般會安排在合理調查（Reasonable Investigation）的公司調查會議（Due Diligence Meeting）之後。

（九）承銷價格穩定操作

掛牌前股價穩定操作常見的方式有三：分配法、綠鞋法、虛擬交易法。

（十）全球法人說明會

全球法人說明會（Road Show）是由主辦承銷商主導，承銷團協辦，又稱法人說明會或業績發表會，主要目的是將發行股票批售給投資人。

（十一）決定掛牌價格

主辦承銷商參考證券自營商、主要客戶及市場需求情形，在掛牌前一天或數小時，決定掛牌價格，扮演該文件股票第一次做市商（Market Maker）的角色。

（十二）掛牌交易

整個上市作業到此告一段落，亦是在美國資本市場掛牌的最終目標——獲得資金。

第四節　如何撰擬一份優質的融資計畫書

一份優質的商業計畫，是決定能否在納斯達克順利掛牌的重要關鍵，因為在納斯達克上市，一定要以首次公開發行（Initial Public Offering）的

方式掛牌，IPO 資金募集速度之快慢，取決於是否有一份讓投資銀行、基金管理人、創投公司等投資法人心動的商業計畫，畢竟他們投資標的是擬上市公司的未來性和發展潛力。

　　一份優質商業計畫書的內容包羅萬象，甚至洋洋灑灑數萬字，一般投資人根本不會詳加閱覽，因此，想在納斯達克上市，撰擬商業計畫書的目的是要提供公司未來營運的資訊及 IPO 資金的募集，除了需要正式規格的商業計畫書外，還需要一份特別執行摘要（Special Executive Summary）方便投資人閱讀；一般而言，正規商業計畫書最適當的內容長度應該安排在 40 頁左右，特別執行摘要則要求在 8 頁上下。

　　在介紹商業計畫書架構之前，先說明優質的商業計畫書必須包含的內容，在下列方針指導下，才能讓投資人在過多的專業術語及艱深辭彙下，仍能輕易瞭解公司的經營團隊、產品、服務、產業發展趨勢、目標及達成目標的策略。

1. 易讀、實際又有創造力
　▲吸引投資者的注意力
2. 市場導向而非產品導向
　▲強調產品在市場的反應
　▲避免較好不叫座
3. 評估競爭力
　▲公司產品與市場產品之比較，如成本或時間及獲利能力
　▲營業成長推算
　▲競爭優勢之運用
4. 銷售計畫
　▲銷售方式
　▲如何讓消費者使用公司產品
5. 獨特性
　▲市場競爭利器──專利、智慧財產權等
6. 強調經營團隊實力
　▲簡介經營團隊（含董監事與顧問團）的履歷與實戰經驗
　▲為何結合在一起
7. 提供具吸引力的願景
　▲公司未來的樣子

▲畫一個吃得到的大餅

8.用力關門——深得人心的結論

　　▲提醒投資者公司提供的是「a good deal」

　　▲確定投資如何報酬

　　縱觀美國上市公司的商業計畫書，一份優質的商業計畫書至少要包括以下十五大項：

一、封面（Cover Sheet）

▲公司名稱（加 logo，如有）

▲位址（加通訊位址，如不同）

▲電話與傳真號碼

▲網址及電子信箱

▲商業計畫起始及完成日期（加編號——選擇性）

▲主要聯絡人

▲聲明（選擇性）

二、目錄（Table of Contents）

▲內容分類——從實行摘要開始頁數編號，含章節、圖表、附錄等。

三、實行摘要（Executive Summary）

▲簡扼列出整個計畫之重點，運用每一段落之主要內容預先提醒讀者（約二到三頁）。

四、公司形容（Business Description）

▲事業種類（Type of Business）

▲使命與目標（Mission and Goal）

▲組織架構（Organization Structure）

▲歷史（History）──簡述公司為何成立、何時成立、由誰成立，包括成就、演變、接受、挫敗與現況。

▲市場競爭之特點

五、產品與／或服務（Product and／or Service）

▲形容現有市場對公司產品或服務的需求。

▲公司產品與／或服務如何與眾不同及使用所獲得的好處。

▲什麼原因驅使顧客購買公司產品與／或服務及其它的優缺點。

▲解釋銷售或使用是否需有任何特別訓練，包括所有相關的法規，並詳述任何獨特性或唯一性。

六、市場敘述與分析（Market Description and Analysis）

▲客戶方面──形容市場的客戶族群結構，如何及何處開發已鎖定的客戶族群。說明客戶為何會購買使用公司的產品與／或服務而非其他及所吸引的是個別或團體客戶。說明品質、保證、服務及價格等重要因素。確切指出購買者與使用者。指出政治影響，如有。詳述市場範圍是否為地方性、區域性、全國性或國際性。

▲產業方面──討論產業趨勢：過去、現在與未來。運用各式圖表提供可利用之銷售與數量統計數字。

▲競爭方面──強調價格、品質、保證、服務及銷售等實力，包括確切執行時的各種優劣勢。預測潛在的市場佔有率，銷售走勢及獲利率。

七、市場策略（Marketing Strategy）

▲具體指出公司至少未來五年之目標，如何達成及將由誰負此責任。

▲描述所有的銷售方式（業務代表或經銷等）並形容任何的廣告計畫，包括銷售輔助、國外執照及訓練等。

八、運作計畫（Operations Plan）

▲公開現有機具與設備的產能及未來辦公室、分公司、製造與銷售的計畫。

九、研究與發展（Research and Development）

▲說明過去所有的努力與成就及未來的預期。
▲具體化研發的專利權或公司在市場競爭將會有的優勢及可預期的市場衝擊。

十、商業計畫時間表（Schedule）

▲形容公司達到全速前進將使用的時間及步驟。第一年以月，之後以季為衡量進展的單位。

十一、經營團隊（Management）

▲在投資者眼中，經營團隊的素質經常為決定公司成敗的關鍵。因此所有經營團隊的履歷需包括在內，涵蓋生涯重點、成就、職務、良好的表現記錄。形容經營團隊過去如何在一起分工合作。
▲列出董監事、顧問者、諮詢者及其它專業人士的名單，他們將如何參與公司的營運──須附錄詳細的履歷表。

十二、風險與問題（Risks and Problems）

▲此為紅色警戒，一般僅在潛在投資者要求披露時披露潛在風險與問題。應披露事項如：公司在何種狀況下無法達成營運目標、市場上如有替代性產品出現時對公司發展之影響、主要原物料來源短缺時應變措施、關鍵技術人員或經營團隊離職時如何處理、主要競爭對手價格調降影響等。說明潛在風險與問題。

十三、IPO 或 SPO 資金運用及分配（Use of Proceeds）

▲使用一時間表審慎地指出公司需要多少資金，何時需要及將如何運用。

十四、財務（Finance）

▲提供公司目前以股票發行所得的資金架構及未來計畫，項目化資金付款來源及日期。列出所有已發行的股票選擇權的股數。

▲提供過去至少五年的損益表及資產負債表。

▲列出現任董監事會現有的及未來的薪資架構及未來誰會將加入董監事會的人員。第一年以月顯示薪資計畫，第二、三年以季，之後以年為顯示的單位。

十五、附錄（Appendix）

▲如有必要需包含術語彙編及所有基本文件，如履歷表、產品型錄、客戶名單、證明書及新聞剪報等。

第五節　法人說明會活動

　　以 IPO 方式上市的公司，在掛牌前有一個很重要的工作，那就是 IPO 股權法人說明會（Road Show）的募資活動，推薦活動的成功與失敗，不但關係到 IPO 資金是否如期到位，更直接影響股票的價值和掛牌的時間，因此，特別詳加介紹一個完美（Perfect）的法人說明會活動，事前與事後應注意的事項，畢盡凡事「預則立、不預則廢」。

　　一般來說，擬上市公司在掛牌前的法人說明會至少會有二次，一次是選擇投資銀行時的法人說明會，一次是在取得美國證券交易委員會的附條件許可函時，在投資銀行主導下，啟動全球性的投資者巡迴法人說明會。

　　選擇投資銀行時的法人說明會，基本上都是在美國境內，由財務顧問公司安排，經過事前的聯繫與溝通，確認有興趣的投資銀行，按照協調後

行程安排，只要確認投資銀行的時間及地點，對於法人說明會的時間、地點與方式都沒有限制，有時一天可能要見 5 家投行，地點有可能是在餐廳或投行的辦公室，有時也會安排在企業所下榻的酒店咖啡廳裏；說穿了，投行的法人說明會，主要是告訴投行你很棒、你很有未來、你的財務預測絕對能達成、投資者投資你絕對不會後悔。

另外一個法人說明會則是正式的法人說明會，又稱法人說明會，擬上市公司向 SEC 及 NASD 註冊之後，即已取得上市身份（Stock Market Status）與代碼（Ticker Symbol）大約有三十個工作天的等待期（Cooling Off Period ——又稱冷靜期），在此期間，SEC 扮演的角色主要是在審查招股說明書（Prospectus）及註冊文文件是否已符合完全披露的標準（Full Disclosure Standard）。之後，SEC 會正式回應登記聲明，並附上一封瑕疵說明書（Comment——評論函），指出應修正部份，並指定上市公司說明或解釋或補件等形式回答；若無，SEC 就得依公司要求宣佈登記聲明日期開始生效，也就是所謂的附條件許可函。

登記日期生效後，承銷商會與擬上市公司簽署 Road Show 執行契約書，議定承銷費用、股票價格範圍、數量及其它條件後正式開始。

其實，在 Road Show 正式開始之前有下列十項工作必須注意：

一、呈交 Road Show 提案至董事會

二、重新整理財政聲明，重新定位公司

三、尋求承銷者並執行意向書

四、起草招股說明書

五、挑選招股書印刷者

六、集結財團

七、製作巡迴播放短片

八、準備、校正和印刷招股書

九、決定發行價格

十、決定發行量

以上項目又以第七項製作巡迴播放短片影響 Road Show 成績最深遠，試想全球各地的投資人如何一窺究竟？如何瞭解投資標的之概況？想當然爾就只有巡迴短片了，一個好的巡迴短片故名思義，就是不能太長，專家研究十五分鐘是最適當的時間，一場 Road Show 的時間最好控制在四十分鐘內，因此，如何能在四十分鐘裏將公司的願景及發展潛力表露無

遺、引人入勝，又能讓投資人印象深刻，進而決定成為公司的一份子，必須包括以下內容：

項目	分鐘	執行人員／公司
引言／介紹	3	承銷商／輔導券商
VCR：	<u>15</u>	
▲前言	0.5	
▲沿革（含營運成果、財務狀況）	1.5	
▲經營團隊介紹	1.5	
▲技術團隊與技術（專利、研發、著作權 等）介紹	1.5	上市公司
▲產品（實體、特性、功能性）介紹	1	
	3	
▲市場分析	3	
▲五年商業計畫	1.5	
	1.5	
產品示範與 Q&A	20	上市公司／承銷商／輔導券商
結論	2	承銷商

注：建議以實景為主（公司、各分公司、施工現場、海內外代表等）加旁白、資料與圖片，人員對話之場儘量減少。

　　總之，所有的 Road Show 過程進行快速，且結構健全，受美國州法律與聯邦法律規定及自律組織規章約束。Road Show 團隊中每位成員有各自的責任，然而，公司有最後的裁決權，無論如何，公司應注意的一點是：即使再健全的計畫，也會因不可預期的市場狀況而改變；因此，唯有做好事前的準備，才能確保萬無一失的目標。

　　最後，簡單介紹美國承銷團隊如何舉行既嚴肅又責任重大的 Road Show 活動？在亞太地區，一般人習慣性的會將法人說明會與 Road Show 畫上等號，但在美國，法人說明會卻是利用雞尾酒會的方式與投資者（機構投資人之代表）互動；在會場，經驗豐富的承銷團隊事前會邀請有投資意願的機構投資人參與，並會準備二個相連的活動場地，其一為主要的活動場地，安排雞尾酒會聯誼的地方，其二為播放巡迴短片的地方；一般來說，巡迴短片播放的時間會訂在當日下午 3 點正，雞尾酒會的聯誼則從下午 1 點開始，機構投資人會從 1 點整開始陸續進場，承銷團隊會在現場將

上市公司之經營團隊介紹給機構投資人，而機構投資人也於詢問中得到想要得到的答案，3 點正，所有人員進入播放室，巡迴短片準時播放，在四十分鐘裏，除了機構投資人正式瞭解投資標的的實際營運狀況之外，原來雞尾酒會場將重新整理佈置，俟播放完畢，所有人員再回到雞尾酒會會場，就投資意願、股數、金額、時間與疑問，一併與上市公司與承銷團隊確認，60%以上決定投資的機構投資人會立即與承銷團隊簽署購買意願書（Letter of Intent　簡稱 LOI），完成推薦與投資程序。

第六節　投資價值與估值

　　企業不論是在財務顧問公司帶領下，執行選擇投資銀行時的法人說明會，或是在投資銀行主導下，啟動全球性的投資者巡迴法人說明會，無非是要各公司八仙過海各顯神通，要將公司的估值拉抬到最高點，達到公司利益最大化為目標；估質的計算方法一般來說無奇不有，但若以學理與實務來論則以現金流量定價法（EBIDA）及市盈率（PER）定價法為主流。

　　在美國市場，以目前市場的行情，若以市盈率定價法來談，保守的起跳基礎大致有二種大行規，若企業要私募資金，起跳倍數為最近一年稅後利潤的 3-5 倍；若企業要公募資金，則起跳倍數為最近一年稅後利潤的 5-8 倍，所以利潤越高，在同樣的融資金額下，所增發的股數愈少，釋出的股權愈低；特別注意的是，所謂最近一年是指投資者經過一連串的盡職調查後，在確定給錢的那天為起算日，而不是法人說明會時的最近一年。

一、現金流量定價法

1. 定向增發（PIPE）股價計算
　　本股價計算系采現金流量定價法 $P＝CF／CST／(r－g)$
　　其中：CF＝淨現金流
　　（EBIDA＝益本值＝淨利潤＋利息＋折舊＋攤銷）
　　CST＝已發行在外的普通股總股數 r＝貼現率 g＝股利增長率
　　準上市公司 2010 年淨現金流預估為 7000 萬元

股數為 6528 萬股，貼現率為 5.94%，股票分紅每年為 0%，則私募股價為：P＝7000／6528／（0.0594-0）＝18.05RMB（約 2.65 美元）

公司總價值為：CTV＝2.65×6528＝17299.20 萬美元

注：現行貼現率是根據銀行貸款利率確定，2010 年 5 年以上貸款利率約為 5.94%。

2. 私募融資權益

準上市公司私募融資計畫之融資金額若為 1000 萬美元

故私募融資後公司總價值：CTV＝1000＋17299.20＝18299.20

故私募投資者占股比率：ISR＝1000/18299.20×100%＝5.46%

原始股東占股比率：OSR＝100%－5.46%＝94.54%

故私募增發的股數：PPS＝6528/0.9454×0.0546＝377.01 萬股

私募融資後公司發行在外普通股總股數：CST＝6528＋377.01＝6905.01 萬股

故私募投資者每股投資價格為：P＝1000 萬美元／377.01 萬股=2.65 美元

3. 市盈率及發行股數與掛牌價格之關係

發行股數	每股股價（USD）	市盈率（PER）	稅後盈餘（USD）	每股淨利（EPS）
	4.70		17,637,797	0.255
	6.00		22,516,337	0.326
69,050,100	8.00	18.40	30,021,783	0.435
	10.00		37,527,228	0.543
	12.00		45,032,674	0.652

1. 發行股數經私募增發 377.01 萬股後變成 6905.01 萬股。

2. 依市盈率評價之相對定價法，市盈率為 18.40，股票市場價格每股在 4.70 美元，與私募投資價格 2.65 美元，中間有 2.05 美元的讓利價差，這是吸引投資者投資的關鍵。

3. 依據美國股票交易所（AMEX）上市資格與標準規定，每股最低掛牌價格為 2 美元以上，公眾股東 400 人以上，資產淨值 400 萬美金以上，最近一年稅前利潤為 75 萬美金以上，依據公司財務預測，貴公司除公眾股東人數未達標準外，其餘條件均已符合轉板要求。當期即可向紐約泛歐證券集團申請至美交所掛牌，在美交所掛牌交易後，再向 SEC 申請 S-3 文件，取得再次公開發行（SPO）身份，並在全球巡迴法人說明會後取得融資資金。

4. 為達到美交所公眾股東 400 人以上及持有 100 萬股以上股數的要求，公司可在國內採取私募——現金增發的方式為之，但因私募有鎖股的規定，故需讓利予投資者，所以私募參考價格可用市價 55%作為基礎，但為保障原始股東權益，私募價格以不低於私募投資價值為原則。

二、市盈率定價法

1. PIPE 股價計算

準上市公司 2012 年稅後利潤為 575.76 萬美元

公司總價值為：CTV＝575.76×（34.00/2）＝9787.92 萬美元

準 IPO 上市公司私募融資計畫之融資金額若為 1000 萬美元

故 IPO 投資者占股比率：ISR＝1000/（1000＋9787.92）×100%＝9.27%

原始股東占股比率：OSR＝100%－9.27%＝90.73%

故 IPO 私募增發的股數：PPS＝1000/0.9073×0.0927＝102.17 萬股

融資後公司發行在外普通股總股數：CST＝1000＋102.17＝1102.17 萬股

則私募股價為：P＝1000/102.17＝9.79 美元

注：依慣例私募 PE 為公募的一半。

2. IPO 公募股價計算

準上市公司 2013 年稅後利潤為 742.42 萬美元

公司總價值為：CTV＝742.42×34.00＝25252.28 萬美元

準 IPO 上市公司公募融資計畫之融資金額若為 3000 萬美元

故 IPO 融資後公司總價值：CTV＝3000＋25252.28＝28252.28

故 IPO 投資者占股比率：ISR＝3000/28252.28×100%＝10.62%

原始股東占股比率：OSR＝100%－10.62%＝89.38%

故 IPO 公募增發的股數：PPS＝1102.17/0.8938×0.1062＝130.96 萬股

融資後公司發行在外普通股總股數：CST＝1102.17＋130.96＝1233.13 萬股

則公募股價為：P＝3000/130.96＝22.91 美元

3. 市盈率及發行股數與掛牌價格之關係

普通股總股數	稅後利潤（USD）	市盈率	股價（USD）	每股盈餘（USD）
11,021,700.00	7,424,242.42	34.00	22.91	0.661
	10,000,000.00		30.85	0.894
	15,000,000.00		46.27	1.348
	20,000,000.00		61.70	1.801
	25,000,000.00		77.12	2.255

1. 發行股數經公募增發 130.96 萬股後變成 1233.13 萬股。

2. 由於美國市場投資者投資重點為投資企業的未來發展，依市盈率評價之相對定價法，企業 2013 年稅後利潤為 742.42 萬美元，股票市場價格每股 22.91 美元，符合美交所最低股票交易價格 3 美元以上的要求。

3. 依據產業群聚原則及企業條件，農業化學類股大部分企業在紐約證券交易所上市，為符合轉板條件，最低股價要達到 4 美元以上，連續三年稅後利潤總和達到 1000 萬美元，最近兩年每年稅後利潤不得低於 200 萬美元，公眾股東持股股數須達 450 萬股以上，當公司條件符合上述門檻後，則可實現轉板至紐約股票交易所交易，達到資本運作最終極目標。

第七節　美國二十大投資銀行

　　企業到美國上市的目的有二，一是構建一個長期融資的平臺，二是在輔導的過程中，學習國際標準的內部控制制度，提高企業的國際競爭力；一個專業、優質的財務顧問公司，會依據美國薩班斯法案 404 條、302 條、906 條的規定，建議企業導入適合的內控軟體，協助企業建置 COSO 框架的內控制度，此制度可以畢其功於一役，制度建置完成後就可依樣畫壺、高枕無憂；至於構建一個長期融資的平臺，則需具有承銷實力及優良紀錄的投資銀行配合，因此，融資估質高低、金額大小、次數多寡，承銷商的口碑與影響力決定融資的成敗，亦即企業能否做強做大，投資銀行的角色至關重要。

　　在本節中，筆者特別將 2010 年美國融資總金額排名前二十大最有實力的投資銀行及 2003-2010 年美國融資交易總量及交易量排名前十大投資銀行名單摘錄於後，提供給需要的企業參考與選擇。

彭博社前 20 排名（按總金額排名）

第一名
摩根大通公司
公司英文名稱：JPMorgan Chase & Co.
公司網站：http://www.jpmorganchase.com
公司總部：美國紐約
2010 年金額：41 億 4 千萬美元
2009 年金額：49 億 7 千萬美元

公司簡介：

　　摩根大通於 2000 年由大通曼哈頓銀行及 J.P.摩根公司合併而成，並於 2004 年與 2008 年分別收購芝加哥第一銀行，華盛頓互惠銀行，和美國著名投資銀行貝爾斯登。

第二名
摩根士丹利
公司英文名稱：Morgan Stanley
公司網站：http://www.morganstanley.com
公司總部：美國紐約
2010 年金額：36 億 7 千萬美元
2009 年金額：43 億 3 千萬美元

公司簡介：

　　摩根士丹利原是 JP 摩根中的投資部門，1933 年美國經歷了大蕭條，國會通過＜Glass-Steagall Act＞，禁止公司同時提供商業銀行與投資銀行服務，摩根士丹利於是作為一家投資銀行於 1935 年 9 月 5 日在紐約成立，而 JP 摩根則轉為一家純商業銀行。

第三名
高盛集團
公司英文名稱：Goldman Sachs
公司網站：http://www.goldmansachs.com
公司總部：美國紐約

2010 年金額：36 億美元
2009 年金額：45 億 6 千萬美元

公司簡介：

　　高盛集團成立於 1869 年，是全世界歷史最悠久及規模最大的投資銀行之一，總部設在紐約，並在東京、倫敦和香港設有分部，在 23 個國家擁有 41 個辦事處。

第四名
美國銀行——美林
公司英文名稱：Bank of America Merrill Lynch
公司網站：http://www.ml.com
公司總部：美國紐約
2010 年金額：29 億 1 千萬美元
2009 年金額：40 億美元

公司簡介：

　　2008 年 9 月 14 日，已有 94 年歷史的美林公司（Merrill Lynch & Co.）同意以大約 440 億美元的價格出售給美國銀行（Bank of America Corp.）。二者的合併將造就一家業務範圍廣泛的銀行巨頭，角幾乎涉及了金融領域的方方面面，遍佈信用卡、汽車貸款、債券和股票承銷、併購諮詢和資產管理各個方面。

第五名
德意志銀行
公司英文名稱：Deutsche Bank
公司網站：http://www.deutschebank.com
公司總部：德國法蘭克福
2010 年金額：26 億 9 千萬美元
2009 年金額：26 億 7 千萬美元

公司簡介：

　　德意志銀行 1870 年成立於德國柏林，1876 年收購德意志聯合銀行和柏林銀行協會，成為德國最大的銀行。從一建立，德意志銀行便從事世界大型項目的融資，在德國及海外工業化的融資方面起著重要作用。

```
第六名
瑞士聯合銀行
公司英文名稱：UBS
公司網站：http://www.ubs.com
公司總部：瑞士蘇黎世
2010 年金額：26 億 2 千萬美元
2009 年金額：25 億 1 千萬美元
```

公司簡介：

　　瑞士聯合銀行集團（瑞銀集團）1998 年由瑞士聯合銀行及瑞士銀行集團合併而成。旗下由瑞銀華寶、瑞銀機構資產管理與瑞銀瑞士私人銀行三大分支機構組成。

```
第七名
瑞士信貸集團公司
公司英文名稱：Credit Suisse Group
公司網站：http://www.credit-suisse.com
公司總部：瑞士蘇伊士
2010 年金額：25 億 6 千萬美元
2009 年金額：29 億美元
```

公司簡介：

　　瑞士信貸集團，2006 年，更名為瑞士瑞信銀行（Credit Suisse）。是一家成立於 1856 年的投資銀行和金融服務公司，是瑞士第二大的銀行，僅次於它的長期競爭對手「瑞士聯合銀行」（UBS AG）。在全球 60 個國家有經營業務的國際金融機構。

```
第八名
巴克萊銀行
公司英文名稱：Barclays Capital
公司網站：http://www.barcap.com
公司總部：英國倫敦
2010 年金額：22 億 5 千萬美元
2009 年金額：22 億 6 千萬美元
```

公司簡介：

　　Barclays Capital 是全世界最大的多國財經服務機構之一，是 Barclays（1896 年成立）的投資銀行部門。集中致力於證券股票、基金投資、金融借貸等金融理財和管理，並擔當企業、個人、金融機構、政府和跨國組織的仲裁及顧問角色。

```
第九名
花旗集團
公司英文名稱：Citigroup
公司網站：http://www.citigroup.com
公司總部：美國紐約
2010 年金額：22 億 2 千萬美元
2009 年金額：38 億 6 千萬美元
```

公司簡介：

　　花旗銀行是 1955 年由紐約花旗銀行與紐約第一國民銀行合併而成的，合併後改名為紐約第一花旗銀行，1962 年改為第一花旗銀行，1976 年 3 月 1 日改為現名。

```
第十名
日本野村控股公司
公司英文名稱：Nomura Holdings.Inc.
公司網站：http://www.nomura.com
公司總部：日本東京
2010 年金額：15 億 7 千萬美元
2009 年金額：18 億 7 千萬美元
```

公司簡介：

　　其前身為野村緒七在 1872 年設立的野村商店，1918 年成立野村銀行。兩年後設立專門從事債券業務的野村銀行證券部。1925 年該部獨立，成立野村證券股份公司。1946 年總公司從大阪遷到東京。

第十一名
加拿大皇家銀行資本市場
公司英文名稱：RBC Capital Markets
公司網站：http://www.rbccm.com
公司總部：加拿大多倫多
2010 年金額：10 億 3 千萬美元
2009 年金額：10 億 6 千萬美元

公司簡介：

　　成立於 1869 年，是加拿大皇家銀行（RBC）旗下的企業及投資銀行部門，也是加拿大市值最高、資產最大的銀行。1954 年，加拿大皇家銀行就與中國建立了合作關係，是第一家與中國銀行建立代理行關係的北美銀行。

第十二名
匯豐控股有限公司
公司英文名稱：HSBC Holdings plc
公司網站：http://www.hsbc.com
公司總部：英國倫敦
2010 年金額：9 億 5 千萬美元
2009 年金額：12 億 3 千萬美元

公司簡介：

　　1865 年 Hongkong and Shanghai Banking Corporation Limited（HSBC）創立，創始人為蘇格蘭人 Thomas Sutherland。3 月在香港開業，4 月在上海開業。HSBC Holdings 為 HSBC Group 的控股公司，總部設於英國倫敦，該公司於 1991 年才正式成立，但旗下附屬公司已經有相當悠久的歷史。

第十三名
法國巴黎銀行
公司英文名稱：BNP Paribas
公司網站：http://www.bnpparibas.com
公司總部：法國巴黎

2010 年金額：7 億 4 千萬美元
2009 年金額：12 億 3 千萬美元

公司簡介：

　　2000 年 5 月，法國兩家主要商業銀行與正式合併，合併後的名稱為法國巴黎銀行。根據淨收入排名，位居法國第一，根據股東權益排名，位居歐洲第四大銀行。

第十四名
TD 證券／道明證券
公司英文名稱：TD Securities
公司網站：http://www.tdsecurities.com
公司總部：加拿大多倫多
2010 年金額：6 億 8 千萬美元
2009 年金額：6 億 1 千萬美元

公司簡介：

　　TD Securities 是 Toronto Dominion Bank 的投資銀行部門，其歷史可追溯到 150年前。

第十五名
蘇格蘭皇家銀行
公司英文名稱：Royal Bank of Scotland
公司網站：http://www.rbs.com
公司總部：英國愛丁堡
2010 年金額：6 億 7 千萬美元
2009 年金額：12 億 6 千萬美元

公司簡介：

　　建於 1727 年，是歐洲領先的金融服務集團，也是英國最大的銀行。2000 年 2 月，銀行收購了國民西敏寺銀行，使蘇格蘭皇家銀行跨入世界著名商業銀行，該項收購涉及金額達 210 億英鎊，創下了英國歷史上銀行業收購的最高金額記錄。

```
第十六名
富國銀行
公司英文名稱：Wells Fargo
公司網站：http://www.wellsfargo.com
公司總部：美國三藩市
2010 年金額：6 億 2 千萬美元
2009 年金額：7 億美元
```

公司簡介：

　　創立於 1852 年，創始人是 HENRY WELLS 和 WILLIAM FARGO，美國第五大銀行。富國銀行是美國唯一一家獲得 AAA 評級的銀行

```
第十七名
瑞德集團
公司英文名稱：Lazard
公司網站：http://www.lazard.com
公司總部：美國紐約　法國巴黎　英國倫敦
2010 年金額：6 億 1 千萬美元
2009 年金額：7 億 1 千萬美元
```

公司簡介：

　　成立於 1848 年，目前其業務遍及亞洲、北美、歐洲、澳大利亞和南美的 16 個國家和地區的 28 個城市，主要為公司、合夥企業、機構、政府和個人提供包括併購諮詢、資產管理、重組諮詢在內的各種服務。瑞德已在香港、東京、首爾和新加坡設有辦事處。

```
第十八名
羅特席爾德家族
公司英文名稱：Rothschild
公司網站：http://www.rothschild.com
公司總部：英國倫敦
2010 年金額：5 億 8 千萬美元
2009 年金額：5 億 8 千萬美元
```

公司簡介：

　　是一個在德國生活的猶太人家族。在十八世紀末期，羅斯柴爾德家族創建了整個歐洲的金融和銀行現代化制度，處於世界金融中心近 200 年。

第十九名
傑富瑞投資銀行
公司英文名稱：Jefferies & Company，Inc.
公司網站：http://www.jefferies.com
公司總部：美國紐約
2010 年金額：5 億美元
2009 年金額：2 億 7 千萬美元

公司簡介：

　　華爾街著名投資銀行，由加州大學伯克利分校的畢業生 Boyd Jefferies 創立於 1962 年，是 24-hour trading 的發明者。在 2006、2007 連續兩年被評為「最佳中型市場投資銀行」。

第二十名
加拿大蒙特利爾銀行資本市場
公司英文名稱：2011 BMO Capital Markets Corp.
公司網站：http://www.bmocm.com
公司總部：加拿大蒙特利爾
2010 年金額：4 億 4 千萬美元
2009 年金額：3 億 3 千萬美元

公司簡介：

　　BMO 金融集團於 1817 年在蒙特利爾市成立銀行，BMO 金融集團經營多種業務。BMO 資本市場為北美金融企業、機構和政府客戶提供全方面的金融服務和金融產品。

2003-2010 年交易總量前十大排名

```
第一名
羅德曼有限公司
公司英文名稱：Rodman & Renshaw，LLC
公司網站：http://www.rodmanandrenshaw.com
公司總部：美國紐約
數量：400
金額：6,694,283,923 美元
```

公司簡介：

　　羅德曼資本集團是一家控股公司，旗下擁有包括羅德曼投資銀行在內的多家直接或間接控股子公司，其是一家全方位服務投資銀行，專注於為眾多行業和區域的上市公司和私有公司提供公司財務、戰略性諮詢及相關服務。羅德曼還為機構投資者提供研究、銷售和交易服務。羅德曼是 PIPE（上市公司私募投資）和 RD（登記直接發行）交易市場的領軍者。根據 Sagient Research Systems 的資料，2005年以來，按照每年完成的 PIPE 和 RD 融資交易總量，羅德曼一直是名列第一的配售代理。

```
第二名
羅斯證券有限公司
公司英文名稱：Roth Capital Partners，LLC
公司網站：http://www.roth.com/
公司總部：美國加利福利亞
數量：267
金額：4,684,600,509 美元
```

公司簡介：

　　羅斯證券有限公司致力於小盤公開市場及中小型中國公司融資業務，於 2007 年在上海和 2010 年在香港成立辦事處。包括資金籌集，調查研究，兼併和收購及諮詢服務，羅斯已籌得超過小型股上市公司 109 億和 160 家企業的兼併，收購和諮詢任務的完成。自 2000 年以來，羅斯已經成為多家公司的承銷商，為客戶籌集超過 33 億美元的資金，自 2003 年以來，羅斯已完成交易總額超過 3.1 億美元。

第三名
科恩集團
公司英文名稱：Cowen and Company，LLC
公司網站：http://www.cowen.com/TheFirm.html
公司總部：美國紐約
數量：121
金額：3,475,282,229 美元

公司簡介：

　　科恩集團在全球多個國家共計設有 18 個分支機構，管理資產總計近 80 億美元。集團的業務模式主要分為兩大方面，證券經紀業務以及另類投資管理。其中另類投資管理業務下設對沖基金、母基金、地產基金、醫藥專利基金、現金管理等五個業務部門，目前 Cowen 集團旗下證券經紀業務涵蓋了航空國防、新能源、消費零售、金融機構、醫療保健、科學技術領域。

第四名
瑞德集團
公司英文名稱：Lazard
公司網站：http://www.lazard.com
公司總部：美國紐約　法國巴黎　英國倫敦
數量：97
金額：4,366,179,567 美元

公司簡介：

　　成立於 1848 年，目前其業務遍及亞洲、北美、歐洲、澳大利亞和南美的 16 個國家和地區的 28 個城市，主要為公司、合夥企業、機構、政府和個人提供包括併購諮詢、資產管理、重組諮詢在內的各種服務。瑞德已在香港、東京、首爾和新加坡設有辦事處。

第五名
梅裏曼控股公司
公司英文名稱：Merriman Curhan Ford & Company
公司網站：http://www.wsw.com

公司總部：美國聖法蘭西斯科
數量：93
金額：1,798,187,096 美元

公司簡介：

　　梅裏曼控股公司提供投資銀行，資本市場及機構投資者服務，主要服務於美國和加拿大的企業客戶。它的投資銀行服務包括提供諮詢，通過集資，股票和可轉換債券發行，兼併和收購，資產剝離，分拆和私有化等。此外，它提供包括經紀機構的銷售，服務和交易服務，以及對沖基金，保險公司等的證券交易。此外，該公司還提供企業和行政服務，包括銷售和流動性計畫，投資組合諮詢服務公司，研究傳播和執行交易風險服務等。

第六名
加拿大皇家銀行資本市場
公司英文名稱：RBC Capital Markets，Inc.
公司網站：http://www.rbccm.com
公司總部：加拿大多倫多
數量：89
金額：5,862,925,706 美元

公司簡介：

　　成立於 1869 年，是加拿大皇家銀行（RBC）旗下的企業及投資銀行部門，也是加拿大市值最高、資產最大的銀行。1954 年，加拿大皇家銀行就與中國建立了合作關係，是第一家與中國銀行建立代理行關係的北美銀行。

第七名
奧本海默集團
公司英文名稱：Oppenheimer & Co. Inc
公司網站：http://www.opco.com/
公司總部：美國紐約
數量：83
金額：1,997,669,059 美元

公司簡介：

奧本海默是一家領先的投資銀行和全方位服務的投資公司，提供金融服務和諮詢，為投資者，個人，企業和機構服務。奧本海默的其他全資子公司包括奧本海默資產管理公司，奧本海默生命代理有限公司，和著名的奧本海默基金公司。

```
第八名
加拿大加通貝祥投資公司
公司英文名稱：Canaccord Genuity Inc.
公司網站：http://www.canaccordgenuity.com
公司總部：加拿大多倫多
數量：83
金額：2,419,666,994 美元
```

公司簡介：

主要專注為亞洲的相關業務提供諮詢服務、為中國公司海外投資和國際併購提供顧問服務、為計畫進入亞洲市場的國際公司提供顧問服務、幫助亞洲公司在國際市場獲得融資、為國際項目協調融資等業務。

```
第九名
中城夥伴
公司英文名稱：Midtown Partners & Co.，LLC
公司網站：http://www.midtownpartners.com/
公司總部：美國紐約
數量：77
金額：305,943,089 美元
```

公司簡介：

Midtown Partners 投資銀行提供便利的金融創新的解決方案，主要服務於中間市場（企業值小於 2.5 億美元）和新興市場。包括各個行業和部門，例如醫療保健，替代能源，天然資源，航空航太和國防，消費品零售市場和新興市場等。

第十名

傑富瑞投資銀行

公司英文名稱：Jefferies & Company，Inc

公司網站：http://www.jefferies.com

公司總部：美國紐約

數量：75

金額：5,176,726,307 美元

公司簡介：

　　華爾街著名投資銀行，由加州大學伯克利分校的畢業生 Boyd Jefferies 創立於 1962 年，是 24-hour trading 的發明者。在 2006、2007 連續兩年被評為「最佳中型市場投資銀行」。

2010 年前十大交易量排名

第一名

羅德曼有限公司

公司英文名稱：Rodman & Renshaw，LLC

公司網站：http://www.rodmanandrenshaw.com

公司總部：美國紐約

數量：77

金額：1,220,781,745 美元

公司簡介：

　　羅德曼資本集團是一家控股公司，旗下擁有包括羅德曼投資銀行在內的多家直接或間接控股子公司，其是一家全方位服務投資銀行，專注於為衆多行業和區域的上市公司和私有公司提供公司財務、戰略性諮詢及相關服務。羅德曼還為機構投資者提供研究、銷售和交易服務。羅德曼是 PIPE（上市公司私募投資）和 RD（登記直接發行）交易市場的領軍者。根據 Sagient Research Systems 的資料，2005 年以來，按照每年完成的 PIPE 和 RD 融資交易總量，羅德曼一直是名列第一的配售代理。

第二名

羅斯證券有限公司

公司英文名稱：Roth Capital Partners，LLC

公司網站：http://www.roth.com/

公司總部：美國加利福利亞

數量：49

金額：1,103,712,836 美元

公司簡介：

羅斯證券有限公司致力於小盤公開市場及中小型中國公司融資業務，於 2007 年在上海和 2010 年在香港成立辦事處。包括資金籌集，調查研究，兼併和收購及諮詢服務，羅斯已籌得超過小型股上市公司 109 億和 160 家企業的兼併，收購和諮詢任務的完成。自 2000 年以來，羅斯已經成為多家公司的承銷商，為客戶籌集超過 33 億美元的資金，自 2003 年以來，羅斯已完成交易總額超過 3.1 億美元。

第三名

瑞德集團

公司英文名稱：Lazard

公司網站：http://www.lazard.com

公司總部：美國紐約　法國巴黎　英國倫敦

數量：26

金額：994,968,084 美元

公司簡介：

成立於 1848 年，目前其業務遍及亞洲、北美、歐洲、澳大利亞和南美的 16 個國家和地區的 28 個城市，主要為公司、合夥企業、機構、政府和個人提供包括併購諮詢、資產管理、重組諮詢在內的各種服務。瑞德已在香港、東京、首爾和新加坡設有辦事處。

第四名

瑞德通投資顧問有限公司

公司英文名稱：Chardan Capital Markets

公司網站：http://www.chardancm.com/

公司總部：美國紐約

數量：19

金額：178,277,810 美元

公司簡介：

　　主要為中國企業海外上市、私募融資，併購、諮詢等提供服務，並為海外投資基金，對沖基金提供投資機會。包括融資，兼併和收購諮詢，戰略諮詢，證券研究，機構交易和市場決策。

```
第五名
傑富瑞投資銀行
公司英文名稱：Jefferies & Company，Inc.
公司網站：http://www.jefferies.com
公司總部：美國紐約
數量：16
金額：2,200,442,744 美元
```

公司簡介：

　　華爾街著名投資銀行，由加州大學伯克利分校的畢業生 Boyd Jefferies 創立於 1962 年，是 24-hour trading 的發明者。在 2006、2007 連續兩年被評為「最佳中型市場投資銀行」。

```
第六名
加拿大加通貝祥投資公司
公司英文名稱：Canaccord Genuity Inc.
公司網站：http://www.canaccordgenuity.com
公司總部：加拿大多倫多
數量：15
金額：522,252,665 美元
```

公司簡介：

　　主要專注為亞洲的相關業務提供諮詢服務、為中國公司海外投資和國際併購提供顧問服務、為計畫進入亞洲市場的國際公司提供顧問服務、幫助亞洲公司在國際市場獲得融資、為國際項目協調融資等業務。

第七名
加拿大皇家銀行資本市場
公司英文名稱：RBC Capital Markets，Inc.
公司網站：http://www.rbccm.com
公司總部：加拿大多倫多
數量：14
金額：811,108,693 美元

公司簡介：

　　成立於 1869 年，是加拿大皇家銀行（RBC）旗下的企業及投資銀行部門，也是加拿大市值最高、資產最大的銀行。1954 年，加拿大皇家銀行就與中國建立了合作關係，是第一家與中國銀行建立代理行關係的北美銀行。

第八名
桑德勒‧奧尼爾投資銀行
公司英文名稱：Sandler O'Neill & Partners，L.P.
公司網站：http://www.sandleroneill.com/
公司總部：美國紐約
數量：13
金額：1,340,513,499 美元

公司簡介：

　　桑德勒‧奧尼爾公司成立於 1988 年，是一家提供全面服務的投資銀行公司和經紀交易商，以金融服務為重點，主要專注於合併與收購諮詢，資本市場，股票買賣及銷售，證券研究，按揭融資及諮詢服務。

第九名
基夫投資集團
公司英文名稱：Keefe，Bruyette & Woods，Inc.
公司網站：http://www.kbw.com/
公司總部：美國紐約
數量：13
金額：573,822,622 美元

公司簡介：

　　基夫投資集團成立於 1962 年，包括銀行和保險公司，房地產公司和房地產投資信託基金，經紀商，抵押貸款公司，資產管理公司及專業金融公司。KBW 在研究企業融資，兼併與收購，銷售及貿易等領域具有領先地位。

第十名
梅裏曼控股公司
公司英文名稱：Merriman Curhan Ford & Company
公司網站：http://www.wsw.com
公司總部：美國聖法蘭西斯科
數量：13
金額：455,347,967 美元

公司簡介：

　　梅裏曼控股公司提供投資銀行，資本市場及機構投資者服務，主要服務於美國和加拿大的企業客戶。它的投資銀行服務包括提供諮詢，通過集資，股票和可轉換債券發行，兼併和收購，資產剝離，分拆和私有化等。此外，它提供包括經紀機構的銷售，服務和交易服務，以及對沖基金，保險公司等的證券交易。此外，該公司還提供企業和行政服務，包括銷售和流動性計畫，投資組合諮詢服務公司，研究傳播和執行交易風險服務等。

第七章

上市後企業權益與責任

第七章　上市後企業權益與責任

在「有夢最美、希望相隨」情境支持下，擬上市公司全體員工將士用命，經過至少9-12個月以上的努力，終於美夢成真；但是真正可以享受到的權利與如何落實築夢的責任，才正要開鑼！

第一節　上市後企業權益與責任

上市公司的權利：

一、更暢通的資金管道

成功的初次公開發行可以馬上為公司帶來充裕的資金，讓全球最大的資本市場成為公司資金潛在的重要來源之一。因此，上市公司掛牌滿一年後可以重回資本市場，藉由 SPO（Second Public Offering）再次公開發行的方式募集更多的資金；上市之後的公司也可以考慮發行「公司債」或「可轉讓定期存單」，而且也能夠享有更有利的資產負債表——有利於更大的銀行融資和更佳的償還期限。

二、增加員工向心力和公司招募人才機會

藉由為員工規劃購買股票——選擇權，上市公司可以讓員工成為公司的所有人。這種規劃連結員工財務前途和公司成就，能夠讓員工盡忠於工作崗位，提高生產力，提升產品品質。此外，股票選擇權的做法也正可展現公司對員工的體恤。同時，選擇權有紅利的安排，由於結合了部分公司行政報酬與公司的未來，因此對行政人員而言是有利的補償。

三、刺激產品銷售量

地區性報章雜誌有關上市公司的報導文章，不管是來自公司的新聞稿、由媒體公關部門主動提供或是來自公司商業日誌的調查報告，都將無可避免地報導公司的產品和服務。全國性報章雜誌則比較可能報導上市公司而不太可能報導私人公司，而且報導焦點會放在產品的定位和股價變動上。全國主要報導商業和金融性電臺和財經電視節目，因為需要隨時提供股市現況和新上市公司的概況報導，所以也有助於上市公司的宣傳。即使是每天的股市看板也能讓大眾概括地認識上市公司。同樣地，公司之年報、季報和 CIS 形象識別型錄，對於公司定位、政策和成效執行報告，都是公司產品另類的宣傳。

四、拓展業務夥伴

上市公司藉由善盡自身義務所獲得之曝光率可能為它帶來可能的供應商和經銷商、潛在之企業合資夥伴甚或研究試點或創作者，提供具有行銷價值之點子。這樣的合作關係，不管是已經存在或是未來可能建立，在得知此上市公司已經符合美國證券交易委員會所列的要求和股市、財經及企業管理中明訂的標準時，都將有所強化。證交所不斷檢視公司的財政和業務狀況，正是對投資人最佳的保證，對於各種商業磋商行為，也會有正面的影響。

五、便於公司合併和購併案的進行

由於上市公司可能藉由 SPO 籌措額外的現金，因此，他們通常有比較完善的現金購併計畫。此外，上市公司也可能以自身的股票來完成購併案。藉由股票交換而成功的購併案，上市公司可以提供一個市場所決定的價格，省掉計算私人公司所具備價值的麻煩。在合併案方面，上市公司在考慮合併後新公司之財務狀況和運作時，必先確定能完全公開且全盤瞭解對方公司股東結構及影響。

六、提供個人財政規劃彈性

上市公司的股票和私人企業比起來，流動性通常比較大，也就是比較容易買賣。這有利於股東，因為股東在個人財政規劃時，有一定程度的彈性。擁有上市公司的股票有助於個人投資組合的多樣性，並且擴大財產的配置。另一方面，股東在規劃出售上市公司股權的獲利時，有公開市場的定價作基礎，比較容易計算。

上市公司的責任：

一、分攤法人治理責任：銷售股票給股東的同時，上市公司的原所有人基本上是讓出了獨掌公司未來的權利。一旦上市後，大部分公司在採取特定企業行動時都需要尋求股東的同意，如增加已發行的股票數量或是增加新類別的股票；要規劃認股權報酬、採用股票購買計畫或是進行合併與購併活動，都需要股東之同意。即使法律沒有明訂需要股東同意的決策部分，也必須考慮股東權益、意見和反應。

二、分享財政收益：上市後必定增加許多股東，他們都有權分享公司所有之獲利。一個優質的公司在股票市場上的表現，可以提供投資人分享財政收益的機會，讓他們有拋售股票機會，並在股票市場上獲得利潤。

三、努力增加股東的價值：上市公司高階主管和董事會必須對股東大會負責，他們必須善盡身為受託人之責任。因此，任何決策必須以提升股東之價值為目標。由於股東價值之高低是以股票價格和收益倍數來認定，因此，可以採取特定策略如股票回買來增加其比率。此外，也可以採取其他計畫，如「分割股票」降低股票價格，讓個別投資者更容易進行股票整批之交易。所有直接影響股東權益之措施和策略，都必須在持續投資關係計畫的前提下，傳達至市場上。

四、分享戰略資訊：上市公司根據法律的規定必須公開特定的資訊給股東與財政管理單位。迅速且明確的告知公司的活動，有助於建立股東的忠誠度，並能獲得投資人善意之回應。

五、創業和經營成本：上市過程中所牽涉到的期初成本和後續成本可能非常高。開始的時候，必須花費相當大的成本在公開發行的各項輔導上，如輔導費用、承銷折扣、傭金以及會計師和律師費用等。同時，也牽涉到股權建文件、登記和轉讓，甚至包括換股之經紀人費用。公

司上市後，公司所有人必須考慮提供資訊給股東與管理單位所需支付的後續費用，以及 SEC 及 NASD 註冊費用和隨著公司發展而必須不斷支付的律師與會計師費用。

六、讓出個人投資於公司資產之控股權：儘管上市公司股票比私人公司之股票更具流動性，但經營團隊買賣公司股票之時機卻受到 SEC 特定法律規定的限制。企業主管與內部人員亦不可因非公開之文件而買賣 SPO 持股。此外，法律也規定何時不許買賣持股（例如：在公佈營利收入時，不得轉賣持股），以及何時不得轉售公開市場中所購得之持股。公司主管與內部人士在購買與銷售持股時，都得配合公司之行政流程和後續的投資策略。建立員工交易視窗，並由專責單位監督交易視窗，可強化策略目標並確保員工遵守規範。

七、確實遵守鎖股的限制：公司原始之股東持有公司股票，於 IPO 後仍將受到 SEC Rule 144 規章公開買賣的限制，此類公司於未上市時發行之所有股票（以及任何其他企業主管于公開市場所購得的股票）都受此規章轉售的限制；但已登記發行之股票不在此限。

總之，輔導團隊負責擬上市公司之上市計畫，但上市後社會責任、股價維護、財務槓桿操作及股東權益提升，則需要經營團隊豐富的專業智慧和無私的奉獻精神，如此，才能讓公司依循既定政策邁向康莊大道。

第二節　購買庫藏股的時機、用途與限制

何謂庫藏股

因在中國現行證券或公司法相關的法律中，沒有對庫藏股有任何的界定，又因庫藏股在已開發國家金融市場中佔有十分重要的地位，為利於與國際金融市場接軌，相信中國的公司法在短期間內，一定會在修改公司法後，對庫藏股的界定給予明確的地位。在此，介紹臺灣的規定，以饗讀者；依臺灣政府 2000 年 7 月間財政部所訂庫藏股法規的規定，所謂「庫藏股」是指上市上櫃公司合於法律所訂目的，依法律所訂程序買回自己公司所發行股票的通稱，依法庫藏股執行的目的除供公司做為附認股權公司債、附認股權特別股、可轉換公司債或可轉換特別股轉換時所需股票來源、維護

公司信用及股東權益外，公司利用將庫藏股轉讓給員工，達激勵員工士氣並吸引優秀人才，也是庫藏股制度設置規範的非常重大目的與效益的一。

　　所謂「轉讓員工」是指公司得將庫藏股票直接轉讓，或由公司先行發給「認股權憑證」再以憑證換發股票。「直接轉讓」與「認股權憑證」的不同點在於，執有「認股權憑證」的員工得依公司頒行的認股權憑證發行及執行辦法，自己決定於某一段期間內是否依與公司約定的價格取得公司發行的股票；而庫藏股直接轉讓則是由公司按該轉讓辦法訂定當日的收盤價格或庫藏股收購平均價格孰高，以較高的價格為轉售予員工的價格。另公司以庫藏股轉讓或換發予員工的股票，依主管機關相關規定，公司得不受公司法相關規定的限制，而於轉讓辦法中明訂限制股權轉讓的期間，甚至有集保要求的規定，以期達到「留住」人才的目的。

　　庫藏股毫無疑問的一定是已經發行的股份，但是因為它已經不在投資人手中，所以它不能計算在市場流通的股份。事實上，庫藏股掌握在公司手中，但是，公司不能將其定位為一種「投資」。依照美國證券管理委員會（SEC）的規定，上市公司禁止從事「護盤」行為。美國證券法的規定，「護盤」乃為「操縱股價」（manipulating）的行為，明顯違反規定。

庫藏股的特性

　　庫藏股有下列四點特性：

(一) 庫藏股沒有投票權：既然庫藏股屬於公司所有，形式上就如同「未發行」股份。公司不是股東，當然沒有投票的權利。

(二) 庫藏股沒有參與股利分配權利：同理，庫藏股既然不是股東所持有的股份，當然也沒有參與分紅配息的權利。

(三) 庫藏股不列入計算每股稅後盈餘（EPS）：庫藏股事實上就是未發行的股份，因此，它就不能拿來作為計算每股盈餘的分母。

(四) 庫藏股不計入市場流通的股份數：庫藏股一經買回，就屬於公司所有，自然不能計入流通在外的股份。

購回庫藏股的時機

(一) 股價不足以反應公司價值，且有嚴重被貶低時公司原本體質良好，發展潛力無窮，一旦股價遭到非理性打壓，明顯偏離真實價值。此時若有心人士「趁火打劫」，大量吃貨，極可能由市場派控制經營權。此

種狀況，公司董事會絕對不會袖手旁觀？董事會當然會宣佈買回市場的浮額（floating shares），以免遭人趁虛而入。從另一角度來看，這也屬「護盤」的一種。不過護的不是股價，而是維護公司的經營權。

(二) 公司有足夠的閒置資金公司要購買庫藏股，必須要有閒置資金，如果公司資金不足，那也只有眼睜睜的看著股價下跌，任由他人收購。

(三) 董事會通過買回決議買不買回庫藏股，是由公司的董事會決定，股東縱有不滿，也只有等改選董事時再行算帳。

購回庫藏股的用途

(一) 減少市場流通股份，減少籌碼，清除浮額公司買回自家股票最主要的目的，乃是展現董事會對公司前途的信心。這對投資人而言也有激勵作用。由於公司買回自家股票，會減少市場上流通籌碼。如果買回數量大，這對提升股價會產生一定的拉抬作用。

(二) 提高每股稅後權益比由於庫藏股不能參與分配股利，這必然會提高每股獲利權益。

(三) 做為提撥員工認股權的配股近年來，美國公司對於員工的獎勵，已不能單靠加薪和獎金來滿足，大多數公司都以提供員工認股權來激勵。如果公司沒有剩餘未發行股票以資發放，除增加發行股份的外，只有利用買回的庫藏股當作兌現員工選擇權的準備。

(四) 股價回穩後做二次公開發行（SPO）的發行準備；庫藏股買回的後有兩種處理方式；一種是作廢，一種就是再發行。作廢的意思是將該公司發行的股份部分登出。雖然公司股份減少，但公司資產並沒有減少，股東權益每股帳面淨值相對增加。另外一種方法，就是公司在未來有資金需求時後，再將庫藏股拿出來做第二次發行。因為公司不是股東，因此，庫藏股不能直接在市場上拋售，必須透過公開承銷方式將庫藏股釋出。

庫藏股購回的限制

(一) SEC 對於公司購買庫藏股有「時機」與「數量」的限制。美國證券交易委員會對公司購買庫藏股有「時機」與「數量」限制，買回的股票可以作為：一、轉讓股份予員工。二、配合附認股權公司債、附認股權特別股、可轉換公司債、可轉換特別股或認股權憑證的發行，作為

股權轉換的用。三、為維護公司信用及股東權益所必要而買回，並辦理銷除股份者。公司依買回的股份，除第三種情形應於買回的日起六個月內辦理變更登記外，應於買回的日起三年內將其轉讓；逾期未轉讓者，視為公司未發行股份，並應辦理變更登記。公司買回的股份，不得質押；於未轉讓前，不得享有股東權利。

(二) 股市開盤後及收盤前 30 分鐘不得進場。為免因公司執行庫藏股買回計畫，影響股市供需的機制，SEC 規定，股市開盤後及收盤前 30 分鐘不得進場，讓公司執行庫藏股買回計畫時，將影響供需機制的可能降至最低。

(三) 庫藏股購回股數不得超過當日成交量 25%股價的漲跌，應由市場的供需價量來決定，而非以政策或人為操作決定價格的高低，為免庫藏股購買數量不會影響市場供需，SEC 規定，庫藏股購回的股數，不得超過當日成交量 25%。

第三節　如何召開股東大會

經過一番努力之後，上市公司所面臨的重大課題，就是如何將上市後的優勢向所有股東報告與分享，原來依據國內公司法的規定召開股東會的程序，也因上市而須依美國的公司法的規定辦理，但因美國各州對於股東會相關規定又不盡相同，再因各州的藍天法案對於投資人權益的保護比較嚴謹，因此，下列有關資訊是一般公司在股東會中常見的問題。

股東大會

股東通常是在股東大會上行使其投票權，股東選舉董事會成員與公民投票不同，並不是每人一票，而是根據每個股東持有股票的多少決定選舉權的大小，用通俗的話來說是「財大氣粗」。美國各州的公司法規定公司可以定期召開股東大會，通常是一年一次，召開「年會」(annual meeting) 的時間必須納入公司的章程 (bylaws)。股東年會的主要事項是每年一度選舉公司的董事會成員，除此外，股東年會還可以處理公司的任何其他事務，除了年會之外，如果有重大的問題需要決定，董事會以及註冊證書或章程中授權的人員還可以隨時召集「特別會議」(special meeting) 公司沒

有重要的事情也可以不開年會，但是如果公司很久不開年會，而某些股東或董事認為有必要開年會，法庭可能會出面干預。

公司必須通知股東召開股東大會的時間和地點，因為年會的內容通常是選舉董事會成員，所以會議通知無須具體說明會議的目的和議程，但是如果董事會召集股東特別大會，公司必須在通知中說明會議的目的和議程，股東特別大會只能處理會議通知中說明的具體事務，公司向股東發會議通知必須至少提前 10 天，最多提前不超過 50 至 60 天，如果股東在會前、會中或會後簽署一張「免除通知書」（waiver of notice），公司就不必向該股東通知。

股東特別大會通常由以下幾種人召集：（1）公司董事會成員；（2）公司註冊證書或章程中規定的人員。

股東會議的法定股份

在股東年會和特別大會上，參加會議的股東所持有股票的總數必須達到一定的數量，這樣召開的會議才能充分代表股東的利益，公司法要求到會股東所持股份的最低數量就是「法定股份」（quorum），但是在股東大會上選舉時，起決定性作用的並非人數的多少，而是每個股東所持有的股票數量的多少，所以在此處用法定人數是不確切的，除非每位股東持有的股份相等，法定股份和法定人數才可能等同。

各州公司對提高法定股份沒有限制，從理論上來說，公司可以將法定股份定為 100%，即公司的任何事務都必須經過所有的股東一致同意，對於僅有幾個股東的股份非公開公司來說，因為公司的股票沒有現成的市場，一旦股東之間意見不和，少數股東很難通過拋出股票的方法保全自己的利益，所以將法定股份定為 100%可以保證每一個股東的利益，但是在一個有成千上萬個股東的股份公開公司裏，許多小股東根本不行使選舉權，如果將法定股份定為 100%的話，只要有一股不參加會議，公司就會癱瘓，所以將法定股份定得較高在技術上是不可行的。

如何計算多數票

假設某公司的法定股份為 50%以上，該公司發行了 100 股股票，在某次會議上，到會的股東共持有 51 股，符合法定股份的要求，第一個問題是，在股東大會上，必須有多少股贊成票才算多數票？德拉華州公司法§

216（2）條和紐約公司法§614（b）條規定，除了選舉董事會成員之外，在到會股東所持有的股份中，必須有一半以上投贊成票才能通過一項決定，以該公司為例，在出席會議的 51 股中，必須有 26 股投贊成票才算多數。第二個問題是，如果有 2 股棄權，24 股反對，其餘的 25 股贊成票是否算多數？根據德拉華州和紐約州公司法，25 股少於 51 股的 50%，所以不算多數，實際上，這 2 股棄權票的作用相當於反對票，換言之，這種計算方法要求「多數到會票」（majority of the votes present）為了保證棄權票的中立性，一些州的公司法採取「多數投出票」（majority of the votes cast）的方法，只要贊成票超過反對票，贊成票就可以以相對多數得勝，因為棄權票沒有投出，可以忽略不計。

股東投票權的歸屬

公司的股票是一種有價證券，可以在股票市場上自由交易，對於在股票交易所上市的大公司來說，公司的股票每天都有成千上萬股易手，公司的股東也隨時在換人，在公司發放股息或召開股東會議前後，如果股東換人，股息權和投票權究竟是歸老股東還是歸新股東呢？

股票的「登記所有人」

投資者購買了公司股票後就成了公司的股東，公司會向股東發一張用紙印製的「股票證明」（stock certificate），上面有公司名稱、股東姓名和股份的多少。此外，公司還會將股東的姓名、位址、納稅人號碼等資料登記在公司的「股東名冊」（stock ledger）或「股票過戶登記冊」（stock transfer book）上。這樣，持有股票的股東就成了股票的「登記所有人」（record owner）股票的登記所有人既享有股息權，也享有投票權。

股票的「受益所有人」

在證交慣例上，當股東將股票出售給新股東時，老股東先在屬於自己名下的股票反面簽名，這在法律上稱為「背書」（endorse），然後將背書過的股票交給新股東，新股東將背書過的股票交給公司，公司就向新股東發一張上面有新股東姓名的新股票，然後，公司還要在股東名冊上將老股東的名字註銷，再將新股東登記在股東名冊上，這一系列的事情並不是同時發生的，因為新老股東交替的整個過程需要幾天，所以在老股東出售股票

之後，新股東得到屬於自己名下的股票之前，老股東仍然是股票的登記所有人，新股東只是股票的「受益所有人」（beneficial owner）在現代的股票市場上，股票的交易並非像上面敘述的過程那麼複雜，因為大公司的股票每天交易量數以萬計，買進和賣出股票的新、老股東之間根本不見面，而是通過「股票經紀人」（stock broker）將買、賣雙方的指令匯總在一起成交，然後由股票的「過戶代理人」（transfer agent）用電腦更改公司的股東名冊或股票過戶登記冊。

除了選舉權之外，在登記日那天，誰是股票的登記所有人，登記日之前的股息就歸誰，例如，某公司的股票交易價格是每股＄100.00，該公司宣佈第一季度的股息為每股＄2.00，該公司規定的登記日是4月15日，如果甲在4月15日將股票賣給乙，股息就歸乙，如果甲在4月16日將股票賣給乙，股息仍歸甲，因此，即使在4月16日這天並沒有任何會影響股票價格波動的事件發生，該公司的股票還是會下跌＄2.00，這＄2.00代表被甲領走的股息。

各州的公司法規定，登記日必須比會議日期至少提前10天，但是提前通常最多不超過50至60天，如果公司董事會沒有設定登記日，但是在會前向股東發通知，那麼會議通知發出日的前一天即為投票權的「截止日」（cut-off date）截止日的作用就相當於登記日，在截止日那天，誰是股票的登記所有人，出席會議投票的權利就歸誰，因為各州公司法規定會議通知至少提前10天，提前最多不超過50至60天，所以按會議通知日推算的截止日實際上往往比登記日僅差一天，如果董事會既沒有設定登記日，也不提前發股東會議通知，那麼會議召開前一個「營業日」（business day）就是截止日，投票權歸會議前一天的股票登記所有人。

假設某公司定於5月20日召開股東大會，如果董事會將登記日定為會議日期前50天，3月31日就是登記日，如果一位股東在3月31日之前買進股票並完成所有的過戶交割手續，該股東就有權在5月20日的股東大會上投票。如果該公司董事會沒有設定登記日，但是卻規定會議通知提前期為50天，投票權的截止日相應往後推1天，3月30日就是截止日，如果公司既沒有設定登記日，也不規定會議通知提前期，那除了選舉權之外，在登記日那天，誰是股票的登記所有人，登記日之前的股息就歸誰，例如，某公司的股票交易價格是每股＄100.00，該公司宣佈第一季度的股息為每股＄2.00，該公司規定的登記日是4月15日，如果甲在4月15日

將股票賣給乙，股息就歸乙，如果甲在 4 月 16 日將股票賣給乙，股息仍歸甲，因此，即使在 4 月 16 日這天並沒有任何會影響股票價格波動的事件發生，該公司的股票還是會下跌＄2.00，這＄2.00 代表被甲領走的股息。

5 月 19 日就是截止日，如果那天正好是週末或節假日，截止日就是再往前挪到放假前的那個營業日。

設定登記日或將會議通知日前一天作為投票權截止日的目的是暫時凍結每天都可能變化的股東名冊，這樣公司僅須向在冊的股東發一次通知，並可以準備一份「投票人名冊」（voting list），各派股東就可以根據投票人名冊分發宣傳資料，拉選票。

選舉董事會成員的方法

股東的投票有兩個作用：（1）為公司經營管理的重大決策問題投票表決，投票表決分為贊成票、否決票和棄權票；（2）選舉公司的董事會成員。投票選舉董事會成員沒有反對票的，而是由各位股東為自己提名的候選人投票，最後以得票最多的候選人當選。所以，投票選舉董事會成員的方法與投票表決的方法有很大的差異。

投票表決的計數方法

投票表決是基於少數服從多數的原則，決定是否要做某一件事情。以上在法定股份一節中以經介紹了兩種計算多數的方法：

(1) 多數到會票（majority of the votes present）——這種方法要求到會股東擁有股份的總數達到法定股份的要求，並規定獲勝者必須獲得到會股東持有選票的半數以上。這種方法不適用於選舉董事會成員。試想，如果某公司有 3 位股東，每位各持有公司的 1/3 股份，並且各提名自己為董事會候選人，則每位候選人只能得到 1/3 的選票，都不能滿足多數到會票的要求，為了當選，其中 2 位股東必須達成選舉同一位候選人的默契，否則 3 位候選人中任何一位都得不到半數以上的選票。

(2) 多數投出票（majority of the votes cast）——這種方法也要求到會股東擁有股份的總數達到法定股份的要求，但是獲勝都得到的僅須超過對手，無須獲得到會股東持有選票的半數以上，這種計算方法同樣也局限於贊成與否決的投票表決，但是可以因有人棄權而造成的對峙局面。

選舉董事會成員的計數方法

我們在上面使用的「多數票」的概念是指所有選票的半數以上，在沒有棄權票的情況下，「多數票」與「少數票」之和為所有選票的總數。在股東選舉董事會成員時，「多數票」（majority）的概念被「最多投出票」（plurality of the votes cast）的概念所取代。即：按照董事會的席位多少，以得票最多的前幾位候選人當選。根據最多投出票當選的原則，股東選舉董事會成員的方法又可以分為以下兩種：

(1) 直接投票——所謂「直接投票「（straight voting），就是股東將自己的選票平均地投給自己提名的候選人。例如，某公司共發行了 100 股股票，共有 2 位股東，甲持有 26 股，乙持有 74 股，每股代表一張選票。假設該公司的董事會有 3 個席位，甲、乙各自提名 3 位候選人，如果採取直接選舉的方法，甲為自己的每位候選人各投 26 票，乙則為自己的每位候選人各投 74 票。因為乙的每位候選人都得 74 票，根據最多票當選的原則，董事會的 3 個席位都由乙提名的候選人當選，即使甲持有 49 股，乙持有 51 股，如果甲、乙各提名 3 位候選人，並且將各自的選票平均地投給自己的候選人，甲的每一位候選人只能得到 49 票，乙的每一位候選人將得到 51 票，甲的 3 位候選人仍然都將以 2 票之差敗北，換言之，在只有 2 位元股東的情況下，無論董事會有多少個席位，掌握半數以上股份的一方可以囊括所有的席位。

(2) 累積投票——如果採用「累積投票「（cumulative voting）的方法，股東將不為董事會的每 1 個空缺席位提名候選人，而是根據自己手中持有股份的多少，決定提名幾位候選人，然後將手中的選票集中到一起，投給自己提名的候選人。如果仍採用上例的數位，甲共有：26×3＝78 票，乙共有：74×3＝222 票。如果甲僅提名 1 位候選人，並將所有 78 票集中起來，該候選人將獲得 78 票，如果乙想得到董事會所有的席位，就必須提名 3 位候選人，但是如果乙將手中的選票平均分成 3 份，每個候選人只能得 74 票，其中勢必有一位候選人落選，乙固然可以為自己的第一、二位候選人各投 79 票，但是這樣做並不能淘汰甲的候選人，因為乙的第三位候選人將只能得到 64 票，顯然，乙的 3 位候選人之中至少有一位會因為少於 78 票而落選。

　　從上面的兩個例子可以看出，在只有 2 位元股東的情況下，如果採取直接投票的方法，持少於半數股份的甲連一個董事會的席位都得不到，如果採取累積投票的方法，雖然甲持有的 26 股僅比公司所發行的 100 股的 1/4 多一股，但是通過集中投票，甲居然贏得了董事會所有席位的 1/3。

　　如果採用直接投票的方法，有的股東儘管持有數量相當可觀的股份，但是如果股份不到半數，就可能連一個董事會的席位都得不到，使董事會成為持有半數以上股份的股東的「一言堂」，這顯然是不公平的，如果採取累積投票，少數股東也可以在董事會上得到發言權，這樣可以使董事會多元化，有利於公司內部宏揚民主。此外，代表少數派股東的董事可以監督代表多數派股東的董事，營私舞弊。

代理投票

　　公司召開股東大會時，如果股東本人不想參加會議，但是又不願意放棄投票權，股東可以簽署一份「投票委託書「（proxy），將投票權授予一個」投票代理人，由代理人代為行使投票權。投票代理人無須是公司的股東，可以是任何自然人或機構。在實際生活中，持有少量股票的股東常常放棄投票權，並不會主動去委託其他人代替本人投票，所以這些零星的散票就成了各派爭取的對象。在開股東大會前，希望控制公司管理權的主要股東往往是會根據投票人名冊向股東分發一些宣傳自己一派觀點的資料，並附上一張投票委託書，持相同觀點的股東僅須簽個名，然後將投票委託書寄回即可。

　　投票委託書是有期限的，因為股東大會通常是每年舉行一次，所以大多數的公司將投票委託書的有效期定為 11 個月，除非公司在 11 個月之內除了召開股東大會之外還召開特別董事會，每張投票委託書實際上相當於委託代理人行使一次投票權。

股東投票協議

　　即使可以累積投票，許多股東持有的股份還是不足以在董事會上贏得一席之地的，因此，一些持相同觀點的少數股東常會聯合起來，通過簽訂「投票協定」（voting agreement），將分散的選票化零為整，集中起來投給共同提名的候選人，此外，持股不到半數的股東常常會聯合起來，通過投票協議取得多數了，對公司的某一項決策問題投贊成票或反對票。

在簽訂投票協定時，各方對公司的主要決策問題所持的觀點是相同的，但是在投票協議的有效期內，各方常會對一些簽訂協定時預料不到的問題持不同意見。此外，協議的各方可能改變觀點。如果協議各方出現爭議，解決爭議的方法通常是通過協商、談判達成共識，或是將爭議提交仲裁。如果協商或仲裁無效，有的投票協議允許持不同觀點的一方退出協議。

為了保證投票協議能付諸執行，在簽署投票協定的同時最好再簽署一份不可撤銷的投票委託書，使協定各方將投票權交給投票代理人，由第三者代為行使投票權，另一種方法是在投票協議中預先注明，如果任何一方毀約，協議將由法庭下令強制執行。

投票信託

「投票信託「（voting trust）是一種委託他人行使投票權的協議，投票信託的特點是股票的股息權和投票權分離。投票信託的一方是」委託人「（trustor）」，另一方是「受託人」（trustee），委託人原來是公司的股東，在建立投票信託時，委託人將股票的「法律所有權」（legal title）和投票權轉讓給受託人，自己只保留股票的股息權和其他財產分配權。從法律角度來看，受託人是股票的「法律所有人」（legal owner），委託人是股票的「受益所有人」（beneficial owner），在公司的股票過戶登記本上，股票的所有權登記在受託人的名下。一般公司對於投票信託的有效期為 10 年，行將期滿時可以延期。

第四節　如何召開董事會議

公司的「董事會」（board of directors）是公司的最高權力機構，「董事」（directors）是由股東選舉產生的。董事會的主要職責是為公司經營中的重大問題作決策，聘用公司的「高級職員」（officers），並指導、監督高級職員管理公司的日常工作。

董事會的組成

在歷史上，各州的公司法規定董事會必須至少有 3 名成員。因為董事會是公司的最高權力機構，董事以投票的方式作決策，如果只有 1 名成員

就無須投票了，2 名成員是偶數，很容易造成「僵局」（deadlock），所以 3 名成員是不至於造成僵局的最小的奇數集體。然而，對於僅有一、二名股東的公司來說，要求股東選舉 3 名董事顯然是人浮於事。為了兼顧小公司的特點，各州允許僅有一、二名股東的公司將董事會的成員減少到一、二人。

　　公司通常在章程中規定董事的人數，也可以將董事的人數寫入註冊證書。如果公司要增加或減少董事人數通常必須經過持多數股份公司的股東投票批准，然後修訂章程或註冊證書。此外，公司也可以在註冊證書或章程中將董事的人數規定在某個範圍之內，例如 3 至 9 人，由董事會在規定的範圍之內自行確定董事人數。如果董事會希望將董事人數增減到規定的範圍之外，就必須由股東大會表決通過，然後修改註冊證書或章程。

　　董事通常由公司的股東擔任，但是也可以由非股東擔任。如果由股東擔任董事，公司經營的好壞就會直接影響董事的經濟利益，所以許多公司給董事的獎勵是本公司的股票而不是現金，以此來調動董事的積極性。因此，許多非股東擔任董事之後得到「獎勵股」（bonus stock），很快也成了公司的股東。

董事會的會議

　　因為董事會是公司決策機構，所以董事會會議比股東大會頻繁得多，若有必要隨時可以開會。

董事會會議的種類、時間、地點和通知

　　董事會會議分為兩種：一種是「定期會議」（regular meeting）或例會，另一種是「特別會議」（special meeting）。

　　董事會定期會議的時間和地點通常在公司的章程中規定，或是由董事會成員商定。定期會議可以是每星期、每兩個星期、每月或每季度開一次，開會地點在州內或州外（國外）均可。因為定期定義的時間、地點事先已經商定，所以會前就無須發通知了

　　特別會議是為了處理緊急情況臨時召集的會議，沒有預先商定的時間和地點，所以會前必須發通知。特別會議通知必須提前幾天發出，提前的天數通常在章程中規定，依慣例，特別會議的通知必須至少提前兩天，特別會議的通知無須說明會議的內容，董事可以討論與公司業務有關的任何事務。

董事會的法定人數及投票程序

　　在董事會的定期會議和特別會議上，參加會議的董事必須達到一定的人數，會上所作的決議才具有法律效果，公司法要求董事會會議的最低到會人數就是「法定人數」（quorum）。董事的投票權為每人一票，人數越多，代表的票數越多，所以應該強調人數。董事會會議的法定人數為會議召開前董事人數的半數以上，同時也允許公司在註冊證書或章程中提高或降低法定人數的要求。最高的法定人數沒有上限，可以高達董事會的 100%，最低的則不得低於全體董事的 1/3。如果公司不在註冊證書或章程中具體說明董事會法定人數的數量，即按公司法規定的半數以上辦理。

　　董事會會議對法定人數的要求則比較嚴格，參加會議的董事的人數自始至終都必須達到法定人數。如果會議中途有董事退席，使剩下董事少於法定人數，剩下的董事所作的決議就沒有法律效力。

　　如果參加會議的董事達到法定人數，董事會就可以對公司的事務投票表決。如果公司提高通過決議的票數要求，就必須在註冊證書或章程中明確說明。

　　董事會開會必須嚴格遵循法定人數的要求，但是有一種情況是例外：如果因為個別董事辭職、死亡或被免職，或是公司決定增加董事會的席位，使董事會產生了空缺，剩下的董事即使不夠法定人數，只要其中半數以上的董事同意，推舉出來的人選就可以補充董事會的空缺。

代替董事會會議的方法

　　股東會議與董事會會議有一個根本的不同之處，是股東大會通常並不議事，會議的主要內容是投票選舉董事及對董事會的提案投票表決。無論股東投票選舉誰擔任董事，對董事會的提案投贊成票還是反對票，股東都無須為投票後產生的後果承擔任何責任，所以股東無須本人親自參加會議，可以簽署一份「投票委託書「（proxy），請投票代理人根據委託人的指示代為行使投票權。

　　董事會會議的內容則主要是討論與公司經營有關的事務，董事本人今後也有可能為董事會的決議承擔責任，公司法皆要求董事親自參加會議議事之規定，不得通過投票委託書委託代理人參加會議議事。隨著現代通訊手段的不斷進步，董事會可以不必面對面地坐下來開會。例如，董事會可以用電話或通過其他通訊方式開會，只要參加會議的所有的董事都能互相

聽見聲音就可以。但是如果董事因故缺席，各州的公司法不允許董事委託代理人出席會議，因為代理人顯然無法代替董事行使議事的職能。

董事的反對意見

公司的股東為什麼可以享受有限責任的保護呢？因為股東並不直接管理公司的經營，而是通過選舉董事，由董事為公司的經營管理作決策。如果股東對董事所作的決策持反對意見，就可以將持有的股票拋出，另選別的公司的股票或其他的投資方式。

公司的董事是由股東選舉產生的，他們受股東的委託負責公司的經營管理，因此必須為股東承擔「受託責任」（fiduciary duty）。如果董事會所作的決策使公司遭受嚴重的經濟損失，或是觸犯法律，法庭可能會認為董事瀆職，並讓董事承擔個人責任。董事開會討論公司的事務時，常常會對一些問題產生爭議，如果多數董事的意見是錯誤的，持反對意見或棄權的少數董事如何才能避免日後為多數董事的錯誤決定承擔責任呢？董事會多數通過的決議代表整個董事會的意見。如果少數董事對董事會的決議持不同意見或棄權，就必須將反對意見或棄權寫入公司的「會議記錄」（minutes），或是在會上或會後向公司的「秘書」（secretary）遞交「書面異議」（written dissent）。即使有的董事沒有參加會議，缺席的董事對決議持反對意見或不置可否，也必須向公司的秘書遞交書面反對意見。如果日後股東或法庭對董事會的某一決議追究責任，棄權或持反對意見的董事就不承擔責任。

另一種決議表示反對的方法是辭職抗議。如果董事在決議通過之前辭職，就不為決議承擔任何責任。如果董事在決議通過之後才辭職，就必須向公司的秘書遞交書面反對意見，或是在辭呈中說明辭職的原因是不同意董事會的某一項決議，以避免日後為該項決議承擔責任。

在美國的公司裏，董事是股東選的，不是上級指派的，所以應該為股東的利益盡職。如果董事對多數的決議持不同意見，非但無須執行，還必須公開表示反對。因為法庭並不會因為董事會一致同意而法不責眾，所以附和多數是非常危險的。公開反對可以使多數董事三思而行，同時也可以喚起股東的注意。儘管以辭職來表示抗議也可以起到相同的作用，但辭職畢竟是一種消極的方法，只有萬不得已而為之。持反對意見的董事可以要求董事會在作決議之前徵求律師的意見，如果律師認為多數董事的意見有問題，多數董事通常不會一意孤行，以免日後個人承擔責任。

董事的薪酬

擁有股票與擁有其他有形資產有無區別呢？如果一位房東投入大量的時間和精力，將一所舊房子油漆、粉刷、修繕一新，然後將房子出售就可以賺錢。當然房東也可以從房子增值的部分中取出一部分作為工資發給自己，但是為自己投入的勞動給自己付報酬顯然是多此一舉。在出現股份公開的大公司之前，大多數公司是僅有幾個股東的小公司，股東們往往同時兼任董事。如果將公司比作房子，那麼全體股東就是房東。因為股票代表公司的產權，股東擔任董事為管理公司操勞與房東裝修自己的房子是出於相同的目的。如果公司經營得好，公司的資產和股息就會增加，股票就會增值，這就是對兼任董事的股東的報酬。所以在歷史上，股東擔任董事是沒有額外的報酬的。

然而，與其他無官一身輕的股東相比，擔任董事的股東的確是付出了額外的勞動。因為董事的主要職責是參加董事會的會議，美國的慣例是，董事每參加一次會議，公司就發給一筆數量有限的、象徵性的車馬費。當然，如果有的董事同時還兼任公司的高級職員，為公司經營管理付出大量的勞動，任職的董事就應該根據按勞取酬的原則從公司領取薪酬。

「金降落傘」（golden parachute）是另一種常見的酬勞董事的方法。所謂金降落傘就是公司與董事之間簽訂的一種離職費協定。例如，該協議可以規定，當公司被競爭對手收買或兼併時，如果公司的董事自願或被迫離職，公司必須給離職的董事一筆離職費。因為公司已經被競爭對手收買或兼併，這筆離職費實際上將出自競爭對手的腰包，因為離職費的數量往往極其可觀，故謂「金降落傘」。在八十年代，美國經歷了一場公司收買和兼併的狂潮。為了防止公司被收買或兼併，許多公司與董事們簽訂了數額驚人的「金降落傘」協定，這些昂貴的金降落傘往往使對公司心懷巨測的「偷襲者」望而生畏，是一種防禦競爭對手襲擊公司的有效措施。

董事會給董事定的薪酬必須合理，具體來說包括以下幾個主要因素：
▲董事為公司提供的服務的價值——估計服務價值的衡量標準包括董事的工作量、責任大小、經驗多少等；
▲稅務局認為合理的工資標準——因為工資是公司經營的費用，可以用來抵消公司應課稅的收入，有的公司用較高的工資來代替股息，以避免政府對公司的雙重徵稅，所以稅務局對工資的合理性審查非常嚴格；

▲企業內部薪酬的標準——如果董事的薪酬為企業內普通雇員平均工資的幾十倍乃至幾百倍，那就有可能被認為不合理；

▲同行業的薪酬標準——與同行業中規模相似的企業相比，本公司董事的薪酬應與其他企業的董事的薪酬差不多；

▲公司的財務狀況——公司營利越多，董事的薪酬也可以相對增加，認股權就是最常見的例子。反之，如果董事會在公司行將破產時給董事發獎金，法庭就有可能幫助公司的債權人追加不合理的獎金。

董事的任免

　　董事是由股東在股東大會上選舉的，但是在兩次股東大會之間，董事會可能會出現空缺，股東也可能希望罷免一些不稱職的董事的職務，以下介紹一些任免董事的程序。

罷免董事的程序

　　董事一旦走馬上任是否就可以穩戴烏紗帽，一直到任期結束為止呢？董事的位置並非鐵飯碗。如果董事不盡職或不稱職，只要半數以上股東投不信任票就可以罷免董事的職務。但是如果董事是通過累積投票選舉的，則罷免該董事時也必須通過相同的累積投票的方式，這樣可以避免多數股東用直接投票的方法罷免少數股東選舉的董事。

　　如果某位董事有明顯的瀆職行為，但是該董事是持有多數股份的股東推選的，少數股東因為選舉權有限而無法罷免其職務，那麼少數股東對瀆職的董事是否就無可奈何了呢？並非如此。當少數股東無法通過公司內部的投票程序罷免瀆職董事時，司法機構可以代表少數股東介入。例如，持有 10%以上股份的股東（無論股票是否具有選舉權）均可以要求法庭下令罷免瀆職董事的職務。此外，法庭還可以禁止被罷免的董事在一定的時間內重新當選。

如何填補董事會的空缺

　　在兩次股東大會中間，有的董事可能因自願辭職、死亡、被股東罷免職務或因病喪失擔任董事的能力而離職，董事會也可能決定增加董事會的席位，這些董事會的空缺是如何填補的呢？

　　首先，董事會的空缺可以分成兩類：一類為「舊空缺」（old vacancy），另一類為「新空缺」（new vacancy）所謂舊空缺是因為在職董事被罷免、辭職或因故離職而騰出來的，而新空缺則是因為公司決定增加董事會的席位而多出來的。

　　在實務上，如果因為董事離職或被罷免而造成舊空缺，剩下的董事可以決定填補舊空缺的人選。如果公司通過修改註冊證書或章程增加董事會的席位，由此而產生的新空缺就必須通過股東選舉來填補。

　　因為填補空缺的董事是「接班人」（successor），所以補缺董事的任期通常為其前任的剩餘部分。如果一位董事的任期為 3 年，上任 1 年後離職，補缺董事的任期即為剩餘的 2 年。

　　如果離職的董事人數較多，剩餘董事的人數就可能達不到公司法或章程規定的法定人數的要求，這樣董事會就處於進退兩難的地位：①董事會議事必須達到公司法或章程規定的法定人數；②如果不補缺的話，董事會就不可能達到法定人數的要求。為了解決這個無解的難題，各州的公司法規定，即使剩餘董事的人數低於法定人數，只要其中半數以上通過就可以填被舊空缺。

留任董事

　　當董事任期結束時，如果股東不開會重新選舉新的董事，任期結束的董事是否就可以卸任呢？因為董事會是公司的最高權力機構，如果董事任期結束就一走了之，公司的經營就可能癱瘓。為了使公司的經營不至於中斷，各州的公司法均規定，董事任期結束之後可以繼續留任，直至股東選出合格的接班人為止。任期已滿但是仍然留守職務的董事就是「留任董事」（hold-over director）。產生留任董事的原因很多，其中最常發生的有兩種：

①股東對董事的表現比較滿意，認為沒有必要改選。尤其是在股東較少的小公司裏，股東往往會認為公司法規定的程序是形式主義的繁文縟節，所以常常懶得開會，除非股東認為有必要改選不稱職或瀆職的董事。小公司的股東可能數年不開一次股東大會選舉董事，於是董事們也就無限期地留任下去，這種例子相當普遍。

②公司的股東分成勢均力敵的兩派，雙方相持不下形成僵局，導致無法選
　舉新的董事。為了不影響公司的經營，任期結束後董事將繼續留任，直
　至打破僵局為止。

董事會的委員會

　　董事會是公司的最高決策機構，重要問題必須經過董事會決定。但是
全體董事定期開會的次數畢竟不多，所以必須有一部分董事在董事會休會
時負責公司的日常經營管理。除了重大的決策之外，公司的經營管理還涉
及一些專業性非常強的具體工作，需要專人負責。此外，如果有的董事與
公司的某些經營決策有利害衝突，就有必要迴避，讓其他的董事作出決策。
　　在董事會的委員會中，最常見的就是「執行委員會」（executive
committee），該委員會主要負責公司的日常經營管理，也可以說是董事會
的「常務委員會」。在美國公司裏，有一部分董事是公司內部的主要股東，
他們持有相當數量的本公司的股票，又在公司裏擔任重要的管理職務，是
公司經營管理的核心，所以這些「內部董事」（insider），通常兼任董事會
執行委員會的成員。
　　除了執行委員會之外，一般公司為因應美國證券交易委員會公司治理
的要求，大致會成立下列幾個委員會負責公司的日常的經營管理：
①審計委員會（audit committee）──從某種意義上來說，審計委員會的
　作用相當於監察委員會，因為外來的董事既不是公司的主要股東，又不
　擔任管理職務，他們與公司的管理和決策通常沒有利害衝突，處於獨
　立、超然的地位，所以讓外來獨立的董事參加審計委員會可以對內部董
　事進行監督，防止內部董事在經濟上弄虛作假；
②薪酬委員會（compensation committee）──因為外來的董事往往只參加
　公司的重大會議，所以他們通常不從公司領取固定的報酬，只是來公司
　開會時才領取一點象徵性的車馬費。因為外來獨立的董事對公司有無私
　貢獻的精神，由他們來確定內部董事的薪酬最為適合，可以避免內部董
　事濫用職權，為自己謀取高薪厚祿的嫌疑；
③提名委員會（nominating committee）──因為外來獨立的董事不參加公
　司的日常經營管理，他們與兼任公司管理職務的股東通常既沒有利害衝
　突，也沒有裙帶關係，所以不易捲入公司內部的宗派鬥爭，看問題自然
　就比較客觀，因為外來獨立的董事屬於中立派，所以他們通常沒有偏

見，為董事會提名候選人時，他們既不會妒賢嫉能，也不會任人唯親，而是任人唯賢。

因為董事會下屬委員會的作用是代替董事會行使某些職能，並不是完全取代董事會，所以委員會不得代表董事會處理公司的重大問題，為了防止委員會篡奪董事會的權力或濫用權力，各州的公司法對委員會的權力加以種種限制。例如，委員會不得指定填補董事會空缺的人選、不得修改公司章程、不得批准發行或收購本公司的股票、不得批准公司與其他公司合併等。

第五節　如何在臺灣發行存託憑證

隨著企業全球化經營，外國及陸資企業選擇上市地，已不再局限於原營運點，外國及陸資可選擇對自身最有利之交易所。影響所及，全球交易所相互競爭日趨激烈，紛紛朝建立成國際籌資平臺方向邁進。

臺灣位於亞太地區的中心位置，是跨國企業進入大陸的最佳跳板，為全球唯一具有中國通渠的優勢者。臺灣是銜接東亞與北美航線之重要轉運站，臺北至西太平洋七大城市的平均飛行時間未達三小時。臺灣資本市場流動性佳、本益比高、股價表現均較港、星優異，具有相當競爭優勢。再者，臺灣高科技產業群聚，有多家世界領先製造廠商。多項產品市占率名列世界第一，高科技企業來臺上市可進一步接近供應商及顧客。傳統產業包括食品、金融業等，市盈率、周轉率表現均佳，亦受外資青睞。

過去臺灣兩岸政策高度受限，在海陸空運輸、資金匯出、赴大陸投資及大陸赴台投資等均有不同程度限制，延緩了兩岸三地的貿易成長及人民交往。現今，過去若干限制諸如資金匯出、大陸投資上限等業已鬆綁。為使臺灣資本市場更具國際競爭力，業將台商聚集之香港交易所納入主管機關核准之第二上市證券市場，使可來臺上市證券市場更臻完整，幾乎囊括國際主要交易所。未來持續開展更多限制鬆綁。

為使外國及陸資企業對來台發行存託憑證（TDR）有完整瞭解，臺灣證券交易所特別編制臺灣存託憑證宣導手冊，從發行人角度出發，增加發行人對臺灣資本市場的認識。此手冊內容詳載發行存託憑證前的準備工作、上市條件、上市流程、掛牌程序、上市後法令遵循及申請上市面臨問

題與解答等。希望能透過提供完整資訊，導引外國及陸資優良企業與台商來臺上市。

臺灣證券交易所在配合臺灣政府政策及大環境變動下，從發行面、交易面著手，與會計師、承銷商等專業機構通力合作，重視投資人保護，協助外國及陸資企業來台募集資金。另則增加投資人投資標的選擇，以創造國際化融資及交易平臺為己任；推動臺灣存託憑證已為臺灣證券交易所當前努力的重點之一。

依臺灣證券交易所編制的臺灣存託憑證宣導手冊規定，外國及陸資企業不得直接在臺灣發行證券與融資，若有需要則須透過第三地「中轉」；因此可先在第三國主板上市後，再向臺灣證券暨其或委員會申請臺灣存託憑證的發行，達到美國及臺灣上市與融資的目的。

目前，臺灣政府對外國及陸資企業在臺灣發行存託憑證的掛牌方式，持樂觀與積極鼓勵的態度，只要是曾經在臺灣證券交易所核定之國外證券交易所掛牌的公司，無任何附加條件，就可以依其註冊的文件平行輸入，正常的審查時間為三個月，也就是說，外國及陸資企業只要在下列 16 個交易所掛牌之日起 90 天之內，就可實現以存託憑證的方式在臺灣掛牌交易。

下列 16 個證券交易所上市的企業，外國及陸資企業只要在該交易所掛牌，即刻就能向臺灣證券交易所申請：

一、紐約泛歐交易所集團（美國）。

二、美國證券交易所（美國）。

三、那斯達克證券市場（美國）。

四、倫敦證券交易所（英國）。

五、德國交易所集團（德國）。

六、義大利證券交易所（義大利）。

七、多倫多交易所集團（加拿大）。

八、澳洲證券交易所（澳大利亞）。

九、東京證券交易所（日本）。

十、大阪證券交易所（日本）。

十一、新加坡交易所（新加坡）。

十二、馬來西亞交易所（馬來西亞）。

十三、泰國證券交易所（泰國）。

十四、南非約翰尼斯堡證券交易所（南非）。

十五、香港交易所（香港）。

十六、韓國交易所（韓國）。

外國企業來臺上市發行臺灣存託憑證發行辦法：

壹、上市前準備

（一）預先瞭解原上市地相關規定

預先瞭解上市所在地證券交易市場，對至其他交易所第二上市相關規定及限制，例如：是否須事先洽主管機關申請核准，抑或須符合特定規定。另需向上市之證券交易市場申請有價證券上市之證明書。

（二）洽承銷商、會計師、存託機構等專業機構

洽承銷商、會計師等專業機構，評估上市條件及可能面臨問題，並就上市時程預為規劃。另委託存託機構辦理原上市股票存託及保管事宜。

（三）洽專業機構協助備妥申請文件

1. 委請會計師就臺灣證券交易所所屬適用會計原則之差異及其對財務報表之影響表示意見。

2. 撰寫存託憑證發行計畫及公開說明書。

3. 與存託機構簽訂存託契約，請其提供得辦理臺灣存託憑證業務之證明文件。

4. 委請臺灣律師就存託契約、保管契約及公開說明書記載事項簽注意見。

5. 委請承銷商撰寫評估報告。

貳、上市規定

（一）上市方式

有價證券已在國外證券市場掛牌交易之外國發行人參與存託機構發行表彰其有價證券權利之憑證（臺灣存託憑證），於臺灣證券交易所上市。

（二）資格限制

依兩岸人民關係條例第 3 條及 2008 年 7 月 31 日金管會「海外企業來臺上市鬆綁及適度開放陸資投資國內股市方案」，對於臺灣存託憑證申請資格僅限制大陸地區設立登記者不得來台第二上市。

（三）募資限制

2008 年 8 月 14 日已修改外國人募集與發行有價證券處理準則第 7 條規定，所募資金得用於直接、間接赴大陸地區投資，且外國發行人直接或間接赴大陸地區投資金額無上限。

（四）公司規模

上市股數或市值：一般事業科技事業：二千萬個單位以上或市值達新臺幣三億元或市值以上者。

科技事業：二千萬個單位以上或市值達新臺幣三億元或市值以上者。

股東權益：一般事業科技事業：申請上市時，其經會計師查核簽證之最近申請上市時，經會計師查核簽證之最近期財務報告所顯示之股東權益折合新臺幣六億元以上者。

科技事業：申請上市時，其經會計師查核簽證之最近申請上市時，經會計師查核簽證之最近期財務報告所顯示之股東權益折合新臺幣三億元以上者。

（五）獲利能力

　　1.一般事業

最近一個會計年度無累積虧損，並符合下列標準之一者：

(1) 稅前純益占年度決算之股東權益比率，最近一年度達%以上者。

(2) 稅前純益占年度決算之股東權益比率，最近二年度均達 3% 以上，或平均達 3%以上，且最近一年度之獲利能力較前一年度為佳者。

(3) 稅前純益最近二年度均達新臺幣二億五千萬元以上者。

　　2.科技事業

最近一個會計年度暨申請上市時經會計師查核簽證之最近期財務報告，均無累積虧損者。

（六）股權分散

上市時，在臺灣境內之臺灣存託憑證持有人不少於一千人，且扣除外國發行人內部人及該等內部人持股逾百分之五十之法人以外之持有人，其所持單位合計占發行單位總數百分之二十以上或滿一千萬個單位。

股權分散規定於送件時*毋須符合*，於上市掛牌前達成即可。

（七）其他關注事項

申請上市相關成本費用

承銷商輔導、承銷費用及會計師費用不計，發行人須於申請上市時向臺灣證券交易所繳納上市審查費。應向臺灣證券交易所一次繳足上市審查費新臺幣三十萬元整。但申請因增資而增發，或經兌回後在原發行額度內再發行與已上市臺灣存託憑證權利義務相同之臺灣存託憑證上市，得免繳審查費。

　　3.上市後相關成本費用

　　（1）上市費

發行人每年應向臺灣證券交易所繳納上市費，依有價證券上市費費率表所訂標準按上市有價證券單位數分級距計收，每年度總計上市費最高額為四十五萬元，最低額為五萬元。

上市費費率表

上市有價證券單位數	上市費計算
五仟萬單位以下	每十萬單位收取一百五十元,但低於五萬元者以五萬元計收
超過五仟萬單位至一億單位部分	每十萬單位收取一百元
超過一億單位至二億單位	每十萬單位收取五十元
超過二億單位至三億單位	每十萬單位收取二十五元
超過三億單位部分	每十萬單位收取十二點五元
每年上市費最高額為四十五萬元	每年上市費最高額為四十五萬元

（2）委任專業股務代理機構辦理股務事宜

於臺灣委任專業股務代理機構或股務單位辦理股務事宜。

（3）設置境內訴訟及非訟代理人

指定臺灣境內之訴訟及非訟代理人,辦理遵循臺灣證券法令、公告事項及上市契約事宜。

參、審查及申請流程

（一）填具臺灣存託憑證上市申請書

外國發行人暨其在臺灣境內之存託機構或代理機構申請其發行之臺灣存託憑證上市,應填具「臺灣存託憑證上市申請書」,並同應檢附書件送交本公司。

（二）臺灣證券交易所進行書面審查

臺灣證券交易所承辦人員自受理臺灣存託憑證上市申請案日起算,應於十個營業日內完成審查,送交逐級復核,但有特殊情形,得簽報核准後延長審查期間。

（三）送請中央銀行審查

中央銀行原則采平行審查,外國發行人於申請募集發行有價證券案件時,可同時送請中央銀行及臺灣證券交易所進行審查,於相關文件齊全之情形下,中央銀行將可於十二個營業日內完成審查作業並出具同意函。

（四）臺灣證券交易所出具同意上市函

經書面審查申請書件齊全,並符合上市條件,且逐級復核無誤者,由臺灣證券交易所先行出具同意上市函,載明「以其申請發行臺灣存託憑證案獲主管機關核准,且依發行完成時之股權分散資料顯示其仍符合上市條件二者為條件,臺灣證券交易所同意其所發行之臺灣存託憑證上市,且于本函發文日起算,三十日以內未向主管機關申請公開發行者,本同意函失其效力」等字句,以供向主管機關申請公開發行臺灣存託憑證之用。

（五）向主管機關申報生效

　　檢具中央銀行同意函及本公司同意上市函，於三十日內向主管機關申報生效，主管機關申報生效期間老股為七個營業日，新股為十二個營業日。

（六）辦理募集發行、完成

　　檢送股權分散表並洽上市掛牌自申報生效通知到達之日起三個月內募足並收足現金款項。逾三個月尚未募足或收足現金款項者，具正當理由得向主管機關申請延期三個月，並以一次為限。

　　外國發行人暨其代理機構或存託機構於承銷完成後三日內，應檢送「臺灣存託憑證持有人股權分散表」，並向臺灣證券交易所洽訂上市買賣日期。完成募集發行，檢送股權分散表並洽上市掛牌所需時間最短為十一個營業日。

（七）上市掛牌日掛牌典禮

　　掛牌當日將由臺灣證券交易所舉辦上市掛牌典禮。

肆、常見問題與說明

稅務問題

問題 1：買賣來臺上市（櫃）之外國企業股票適用之證券交易稅率為何？

說明：依據財政部 1.11.1 台財稅第 112 號函，臺灣存託憑證轉讓時，應依現行證券交易稅條例第二條第二款規定，按每次交易成交價格課徵千分之一證券交易稅。

問題 2：買賣外國企業股票之證券交易所得課徵規定為何？

說明：依財政部賦稅署 97.9.23 回復證期局之函文表示，原則上：

　　1. 營利事業或個人買賣外國企業股票所發生之證券交易損益，依所得稅法第 8 條規定係屬臺灣來源所得，並適用該法第 4 條之 1 有關證券交易所得停徵之規定。

　　2. 另營利事業應就該證券交易損益依所得基本稅額條例規定課征基本稅額。說明：已修改外國人募集與發行有價證券處理準則第 7 條規定，外國發行人所募資金得用於直接、間接赴大陸地區投資，且直接或間接赴大陸地區投資金額無上限。

資金移動

問題 1：外國企業募集資金是否得直接間接用於中國？有無金額限制？

說明：97.8.14 已修改外國人募集與發行有價證券處理準則第 7 條規定，外國發行人所募資金得用於直接、間接赴大陸地區投資，且直接或間接赴大陸地區投資金額無上限。

問題 2：TDR 之兌回流通規範為何？

說明：TDR 持有人得向存託機構申請兌回現股或委託保管機構在上市掛牌地賣出。但現股持有人不得申請以現股轉換為 TDR 在台賣出。另存託機構得在兌回額度內再發行或因增資申請增發 TDR。

申請上市要求

問題 1： 回台發行 TDR 是否規範以老股或限新股發行、審查程序耗時是否影響訂價？發行額度限制及得信用交易規定？

說明：1.需依據所屬國法律發行之記名股票，於申請上市外國企業募集資金是否得直接間接用於中國？有無金額限制？TDR 掛牌之前，已在經主管機關核定之證券交易所或證券市場之一上市者。2.現行流程為收件後 10 個營業日內完成函報主管機關，作業上相當快速。3.發行 TDR 單位數，需二千萬單位以上或市值不低於三億元。4.TDR 之發行得任意採老股或新股發行，且無發行上限之規定。5.信用交易條件方面，外國公司已在台掛牌滿六個月者，經奉核可後可信用交易。

問題 2：TDR 送件申請檢附之外國發行人財務報告規定為何？

說明：1.外國發行人需檢送最近 3 年度經會計師查核簽證之財報，審查期間跨越會計年度八個月以後者，應加送經會計師查核簽證或核閱之上半年度財務報告（得依外國發行人所屬國法令規定之格式編制，並應由臺灣會計師就臺灣與外國發行人所屬國所適用會計原則之差異及其對財務報告之影響表示意見）。2.原則上檢送經會計師查核簽證之最近 3 年度財報，係指檢送 2 本（共 3 年度）之財報即可，則若於肆常見問題與說明年度申請需檢附 5 年度（95、94 兩期對照）及年度（96、95 兩期對照）之財報。申請前第 3 年度經會計師查核簽證之財報，視交易所審查需要，另行調閱之。3.申報時所屬上半年度財務報告需經會計師查核簽證或核閱，惟就前期對照報表部分，比照國內補辦公開發行案件對相關書件要求之類似作法，得為自結數，但需注明未經會計師查核或核閱。

問題 3： 申請發行之股票第二上市，有關臺灣會計師受託就外國財務報告所適用會計原則與臺灣所採用之差異及其對財務報告之影響表示意見，應如何辦理？

說明：主管機關訂有「募集與發行臺灣存託憑證外國公司財務報告覆核要點」可茲規範，故臺灣會計師受託辦理外國財務報告所適用會計原則與臺灣所採用之差異及其對財務報告之影響表示意見時，應依上開要點執行必要之覆核程序，並出具覆核報告。

問題 4：TDR 送件申報資料（如：資金貸與、背書保證及資金用途），可否以集團合併角度填寫？

說明：仍需揭露對個別公司（包括集團內公司）之資金貸與及背書保證金額；亦需揭露個別子公司之實際資金用途，並依個案予以審酌。

問題 5：TDR 可併採過額配售機制及首五日無漲跌幅限制？

說明：因 TDR 已有國外上市價格可茲參考，實際承銷價格相對於國外股價之折溢價空間幅度可能不大，故其必要性不高，暫不納入考慮。

問題 6：TDR 承銷價得否高於現股市價？

說明：承銷價是由存託機構、承銷商與發行公司協商訂定，並依市場接受之價格區間對外公開銷售。

問題 7：海外上市公司首次來台申請發行 TDR 可否並同申請發行可轉換公司債？

說明：海外上市公司首次來台申請發行 TDR，實質上等同已參與發行臺灣存託憑證上市公司申請發行可轉換公司債。原則同意海外上市公司來台首次發行 TDR 上市時，准予併同申請發行可轉換公司債。

上市後要求

問題 1：有關 TDR 資訊揭露之規範為何？

說明：1.依主管機關「外國發行人募集與發行有價證券應公告及向本會申報事項一覽表」規定：（1）年度財報依外國發行人所屬國或上市地國法令規定辦理。但至遲不得晚於每營業年度終了後 6 個月內公告申報。（2）半年度及第 1、3 季財報依外國發行人所屬國或上市地國法令規定辦理。（3）年報依外國發行人所屬國或上市地國法令規定應公告及向主管機關、證券交易所或證券市場申報之期限。於股東常會後 20 日內，將年報之電子文件案上傳。2.另需依臺灣證券交易所「對上市外國有價證券之重大訊息查證暨公開處理程序」規定發佈相關重大訊息。其他行可轉換公司債？

其他

問題 1：TDR 得否為外國發行人發行員工認股權憑證之履約標的？

說明：原則同意開放 TDR 得為外國發行人發行員工認股權憑證之履約標的，員工認股權憑證發行及認股辦法依當地國規定訂定之，惟仍需注意該辦法對股東權益之影響。

伍、推廣及宣導

臺灣證券交易所致力於從增進資訊透明度、強化投資人宣導及增加衍生商品等方面著手，活絡 TDR 後市。

（一）增進資訊透明度

考慮臺灣投資人對企業實體於海外之臺灣存託憑證發行人較不易熟悉，且依當地國規定，公司應申報資訊專案或較不足，影響投資人之買賣意願。擬增修應申報資訊專案及健全資訊查詢介面，以增進資訊透明度。

（二）強化投資人宣導

為提高發行人之能見度，擬比照現行一般上市公司，由臺灣證券交易所為各發行人舉辦上市掛牌典禮及業績發表會，以提高市場能見度及知名度。另將強化機構投資人與發行公司間聯繫，提升對公司之熟悉度；就一般投資人部分，擬落實投資人教育，強化風險預告及資訊擷取管道。

（三）增加衍生商品

透過多樣化投資人交易標的，以增進 TDR 後市活絡。目前已開放認購（售）權證、轉換公司債及附認股權公司債得以 TDR 為連結或轉換標的，原則上亦同意開放 TDR 為員工認股權履約標的。此外，原則上同意海外上市公司來台首次發行 TDR 上市時，准予並同申請發行可轉換公司債。

附錄一：經臺灣證券交易所核定之國外證券市場

一、紐約泛歐交易所集團（美國）。

二、美國證券交易所（美國）。

三、那斯達克證券市場（美國）。

四、倫敦證券交易所（英國）＊。

五、德國交易所集團（德國）。

六、義大利證券交易所（義大利）＊。

七、多倫多交易所集團（加拿大）。

八、澳洲證券交易所（澳大利亞）。

九、東京證券交易所（日本）。

十、大阪證券交易所（日本）。

十一、新加坡交易所（新加坡）。

十二、馬來西亞交易所（馬來西亞）。

十三、泰國證券交易所（泰國）。

十四、南非約翰尼斯堡證券交易所（南非）。

十五、香港交易所（香港）。

十六、韓國交易所（韓國）。

十七、經主管機關核定之其他證券交易所。

附錄二：臺灣存託憑證上市申請書

發行人名稱

總公司國籍

所在地

設立日期

上市所在地

預定發行日期

存託機構名稱及地址

預定發行總額

保管機構名稱及地址

預計單位發行總數

主辦承銷商名稱及地址

預計單位發行金額

代收款項金融機構名稱及地址

存託憑證表彰有價證券之總額及數量

申請日期

附件

一、外國發行人名稱、國籍、主營業所所在地之證明文件三份。

二、外國發行人所上市之證券交易市場出具其有價證券上市之證明書
　　三份。

三、外國發行人最近三年度經會計師查核簽證之財務報告三份，審查期間
　　跨越會計年度八個月以後者，應加送經會計師查核簽證或核閱之上半
　　年度財務報告（得依外國發行人所屬國法令規定之格式編制，並應由

中華民國會計師就中華民國與外國公司所屬國所適用會計原則之差異及其對財務報告之影響表示意見)。

四、存託憑證發行計畫三份。

五、外國發行人與存託機構所簽訂之存託契約稿本三份。

六、存託機構與保管機構所簽訂之保管契約或其他文件稿本三份。

七、公開說明書初稿三份。

八、中國民國律師就存託契約、保管契約及公開說明書已依規定記載之簽注意見。

九、證券承銷商評估報告三份。

十、外國發行人與證券承銷商簽訂之承銷契約,暨預計承銷完畢後存託憑證持有人分散情形各三份。

十一、臺灣存託憑證樣張三份或無實體發行之登錄證明文件(其餘俟發行完畢洽上市日期時,另依交易所規定份數檢送)。

十二、辦理證券事務機構印鑑卡三份(其餘俟發行完畢洽上市日期時,另依交易所規定份數檢送,但採無實體發行者免附)。

十三、臺灣存託憑證上市契約五份。

十四、外國發行人在中華民國境內指定訴訟、非訟或行政爭訟代理人之證明文件三份。

十五、存託機構得辦理臺灣存託憑證業務之證明文件三份。

十六、其他經本公司規定之文件。

申請人:

代表人:

在台聯絡住址:

在台聯絡人及電話:

存託機構:

代表人:

住址:

聯絡人及電話:

第八章

後市維護及變更交易市場的
規定

第八章　後市維護及變更交易市場的規定

　　企業在美國上市後，不但要按美國證券交易委員會的規定，定期披露財務的年報、季報和重大事項報告表，更要隨時注意自己公司股票的價格是否在 1 美元以上，否則一不留意公司就會被變更交易市場到創業板市場（OTCQB）去交易。

　　本章節特別將經常讓人忽略的 1 美元保衛戰詳加說明，讓企業隨時注意，同時提醒企業萬一 1 美元的紅線區守不住的話該怎麼辦？本章節都有詳細的說明和告訴你如何解套的方法。

第一節　後市維護方法

　　上市之工程十分浩大，在輔導的過程中不但曠日廢時，且需要所有團隊需要群策群力、全力以赴，將智慧及戰力發揮至極限；如何讓擬上市公司在最短時間內成功掛牌，這是輔導團隊共同努力的目標；上市之後，股價如何維護卻是上市公司責無旁貸之任務。

　　一般而論，上市後股價的維護，除了聘任做市商（Market Maker）維護股價及實現商業計畫所彰顯之業務目標與結果，讓 IPO 投資者獲利回吐外，尚有下列方法可茲運用。

一、投資關係的規劃：

　　剛上市公司應著重投資關係（Investment Relations）的規劃，初期目標為界定公司之企業訊息和目標群，成立一致之聯絡程序，各管理階層致力於以下投資關係規劃之活動與責任，一旦基本之投資關係規劃建立，公司可以繼續協助公平的市場股市評估。

1. 擴大賣方興趣與分析家之追蹤：大部分投資關係的規劃奠基於與賣方分析家之聯絡。他們是賣方的主要聯繫人，提供研究、建議股票並監督交易。

2. 利用經紀人網路來擴大流動性和交易機會：經紀人直接連接公司和個別投資人。經紀公司銷售股票和其他金融衍生性產品，服務各層面之顧客。和這些專家建立關係對於投資關係過程是很重要的。

3. 呈現股票為吸引人之投資產品：投資者有很多投資標的之選擇，因此上市公司必需讓股票成為最具吸引力之投資產品。

4. 培養多元化之股東群：大部分上市公司希望有均衡之股東群，有各別股東群，也有機構股東群，如共同基金、法人、價值投資人與成長投資人。雖然各別投資人通常要比機構投資人更忠誠，但要記住的是：許多個人投資股票交易的方式是透過共同基金。

5. 為公司股票保留一個市場，以便未來籌措資金：投資者應該充分瞭解公司，SPO 或公司債或可轉讓定期存單之發行，才能馬上銷售給各別投資者或由機構投資人取代。

二、策略與技巧──股東

1. 各別股東：各別股東對於公司仍舊比較忠誠。雖然公司好的表現讓股東有所報酬，是確保忠誠最有效的方式，在公司股票表現不佳時候，公司對待各別投資者的方式更為重要。上市公司需要讓各別投資者感覺自己受到公司的重視。這樣的關心可以由明確、誠實且即時的聯絡中看出。除了公司所提供的資料外，影響這些股東決定最大的人是經紀商，其次是媒體報導，再來才是股票分析師的報告。

2. 機構股東：公司高級財經主管或是其他主管定期拜訪機構股東，將可證明公司確實重視他們。因為主管已經做好準備，可以回答棘手的問題，所以，此類會面能夠減少直接、公開衝突的機會。此外，公司投資關係策略主要之重點應放在鎖定潛在的機構股東並加以拜訪。

3. 股東調查：偶而調查個別和機構股東能夠進一步知道投資人對於策略走向、運作和投資目標及標準的期望，如股東為主的提案，像是股息和股票分配等。他們也是最具說服力的證明，證明公司確實能夠滿足股東之需求。

三、策略與技巧——股票分析家

1. 證券分析師：身為上市公司顧客最仰賴的物件，證券分析師依靠他們特別的聲明，才能做正確的決定。上市公司如果能夠清楚且一致地提供營運狀況的走向，將可以讓他們在評斷方面更具信心及說服力。儘快告知他們和其他財經界人士資料，詳實地回答他們的問題，並且寄發有用的策略、運作、市場及產品資訊和統計數位。

2. 公司應擁有自己的分析師：建議適當的評估標準——指標、比率、競爭者、市場——以免分析師以不完全相關的標準來評斷公司。為了便利溝通，公司也應每天照會分析師，如投資關係顧問，回答詢問的問題，常常接觸首席財經官員或是高階財經主管，討論財經政策和現況，並定期照會主管討論策略走向。

3. 提供內部資訊，加強分析師信心：有鑒於分析師對於機構投資者與經紀人有莫大的影響力，上市公司應該努力提供分析師符合公司利益和證券法規定的資訊。此外，公司也應努力爭取曝光率，但不做品質聲明，因為後者為分析師的權責所在，透露競爭資訊，或是讓分析師秘密參與尚未公開的資料。

4. 以活動方式增加媒體曝光機會：鎖定特定地區之分析師，直接郵寄活動通知及內容，讓增加的分析報導吸引投資者，並按時寄發報導數據後進行興趣指標分析。此外，有效但較耗時的方式是藉由電話訪談獲得興趣指標。最有效的方式是鎖定特定之主要分析師，拜訪其辦公室，企業主管並向其介紹公司。

5. 請分析師參觀公司：安排到總公司參觀有助於和分析師們建立關係。公司一方面必需確定非公開的資料或商業機密沒有遭到洩漏，但是另一方面卻可以提供更多第一手資料給分析師。包括：運作效率、產品革新或管理階層之素質。目的是建立良好關係，鞏固分析師對公司的信心。此外，這樣的會面能提供分析師難得之機會將焦點集中在一個公司上。

6. 分析團體的會面：上市公司應該在分析師集中的地區定期安排團體會面。最佳的會面地點，每個上市公司不同。每三個月會面一次雖然可行，但是這些會面的頻率應視公司規模和下列能力而定。私下的會面也可以，視公司的利益所在。團體的報告方式應該小心規劃，可用企業巡迴

影片、錄影帶或其他視覺輔助工具。公司主管應該安排時間收集問題，分發報告稿和視覺輔助工具的影本或者如果可以的話，分發圖表等。和其他事項一樣，應確保所有公開的聲明都是由公司代表所提供，且內容僅為公開信息。

7. 分析貿易協會報告：許多分析師屬於全國性和地區性貿易協會和專業團體，注重特定產業部門。這些協會按時贊助公司報告論壇或是會和公司合作安排這樣的會面。這樣的報告不僅可讓公司之分析師掌握最新的資訊，也能吸引其他的投資者。

四、策略與技巧——股票經紀人

1. 個人股票經紀人：個人股票經紀人對於各別投資人有很大的影響力。而「大型經紀商」主導著同業的動向。由於他們必需推銷眾多的資產投資選擇給予無數的顧客，時間的限制會讓經紀人無法從分析師那裏獲得任何公司的內幕消息，也無法將這樣的消息傳達給他們的顧客。結果，他們就信賴他們尊敬的名牌分析師和大型經紀商之業務主管。

2. 溝通策略須符合經紀人要求：就其股票提供他們一些簡潔且具說服力的行銷重點，提供可能引起經紀人興趣並且最終能夠引起顧客興趣的資訊。溝通的重點應放在公司總部或進行生意的地區。公司亦可考慮使用下列的溝通技巧：

 (1) 經紀人郵寄方式：雖然股票經紀人通常由其他來源尋找決策的資訊，但是有選擇性的郵寄公司年報和特定事實清單也將是有效的方式之一。

 (2) 與經紀人業務主管會面：安排簡單且經詳細規劃的內容向業務主管報告——特別是那些直接主導大型零售經紀人公司運作的業務主管——可以引起眾多行銷團隊對於公司的注意力。

五、策略與技巧——做市商

1. 做市商：一旦公司決定由做市商負責維護其股票之價值，和他們聯絡就成了引起他們興趣的關鍵。公司應該主動的讓做市商注意到值得注意的公開信息，如企業開發或可能增加投資需求和成交量的規劃。藉由建立和做市商之間良好的合作關係，可以協助增加股票的市場機會，因

此，也可能更吸引投資者購買股票，讓股票價格更能反應策略和運作的成效。

2. 定期參訪做市商交易大廳：高級主管定期參訪做市商交易大廳，可以賦予公司的股票生氣與活力，也可以提供機會討論商業議題、回答問題並且深入瞭解股票投資者的關切所在。切記：於交易當天規劃參觀是很重要的。於東岸時間早上9：30（亞洲地區時間晚上9：30）交易開始之前，投資者很可能會忙於投資對象演示文稿、投資策略研擬及審核投資金額。

3. 做市商郵寄方式：為強化定期拜訪所建立的關係，必需偶爾寄發公司背景介紹或是事實清單並傳真相關的新聞稿給做市商。雖然這樣的資訊對於投資者而言不是新聞——因為他們都有隨時掌握可能影響市場的報告，但是這些聯絡卻能讓做市商特別注意重要的事實或活動，並且代表公司做適當的評鑒。

4. 做市商電話聯絡：偶而的電話聯絡也是溝通很有效的方式。做市商可能歡迎電話的聯絡，因為可以讓他們深入瞭解股東對公司股票的看法，或是有任何機構投資人想要購買公司的股票。

六、策略與技巧──商業媒體

1. 善用媒體提高知名度：媒體在報導新聞的時候，記者主要的目的在於維護最高的報導可信度、資料的原始性和獨立性。因此，在記者報導公司商業新聞的時候，不管是否為第一手新聞，為了避免誤導投資人成為公司投資的幫兇，常會語多保留，凡而讓人有不知所云感覺，因此，為了提高知名度，也為了增加投資的管道，上市公司常要主動的與媒體親近，並與媒體維護良好關係，因為新聞頭條的效力常常持續好幾個小時，而不是幾分鐘而已。

2. 和記者合作：上市公司應該簡潔且迅速地提供記者正確的資訊，特別是可引用的聲明、資料或語句。同時，公司必需努力以最有力的方式呈現自己。公司的發言人應該接受相關教育，處理許多記者可能會提及的問題，以便獲得他們想要的「真實報導」。然而，切記一點：和記者打交道時，要保持合理的懷疑態度，並且切記公司角色和他們自己的角色。

3. 媒體面談：安排會見記者，僅為提供資訊而非報導之用，但也可能造就未來可能的文章報導，同時強化和記者之間的關係。務必告知記者公司發言人準備討論的話題。和記者做不記錄的談話可能風險很大。企業發

言人若能遵守下列原則，就能有好的表現。若不想白紙黑字，就什麼也別說。提供發言人這些話題所需的資訊並且讓他們針對問題做簡潔的回應。同時，就話題和公司列出有利和不利的問題。對於經驗不深的發言人，請安排仿真訪談。提醒發言人說話適可而止，回答已令記者滿意時就應住口。滔滔不絕可能為他們帶來麻煩。

4. 記者會：記者會若能和重要的公司活動或是公佈事項一併進行，將能引來最佳的出席率。此外，若針對一特別能招致興趣的話題而召開的話，也會有很好的效果。通常是在簡短的介紹後，開放發問，而「早、午餐會」對於記者而言則是最符合時間效率的。請記得寄發邀請函並於活動開始前一天以電話通知提醒。值得注意的是，記者會就自己的觀點來報導或評論，缺點在於他們所問的問題和所獲得的答案，人人可引用，而私人訪談的問題和回答卻是他們的專利。也因此，記者會的出席率可能就沒有預期的高。然而，能讓記者鮮少能夠接觸到的企業主管齊聚一堂，則是記者會的噱頭。

七、策略與技巧──通訊媒體

1. 新聞稿：法律規定上市公司一定要發佈相關文件的新聞稿，以便符合上市要求，並且符合投資大眾的需求。公司若於上市時發佈新聞稿到證券交易市場上，通常會被視為已善盡責任。通訊媒體包括主要的新聞管道、付費的新聞報導、主要全國性報紙及公司總部所在地主要的報紙等。此外，公司將會想要寄發新聞稿給特定的新聞業者，這將包括其他新聞業者、商業資訊服務網、商業雜誌、貿易刊物以及公司商業所在地區的當地報紙。新聞稿也可以直接寄到追蹤公司的分析師和機構投資者。很重要的是，公司要按時告知財經界公司的業績表現，包括快速報告有利和不利的文件資料。對於不利的報導，適當地告知市場，將能維護公司的可信度並保存和投資界的關係。

2. 企業型錄和網站：公司所有的書面往來、語言風格和圖表製作以及內容──都可反映公司的形象。上市公司可以提供有利的簡章或型錄，彌補例行的聯絡。此簡章界定公司定位、說明公司策略、介紹公司的運作，並介紹高級主管的背景。此簡章應寄發給所有的投資大眾，並按時更新資料內容。雖然簡章並無法取代廣為傳播的新聞稿、網站和其他新聞科技，但是它們卻是很有用的資訊溝通工具。網站應該公佈給所有的投資大眾並且經常更新。

3. 背景介紹和事實清單：雖然通常是為了發佈給新聞界之用，但背景介紹和事實清單——簡潔、妥善規劃且用來方便——若給予經紀人和其他投資大眾，卻可以是很有效的溝通工具。這些單頁的簡介可能包括公司企業開發資訊、運作、產品、市場、產業、人事、生態和社交計畫、慈善捐助、所贊助的社區活動、企業歷史以及有關運作和業績的事實與統計資訊，全由圖表加以說明。

4. 企業主管信函：董事長和公司高級主管來函說明策略的重要性可強化公司與股東的關係。此信函尤其在危機時候特別能發揮效用，可於業績表現不佳時，當強心劑使用。

5. 給新機構股東的歡迎函和電話邀約：正式歡迎機構股東的方式之一。如此，可以刺激他們的忠誠度，將有助於拉進新投資者和公司的距離。

6. 會議通知：按時的用電話進行會議討論，通常和公佈收益結果時一起進行，可節省時間和金錢，同時有益於資訊的流通。然請切記：非公開的任何資訊都不可於在電話會議中討論或提及。

八、成效的評量

　　以下為眾多可用來評量投資關係規劃是否有效的方法，有助於決定經過努力所帶來的成果。

1. 新股東人數：是否個人投資者和機構投資者有增加？調整公司的投資關係規劃可以用來增加每一個團體。

2. 股東總人數：這個數字在增加或減少？什麼樣的股東正在投資公司？每年股東人數的增加速度為何？市場狀況和企業活動會影響這個數字；同樣地，股東人數的減少也會對將來股票的銷售帶來衝擊。有鑒於這些因素，公司可能要擴大投資關係規劃的目標群。

3. 追蹤公司的分析師數目：每年些微地增加報告公司現況的分析師是有好處的，視公司特質而定。同樣重要的是，公司應逐漸強化和業界中最知名、最受敬重的分析師之間的關係。

4. 收益比率價值：公司的收益價值是否維護在產業平均水準以上？是隨著時間增加或減少？是否和產業一致或是相違背？如果可以測量這項指標的話，可能需要增加市場評估公司股票機會。

5. 平均交易量：上市公司應該追蹤交易量，特別是巨額的成交量，可作為公司和產業市場互動的指標。太少的交易量，表示股票浮動受到限制或是股票持有者追高意願低弱。若浮動不是考慮的重點，低成交量則可透過「做市商」之策略彌補。通常，要造就高成交量，需要公司澄清影響股價有關公司或產業的市場謠言。

九、亞洲地區公司的投資關係──非融資性的法人說明會

在美國市場中，不管亞洲地區公司在美國是否為上市公司，總是有很多投資關係公司提供他們專業的建議。有些是全套服務聯絡的公司，提供各項服務，從投資關係到廣告、財經關係以及政治遊說。其他的則僅處理 ADR 或是亞洲地區公司上市方面的議題。有很多服務一、二個產業部門。

開始於美國上市的亞洲地區公司，必須已先和美國投資關係公司交易過。較大的亞洲地區公司可能有長駐於美國的投資關係人員，其他的則仰賴在地的投資關係部門。沒有此類關係的公司，可以透過華盛頓特區內的全國投資關係協會（National Investor Relations Institute）或是當地的投資關係社團或是透過亞洲地區的顧問公司來尋找投資關係公司。他們也可以接觸已經具有 Adds 或其他股票在美國上市的公司來決定顧問人選。

總而言之，要從未上市公司過渡到上市公司，需要十分繁雜的手續和過程，然而，一旦公司做了上市的決定，很重要的一點就是「行為舉止要像個上市公司」。大家都知道，上市過程中會牽涉到很多時間、費用和人力。因此，若股價無法維護，則上市對經營團隊而言就沒有實質的意義，所以為維護股價，上市公司不僅要利用各種管道推銷公司的特質──評論合適的策略──更要向他們宣導公司的產業、生意概況、發展潛力以及經濟環境，並且戮力達成業務目標，如此，才能達到維護股價的目的。

第二節　維護費用結構剖析

企業在美國 IPO 上市掛牌前，除了要支付各領域的輔導費用外，還要支付投資銀行的融資備金，實現在主板掛牌後，依美國證券交易委員會的規定，必須要定期的披露財務年度審計報告、財務季度審閱報告及重大事

項報告表，同時還要每年在 1 月 1 日時向掛牌的交易市場繳交掛牌費用；定期披露主要的目的就是讓企業能時時維護公開公司身份，一旦企業需要發展資金的時候，因為具有公開公司身份，一經投資者確認就可以在第一時間取得資金，從而免去因為是未公開公司只能私募融資，雖然投資者有濃厚的興趣，但仍須經過第三方律師、會計師盡職調查的確認才能達到融資的目的；在美國，一個上市企業在經營的過程中，在資金上有任何需求，公司可以在任何時間啟動融資計畫，並且沒有一年內或是多久的時間內融資次數的限制，這也就是後市維護公開公司身份的必要關鍵性。

許多企業原本有到美國上市的計畫，但諮詢了其他朋友後又紛紛打消了念頭，原因竟然是美國的維護費用太高，擔心稀釋經營的利潤，其實，這種看法在金融危機之前是對的，但紐約泛歐證券集團在 2009 年 4 月份為了吸引全球優質的企業在紐交所與美交所上市，提出了全球化四大刺激方案：

紐交所於 2007 年上市後，囿於每年業績必須保持持續增長，於 2008 年 10 月 1 日併購美國股票交易所，並於 2009 年 4 月化被動為主動，推出全球化四大刺激方案，期待能在原有的世界最大證券交易市場的基礎上，登峰造極、再創輝煌。

一、降低掛牌資格和標準

1. 公眾股東人數：紐交所 2000 人-5000 人變為 400 人；
2. 最低掛牌價格：紐交所 5 美元變為 4 美元；美交所 3 美元變為 2 美元；
3. 掛牌標準：單一標準變為 4 大標準，如：收入標準、現金流價值、純價值、資產與股本，更具彈性；

二、調整掛牌費用

1. 轉板無須費用；
2. 降低延續掛牌費用：紐交所根據發行在外總股數每百萬股 930 美元，最少 3.8 萬美元最多 50 萬美元；美交所最少 2.75 萬美元最多 4 萬美元；
3. 經具權威第三方分析證明，紐交所與美交所掛牌費用比納斯達克低 17%-34%；

三、改良交易技術

1. 快速、自動和不具名的領先交易技術，在不到 10 毫秒內完成交易。
2. 單日擁有處理 100 億股交易能力。
3. 利用高科技交易系統與人性監督並存技術，避免納斯達克純自動交易系統帶來的交易盲點。
4. 指定做市商參與交易過程，避免錯誤的交易結果。
5. 美國聯合航空公司（代碼：UAUA）2008 年 8 月 8 日在納斯達克交易市場，由於錯誤的商業報導，13 分鐘股價下跌 76%——在紐約證券交易所則永不會發生；2008 年 8 月 19 日，納斯達克不得不取消 11000 個交易並且禁止賣空金融類股——紐約證券交易所取消交易為零次。

四、簡化轉板步驟

1. 公司董事會同意轉板到紐交所。
2. 向紐交所遞交 10K/20F（或中期財報）文件，進行活絡證券核准。
3. 取得紐交所的轉板批准，向紐交所提交掛牌申請。
4. 取得紐交所的掛牌批准，向納斯達克遞交 F-25 文件，通知摘牌轉板。
5. 發表新聞稿，公告周知紐交所首次掛牌交易日期。
6. 向 SEC 遞交 F-8A 文件，報備轉板至紐交所。
7. 開始在紐交所交易。

　　從四大刺激方案調整掛牌費用中可以得知，降低延續掛牌費用：紐交所根據發行在外總股數每百萬股 930 美元，最少 3.8 萬美元最多 50 萬美元；美交所最少 2.75 萬美元最多 4 萬美元；相較於金融危機之前，上市公司每年要支付的掛牌費的計算公式為：發行在外的普通股總股數*12 月 31 日當日的收盤價格*萬分之 1.267，光是掛牌費就所費不貲，更遑論還要支付其他定期披露所需要的律師與會計師的費用了，被企業認為高昂的維護費一點都不為過。

　　但現在的企業則因拜金融危機之賜，享受到低廉且合理的維護費用；舉例來說：一家在美國股票交易所上市的企業，發行 2000 萬股的普通股，2010 年 12 月 31 日的收盤價格為 15 美元，則其 2011 年 1 月 1 日要繳交給紐約泛

歐證券集團的掛牌費為 2000 萬股／100 萬股*15 美元*930 美元＝2.79 萬美元，而美交所規定的最低掛牌費為 2.75 萬美元最多 4 萬美元，所以，該企業2011 年的掛牌費為 2.79 萬美元；當然 2011 年的維護費除了掛牌費外，還必須將定期披露的律師、審計師、股務代理商的費用加入，一般來說，在美交所上市的中、小型企業，一年的維護費大概在 30 萬美元左右，以這個金額來說，就與中國企業在香港和新加坡上市企業的維護費不相上下，所以，現在美國低維護費的時代來臨了。

第三節　一美元保衛戰

為了方便企業主在掛牌的時候不但能輕易的獲得足夠的資金，又不會影響原始股東在公司掛牌的時候在股權上的控股優勢，在美國 5 個主板證券交易所中皆有最低掛牌掛格之規定。

美國各交易市場最低掛牌價格一欄表

紐約 證券交易所	美國 股票交易所	納斯達克全球 精選市場	納斯達克 全球市場	納斯達克 資本市場
4 美元	2-3 美元	4 美元	4 美元	4 美元

從上表得知，在 5 個主板交易市場中，除了美交所外，其他的市場最低掛牌價格基本上以趨於一致，其實，在美交所首次公開發行上市的條件中，共有五個管道可以達到目的，除了標準 3 要求掛牌公司的普通股的市場價值需在 5000 萬美元以上，還要求公眾股東持有普通股的市場價值在1500 萬美元以上，這時因上市公司的市場價值很高，所以才要求最低掛牌價格為 2 美元之外，其餘的標準都需要 3 美元以上。

雖然各市場為了確保上市公司掛牌時的市場價值在一定水準以上，但掛牌後更要遵循美國證券交易委員會對主板市場每股交易價格不得低於 1美元的規定，所以，任何一個企業上市後，縱然都能遵守定期披露的規定，若股票價格在一定期間長期低於 1 美元的時候，企業還是會遭到變更交易市場到櫃檯買賣中心（OTCQB——美國創業板的名稱）去交易，因為，依美國證券交易委員會的規定，創業板每股交易價格為 1/32 美分，所以，低於一美元當然就不符合主板掛牌的要求了。

至於上市公司股票價格在一定期間長期低於 1 美元的規定，具體的操作程序如下：

根據美國證券交易委員會的規定，如果一文件股票他的股價連續 30 個交易日收盤價格低於 1 美元，證券交易委員會便會啟動變更交易市場的程序，我們稱之為「留市察看」（Under Review），在這期間，證券交易委員會會給予這些公司 90 個日曆天的寬限期，讓這些公司想方設法在寬限期間的任何時點，將股價連續 10 個交易日維護在 1 美元以上，如若成功，則馬上取消留市察看的紅色警告，否則，證券交易委員會立馬的將該公司強制變更交易市場至櫃檯買賣中心去交易；由於每股股價在美元以上和以下判若雲泥的極端結果，我們稱之為 1 美元保衛戰。

第四節　違反定期披露規定與處罰

上市公司在主板掛牌後，需依美國證券交易委員會的定期披露的規定在特定時間內將財務年報、財務季報、重大事項披露給美國政府和社會投資大眾，這也就是所謂的維護公開公司身份的一種規定；上市公司為何要定期披露審計或審閱的財務報告給政府及投資人呢？因為一個審計或審閱的財務報告有效性只有 134 天，所以上市公司必須在 134 天時間到期前將新的財務資料與資料向社會大眾公佈，如此才能繼續保有上市身份，也唯有如此才能在企業需要資金的時候，投資者第一時間就可以給予支持。

依據 1934 年證券交易法（The Securities Exchange Act of 1934）第 13 節或第 15 節 d 款，上市公司年報（10K）、季報（10Q）、重大事項報告（8K）的呈報，須遵循下列日期與天數的限制。

定期披露專案	天數限制
年報（10K）	90 天
季報（10Q）	45 天
重大事項報告（8K）	4 天

上市企業若違反了定期披露的規定，象徵該公司已經喪失了公開公司身份，所以當一個公司確定在定期披露時間內無法披露時，美國證券交易

委員會即刻啟動下市程序，將該公司打入粉單市場去交易；一般來說，正常的上市公司都不應也不會有此情形發生，若有公司遇有特殊情況不能正常披露時，美國政府也會給予救濟的緩衝期，亦即所謂的「展期」（Extent），一次的展期為 14 天，若企業在展期後仍不能按期披露，則最後還是難逃下市的命運。

請注意：任何公司在一年內只有二次展期的機會，縱然每一次展期最後都能按期披露，第三次申請時就會被拒絕，直接打入粉單市場。

一旦下市，企業則必須待在粉單市場一年以上才能再向證券交易委員會遞交 F-10 或 8-K 文件申請回復公開公司身份，先回創業板交易後才能轉板回主板掛牌。

第五節　轉板流程

在主板或是 OTCQB 掛牌的企業，因為違反定期披露規定，由美國證券交易委員會強制下市至粉單市場交易，或是在主板市場交易的公司，因為業績不佳或是基本面問題股價長期低於 1 美元，而被證券交易委員會變更交易市場至 OTCQB 交易，雖然他們因故變更了交易市場，但是經過一番努力，當公司的條件符合主板上市門檻和 OTCQB 掛牌條件，或是當初以造殼的方式直接的在 OTCQB 或是粉單市場上市，他們的公司條件一旦符合了主板上市的門檻，他們也可以在第一時間啟動轉板程序，回到主板上市的傲人風采；以下就是這兩種情況的分別流程：

一、粉單市場轉板至主板市場：

1. 達到主板掛牌要求。
2. 通過美國 PCAOB 會計師事務所 2 年財務年度審計報告及當年當季季度審閱報告。
3. 由律師遞交 F-10 註冊文件給 SEC，通過後在 OTCQB 掛牌交易，同時。
4. 律師遞交 S-1 文件給 SEC，資深經紀商遞交轉板申請書給美國股票交易所或納斯達克資本市場。
5. 納斯達克資本市場 4-6 週，美國股票交易所 6-8 週，取得掛牌許可。

6. 在主板交易後，律師遞交 S-3 文件給 SEC，取得公開發行資格，法人說
   明會，取得資金。

美國股票交易所轉板四大標準

美交所上市要求	標準 1	標準 2	標準 3	標準 4
稅前利潤	75 萬美金	無	無	無
市值	無	無	5000 萬美金	7500 萬美金或最少 7500 萬美金總資產和 7500 萬美金收入
公眾持股量的市場價值	300 萬美金	1500 萬美金	1500 萬美金	2000 萬美金
最低股價	$3	$3	$2	$3
經營歷史	無	2 年	無	無
股東權益	400 萬美金	400 萬美金	400 萬美金	無
公眾股東／公眾持股量（股）	選擇 1：800/500,000 選擇 2：400/1,000,000 選擇 3：400/500,000			

納斯達克資本市場轉板三大標準

納斯達克資本市場上市要求	標準 1	標準 2	標準 3
稅前利潤	無	無	75 萬美金
市值	無	5000 萬美金	無
公眾持股量的市場價值	1500 萬美金	1500 萬美金	500 萬美金
最低股價	$4	$4	$4
經營歷史	2 年	無	無
股東權益	500 萬美金	400 萬美金	400 萬美金
公眾股東	300	300	300
公眾持股量（股）	100 萬	100 萬	100 萬
做市商	3 個	3 個	3 個

二、OTCQB 轉板至主板市場：

1. 達到主板掛牌要求
2. 資深經紀商遞交轉板申請書給美國股票交易所或納斯達克資本市場。
3. 納斯達克資本市場 4-6 週，美國股票交易所 6-8 週，取得掛牌許可。
4. 在主板交易後，律師遞交 S-3 文件給 SEC，取得公開發行資格，法人說明會，取得資金。

　　由於美國的轉板是採取程序審查的方式進行，由各證券交易所決定，他們也都是以營利為目的的上市公司，所以只要符合他們的轉板要求並在一定時間內一定能達到轉板目的的；截至到 2010 年 12 月 31 日止，共有 266 家中國企業在美國 5 大主板市場掛牌上市，其中 65% 也就是 172 家是從 OTCQB 或是粉單市場轉板上來的，有此可見，轉板已經儼然成為中國企業到美國主板市場上市與融資的主流方法了。

第六節　退市程序

　　企業在美國上市後，因為自身的種種原因想要從炫爛歸於平淡，也就是鳴起了退市的想法，但是，美國證券市場任何的行政罰則首先考慮的就是眾多公眾股東也就是投資者的權益保障問題，一旦企業退市，投資者手中的股票就變成壁紙，第一個受害者就是他們，所以美國沒有強制退市的規定，但為尊重企業的退市決定，美國雖然沒有強制退市的規定，卻有上市企業主動退市的備案申請機制與程序。

　　以下就是企業主動申請退市的先決條件及流程：

1. 市企業需將公眾股東人數不論多少人都必須壓縮至 300 個股東以下，企業可以通過股東會決議後大股東個人用現金直接收購或是公司可以在公開市場用庫藏股的方式購回後減資，將公眾股東壓縮在 300 人以下。
2. 美國律師向 SEC 遞交 F-15 文件備案即日生效。
3. 遞交文件同一天，SEC 官方網站公佈企業退市消息，公告周知。
4. 律師根據網站公開消息，給出法律意見書，完成退市程序。

第九章

非美國公民如何買賣
美國上市公司股票

第九章　非美國公民如何買賣美國上市公司股票

　　企業到美國上市，除了企業藉助輔導的過程學習到內控的精髓與制度，提高企業競爭力外，再則就是構建一個長期融資的平臺；但對於單一股東而言，自然就是想能將手中股票透過公開市場的操作，得以獲利了結，問題是非美國公民的股東自認不懂英文，可以像國內一樣透過證券公司自由進出嗎？本章節告訴你如何投資理財、如何買賣、如何在美國開戶和獲利了結！

第一節　美國股票類別及慣用術語

　　買賣美國股票，除了要開立外幣存款帳戶外，並不會改變我們買賣股票的習慣，但在美國股票市場有一些常見的股票類型是投資者必須要瞭解的辭彙。

　　藍籌股（Blue Chip Stocks）：一些聞名的大公司股票稱作藍籌股。這類公司有著盈餘穩定成長和定期支付股息的長久記錄，其優良的產品，經營管理和服務也享譽遐邇。這類的股票包括大家所熟悉的 IBM 電腦公司，奇異電器（GE）以及寶城（PG）公司等。

　　成長股（Growth Stocks）：指公司的銷售、盈利、以及市場成長快速到超過一般產業的股票。通常這種公司只會發放極少或甚至沒有任何股息給它的股東們。例如現在的高科技電子股。

　　防衛性股（Defensive Stocks）：指在經濟不景氣的情況下，公司的股票能夠穩定的成長以抵制經濟衰退。比方電力、瓦斯公司、餐飲店、以及生產民生用品的公司。

　　收益股（Income Stocks）：指公司願意付比市價更高的股息給它的股東。這種類型的股票最容易吸引一些年紀大的或者已退休的人（大部份美國公共事業所發行的股票都是這種收益股）。

　　週期性股（Cyclical Stocks）：指公司所發行的股票會隨著商業週期而改變。例如鋼鐵業、水泥業、機械業、以及汽車業都是這類型的工業。

　　季節股（Seasonal Stocks）：指公司賺錢與否與季節有關。像美國一些零售商，當學校開學日及耶誕節來臨時才是他們物品銷售最快也最好的時節。

　　美國存託憑證（American Depository Receipts（Adds））：指一些外國公司的股票在美國境內掛牌銷售。以美金發放股息，而不是以該國家的貨幣發放股息。例如台積電在紐約證券交易所掛牌的 ADR，代號為 TSM。

美國股市慣用術語集錦

　　進出美國股海，必須要瞭解美國股市慣用的交易術語，才不致身在股海中，雲深不知處，但聞樓梯響，不知雲何物！以下是美國股市常見的慣用術語：

代號（Symbol）	解釋名詞
賣價（Bid）	投資者賣出股票的價格。
買價（Ask）	投資者買入股票的價格。
開盤價（Open）	股票市場一早開盤的價格。
收盤價（Close）	股票市場當日收盤的價格。
買單大小（Bid Size）	等待買進的股票數量，單位為 100 股。
賣單大小（Ask Size）	等待賣出的股票數量，單位為 100 股。
當天最高價（High）	當日股票的最高價格。
當天最低價（Low）	當日股票的最低價格。
當天累積的總成交股數（Volume）	當日股票所累積的總成交股數（以 1 股為單位，而不是以 1 張或 1000 股為單位）。
每筆成交的股數（Trade Size）	每一筆成交的股數（以 1 股為單位，而不是以 1 張或 1000 股為單位）。
52 週的最高價（52 Week High）	股票 52 週來的最高價。
52 週的最低價（52 Week Low）	股票 52 週來的最低價。
與前一天收盤價的差價（Change）	當日與前一日股票收盤的差價。
P/E 值的大小（P/E Ratio）	市盈率是以股票目前的每股市價除以股利。例：股價每股$51 元，且股利為$3／每股，則 P/E 市盈率為 17。
股票代號（Symbol）	公司名稱的代號。
股票顯示價格走勢的波動點（Ticks）	證券或合約交易價格的升高或下降，表示最後一筆交易價格高於先前交易價格，表示最後一筆交易價格低於先前交易價格。

第二節　如何買賣美國上市公司股票

　　中國股市在股權長期割裂以及證券主管機關數度調整證券制度與法規的情況下，投資人的財富大幅縮水，唯有調整投資理財策略，才能在合理及專業的判斷下獲得應有的投資報酬。美國證券市場就是在這種狀況下，漸受世人的青睞。投資美國的股市要如何買賣才能保障自身的權益？開立證券交易帳戶是跨出國際金融投資理財的第一步。

　　首先要瞭解開戶基本保障及條件：

1. 開戶年齡須年滿 20 歲

2. 沒有最低開戶金額限制

3. 美國人以外的投資人買賣價差不課稅（免證所稅）

4. 有資產保障：每個證券帳戶至少享有 2500 萬美元

　　以上的保障，分別為美國證券投資人保護協會（SIPC）所提供的 50 萬美元基本保險及其它保險公司所承保的保障。除此之外，投資人不需額外再行開立美金銀行帳戶及證券集保帳戶，該帳戶兼具證券戶、集保戶及銀行戶功能。

　　一般來說，投資人只要擁有中國地區商業銀行外幣（美金）活期帳戶即具備開戶的基本條件，只要在美國券商「中文網路」下載開戶表格，填具以下四項表件後，寄至美國券商處即完成開戶手續。

1. 新開戶申請書。

2. 投資帳戶及 E-mail 確認交易同意書。

3. 外國人免稅表。

4. 美國國稅局免預扣稅表。

　　當美國券商收到投資人開戶的資料後，三個工作天內就會 E-mail 或郵寄核發的帳號及密碼，此時投資人若要買股票，必須先將資金電匯到新開立的帳戶內，若要賣股票則須將自有的股票背面簽名後以 DHL 方式寄至美國券商處，投資人在委託買賣的時候，有三種方式指示買賣：

1. 網路下單。

2. 電話下單。

3. 直接由營業人員撮合。

每一種下單的方式又有市價或限價兩種選擇，不論是哪一種方式，手續費每筆大約是 8 美元到 38 美元的間。投資人每筆買賣成交確認單美國券商會立刻以 E-mail 傳送至指定電子信箱中，每月交易對帳單月底免費寄發，投資人若想提領帳戶資金，僅須填寫「匯款申請書」傳真至美國券商處，投資人便可在兩個工作天後於中國地區商業銀行的外幣活期帳戶中自由提領。

第三節　買賣帳戶開立與流程

1. 開戶須知

1. 開戶年齡：年滿 18 歲的美國公民、美國居民或外國人。
2. 沒有最低開戶金額限制。
3. 美國投資帳戶均享有美國投資者保護公司（SIPC）提供的帳戶保險。此種保險用於保護萬一券商破產時，客戶的現金餘額和證券資產不受影響。對每個單獨帳戶而言，SIPC 提供的保險最多達 50 萬美元其中 10 萬元為現金。（但 SIPC 的保護範圍不包括客戶在股票交易過程中產生的虧損。）
4. 外國人買賣價差不課稅（免徵所得稅）。
5. 不需額外開立美元銀行帳戶及證券集保帳戶，該帳戶兼具證券戶、集保戶及銀行戶功能。

2. 美國股票開戶程序

　　格林戴爾作為美國知名的做市商，是百勝客金融集團重要合作夥伴，願意幫助公司進行開戶、股票買賣等後續工作。Glendale 證券公司為客戶提供證券經紀業務服務。公司服務包括網路（通過名稱為「Execute Direct」的網頁鏈結或下載名稱為「GTPro」的軟體進行的網路交易），以及由專業人士輔導進行電話交易。

　　公司需填寫新帳戶申請表、客戶帳戶協定、外國人帳戶調查問卷、W8-BEN 表格等資料，經百勝客輔導填寫完畢後，掃描（PDF 格式）並打包發送至格林戴爾郵箱：clientservice@glendalesecurities.com。格林戴爾在收到材料 5 個工作日左右完成審核開戶，並以郵件形式告知帳號和密碼。

3.交易買賣

　　格林戴爾與美國第二大金融機構摩根大通銀行合作，其最大優勢是取消了對交易金額的限制，使交易買賣方便、快捷。股票買賣者在任何中國境內銀行開設個人人民幣帳戶後，可通過此帳戶以人民幣形式匯款至摩根大通格林戴爾帳戶。格林戴爾在確認收到匯款後以美金形式劃入開戶者境外帳號，之後便可以進行股票買賣。如股票買賣者是公司股東或投資人，則將其所持股票等值金額劃入個人帳號進行交易。

傭金金額：

Execute Direct and GTPro：

普通股：

交易數／月	基礎傭金	每股
1-25	$9.95*	超過 1000 股部分＋＄0.005／股
26-100	$9.95*	超過 1000 股部分＋＄0.005／股
101-500	$6.95*	超過 1000 股部分＋＄0.005／股
501+	$3.95*	超過 1000 股部分＋＄0.005／股

期權：

交易數／月	基礎傭金	每份合約
1-5	$9.95*	+$1.50／合約
6-25	$9.95*	+$1.25／合約
26-100	$8.95*	+$1.25／合約
101-500	$6.95*	+$1.25／合約
501+	$3.95*	+$1.25／合約

共同基金：

類別	交易費
有	
無銷售費基金	$25
無銷售費基金	無

電話交易：

類別	基礎傭金	每股
普通股	$59.95*	超過 1000 股部分＋$0.005／股
期權	$59.95*	＋＄1.50／合約
債券	$59.95*	＋＄10／債券
共同基金（無銷售費基金）	$25	無
共同基金（有銷售費基金）	無	無

* 額外服務會產生附加費用。OTCBB，Pink Sheet 和 Penny Stock 和上述收費有所不同。
最低票據收費$250 適用於所有場外清算股票，或合格的 non-DTC.

商業企管類　PI0017

美國上市與融資必勝秘笈

作　　者 / 曹國揚
責任編輯 / 鄭伊庭
圖文排版 / 陳宛鈴
封面設計 / 王嵩賀

發 行 人 / 宋政坤
法律顧問 / 毛國樑　律師
印製出版 / 秀威資訊科技股份有限公司
　　　　　114 台北市內湖區瑞光路 76 巷 65 號 1 樓
　　　　　電話：+886-2-2796-3638　傳真：+886-2-2796-1377
　　　　　http://www.showwe.com.tw
劃撥帳號 / 19563868　戶名：秀威資訊科技股份有限公司
　　　　　讀者服務信箱：service@showwe.com.tw
展售門市 / 國家書店（松江門市）
　　　　　104 台北市中山區松江路 209 號 1 樓
　　　　　電話：+886-2-2518-0207　傳真：+886-2-2518-0778
網路訂購 / 秀威網路書店：http://www.bodbooks.com.tw
　　　　　國家網路書店：http://www.govbooks.com.tw
圖書經銷 / 紅螞蟻圖書有限公司
　　　　　114 台北市內湖區舊宗路二段 121 巷 28、32 號 4 樓
　　　　　電話：+886-2-2795-3656　傳真：+886-2-2795-4100

2011 年 9 月 BOD 一版
定價：360 元
版權所有　翻印必究
本書如有缺頁、破損或裝訂錯誤，請寄回更換

國家圖書館出版品預行編目

美國上市與融資必勝秘笈 / 曹國揚著. -- 一版.
-- 臺北市：秀威資訊科技, 2011.09
面； 公分. -- (商業企管類；PI0017)
BOD 版
ISBN 978-986-221-827-3(平裝)

1.證券市場 2.上市公司 3.融資
4.國外投資 5.美國

563.652 100016226

讀者回函卡

感謝您購買本書，為提升服務品質，請填妥以下資料，將讀者回函卡直接寄回或傳真本公司，收到您的寶貴意見後，我們會收藏記錄及檢討，謝謝！

如您需要了解本公司最新出版書目、購書優惠或企劃活動，歡迎您上網查詢或下載相關資料：http:// www.showwe.com.tw

您購買的書名：_____

出生日期：_____年_____月_____日

學歷：□高中 (含) 以下　　□大專　　□研究所 (含) 以上

職業：□製造業　□金融業　□資訊業　□軍警　□傳播業　□自由業
　　　□服務業　□公務員　□教職　　□學生　□家管　　□其它_____

購書地點：□網路書店　□實體書店　□書展　□郵購　□贈閱　□其他

您從何得知本書的消息？

　□網路書店　□實體書店　□網路搜尋　□電子報　□書訊　□雜誌
　□傳播媒體　□親友推薦　□網站推薦　□部落格　□其他_____

您對本書的評價：(請填代號　1.非常滿意　2.滿意　3.尚可　4.再改進)

　封面設計____　版面編排____　內容____　文／譯筆____　價格____

讀完書後您覺得：

　□很有收穫　□有收穫　□收穫不多　□沒收穫

對我們的建議：_____

_____

_____

_____

11466
台北市內湖區瑞光路 76 巷 65 號 1 樓

秀威資訊科技股份有限公司　　　收

BOD 數位出版事業部

··

（請沿線對折寄回，謝謝！）

姓　　名：＿＿＿＿＿＿＿＿＿＿　年齡：＿＿＿＿＿　性別：□女　□男

郵遞區號：□□□□□

地　　址：＿＿＿＿＿＿＿＿＿＿＿＿＿＿＿＿＿＿＿＿＿＿＿＿＿＿

聯絡電話：(日) ＿＿＿＿＿＿＿＿＿＿＿　(夜) ＿＿＿＿＿＿＿＿＿＿＿

E-mail：＿＿＿＿＿＿＿＿＿＿＿＿＿＿＿＿＿＿＿＿＿＿＿＿＿